会计学学习指导书

宋佳宁 周 蕾 唐 玮 主编

图书在版编目（CIP）数据

会计学学习指导书／宋佳宁，周蕾，唐玮主编． —
北京：经济科学出版社，2022.1
财政部规划教材
ISBN 978 – 7 – 5218 – 3110 – 8

Ⅰ.①会… Ⅱ.①宋… ②周… ③唐… Ⅲ.①会计学
– 高等学校 – 教学参考资料 Ⅳ.①F230

中国版本图书馆 CIP 数据核字（2021）第 240711 号

责任编辑：刘殿和　杨晓莹
责任校对：蒋子明
责任印制：张佳裕

会计学学习指导书
宋佳宁　周　蕾　唐　玮　主　编
经济科学出版社出版、发行　新华书店经销
社址：北京市海淀区阜成路甲 28 号　邮编：100142
教材分社电话：010 – 88191309　发行部电话：010 – 88191522
网址：www.esp.com.cn
电子邮箱：bailiujie518@126.com
天猫网店：经济科学出版社旗舰店
网址：http://jjkxcbs.tmall.com
北京密兴印刷有限公司印装
787×1092　16 开　12.25 印张　280000 字
2022 年 1 月第 1 版　2022 年 1 月第 1 次印刷
ISBN 978 – 7 – 5218 – 3110 – 8　定价：38.00 元
（图书出现印装问题，本社负责调换。电话：010 – 88191510）
（版权所有　侵权必究　打击盗版　举报热线：010 – 88191661
QQ：2242791300　营销中心电话：010 – 88191537
电子邮箱：dbts@esp.com.cn）

前　　言

本书是《会计学——基于信息使用者视角（第二版）》（周萍华、宋佳宁、周蕾主编，2022年1月，经济科学出版社）的配套学习指导书。

基于会计信息使用者视角的会计学，不是培养会计专业人员，而是培养懂会计、能够利用会计信息为管理服务的高级经济管理人才。根据以上特征，教材组按"会计目标——财务报表——交易和事项——报表分析"的内容体系编写了会计学教材。为了使学生循序渐进地学习会计知识，更好地掌握和使用会计信息的方法，培养学生交流能力，熟悉主要的调查和思考方式，教材组同时组织编写了《会计学》的学习指导书。本书适合在校生使用，也可以作为任课老师的参考用书。

本书采用与《会计学》教材一致的体例，在各章安排了以下具体指导内容：第一，学习目的和要求，指明各章节的学习目的和学习的具体要求。第二，学习指导，包括学习要点和学习重点与难点。学习要点不是简单罗列教学内容，而是各章基本概念、基本理论、基本方法的有机结合，是各章学习目标的具体体现；学习重点和难点主要指出本章重点和难点内容。第三，练习题。为测试对各章内容的掌握程度，以大纲为依据，根据各章的考核知识点及考核要求，全面覆盖，确定每章的练习内容，具体的题型包括单选题、多选题、判断题和业务计算题，为加强对学习内容的掌握，在本书的最后提供了相关练习题的参考答案。第四，案例分析。会计是一门应用型学科，为学以致用，在每章的最后都提供了一个案例，寓实战于学习之中，培养和锻炼同学们分析和解决会计问题的综合能力。

"会计学"课程网站（网址：http：//kjxzyjs.aufe.edu.cn/），会及时上传和更新相关教学和学习资料，如大纲、教案和课件等，以方便会计学课程的学习；基于《会计学——基于信息使用者视角》教材的"会计学"配套线上课程已在智慧树平台上线，以帮助学生综合性地理解和掌握章节内容，循序渐进，达到深入学习的效果。

本书由宋佳宁、周蕾和唐玮主编。主编提出大纲，并对全书进行总纂。各章撰写分工如下：周萍华执笔第一章；宋佳宁执笔第二、第四章；张丽英执笔第三、第九章；唐玮执笔第五章；刘锦妹执笔第六、第八章；周蕾执笔第七、第十一章；姜利执笔第十章；宋佳宁执笔附录。

本书为安徽省一流教材"会计学——基于信息使用者视角"（2020yljc002）项目研究成果之一，在编写过程中，参考了国内外大量的相关文献和资料，得到了安徽省教育厅和安徽财经大学的大力支持和帮助，许多同行和读者也给本书提出了宝贵的意见，在此一并表示衷心感谢！

由于编者的水平有限，本书难免存在不足之处，恭请读者给予批评指正。

编者

2022 年 1 月

目 录

第一章	会计概论	1
第二章	财务报表与审计报告	11
第三章	会计信息的记录与计量	30
第四章	收入和速动资产	45
第五章	存货与销售成本	59
第六章	对内投资	77
第七章	对外投资	94
第八章	负债	107
第九章	所有者权益	122
第十章	利润的确定和分配	138
第十一章	财务报告的阅读和分析	158
参考答案		166

第一章 会计概论

一、学习目的和要求

本章阐述了会计的基本理论。通过本章的学习，应了解不同的会计信息使用者对会计信息的具体要求，了解企业经济活动与会计信息之间的关系；熟悉会计规范一般的内容，并结合后面课程的内容熟悉会计职业道德，理解会计法律规范的具体层次和内容对会计信息的影响；掌握会计确认、会计计量和会计报告的具体内容，熟练掌握会计目标与会计假设。

二、学习指导

(一) 学习要点

1. 会计信息与会计信息使用者

通俗地说，信息就是消息。会计信息就是会计提供给使用者与财务相关的资讯，它是一种商业语言，通过会计学习，才能了解财务报表中提供的关于企业经济活动的各类信息。会计提供的信息主要包括财务会计信息、管理会计信息和税务会计信息三种（见图1-1）。

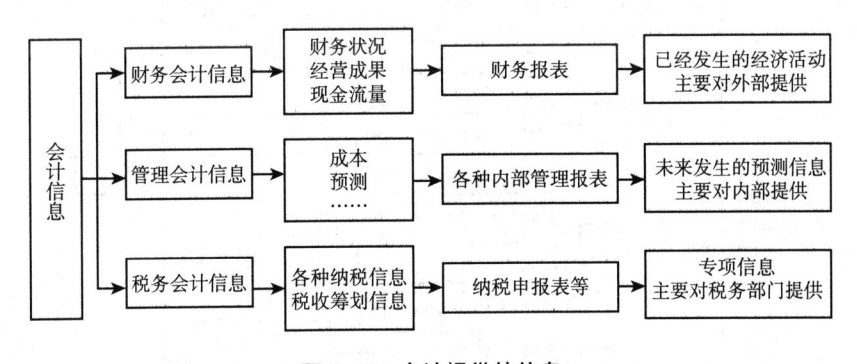

会计信息			
财务会计信息	财务状况 经营成果 现金流量	财务报表	已经发生的经济活动 主要对外部提供
管理会计信息	成本 预测 ……	各种内部管理报表	未来发生的预测信息 主要对内部提供
税务会计信息	各种纳税信息 税收筹划信息	纳税申报表等	专项信息 主要对税务部门提供

图1-1 会计提供的信息

本教材主要讲述财务会计信息。

会计信息使用者包括投资者、债权人、中介机构、政府及其有关部门、内部管理者和社会公众等。投资者通常关心企业的盈利能力和发展能力，他们需要借助会计信息和其他信息来决定是否调整投资、更换管理层等；贷款人、供应商等债权人通常关心企业的偿债能力和财务风险,他们需要借助会计信息和其他信息来判断企业能否按期偿还贷款本金和支付利息、支付所欠货款等;会计师事务所、资产评估事务所、资信评级等中介机构根据相关方的委托,对企业财务报告及相关资料进行独立审计并发表审计意见、评估企业价值或企业资产价值、进行企业资信评级等,它们复核企业财务报表、账簿及凭证;核实财务报表与资产实物、财务状况和经营业绩是否相符,以保证会计信息的可靠与相关;税务部门、财政部门、国有资产管理委员会(国资委)及市场监督(市场监督局、证监会)等政府有关部门为调控宏观经济、提高社会资源的配置效率和监督企业纳税等,根据凭证、账簿、财务报表,审查资产、负债、收入、费用及其财务收支的合理、合法及效益性,检查企业是否依法经营等。企业内部管理者是会计信息的重要使用者,他们需要借助会计信息等相关信息来管理企业,调整企业业务、作出财务决策等;社会公众是潜在的投资和债权人,他们对企业的态度是通过分析企业的盈利能力、偿债能力、发展能力等,对企业经营活动产生巨大的影响。

2. 企业经济活动与会计行为

企业应具备一定数量的资金,才能顺利开展经济活动。会计并不反映全部经济活动,只是对社会再生产过程中能以货币表现的经济活动(资金运动)进行反映和监督,能以货币表现的经济活动(资金运动)就是会计对象。会计对象按资金运动方式不同主要分为两类:一类是为提供产品和劳务而开展的活动,属于企业的日常生产经营范围;另一类是筹资、投资和收益分配活动,即企业的财务活动。也就是说,会计反映的经济活动包括筹资活动、投资活动、经营活动和收益分配活动。会计将经济活动四个方面涉及的资金分六大类:资产、负债、所有者权益、收入、费用和利润,会计上称为会计六要素。财务会计利用这六大会计要素将企业的经济活动的相关信息对外提供(见图1-2)。

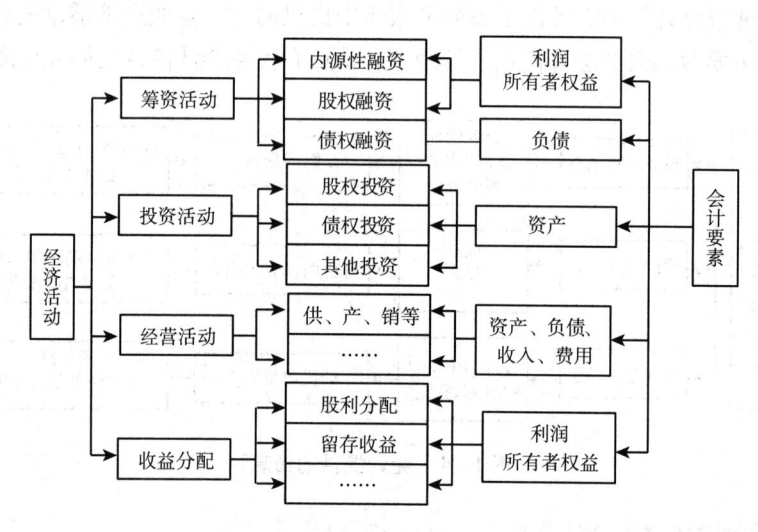

图1-2 企业经济活动与会计业务

为向报表使用者提供企业筹资、投资、经营和收益分配等活动的会计信息,会计系统有着独特的一套程序与方法进行会计信息的生产和分配,即会计行为,具体包括会计确

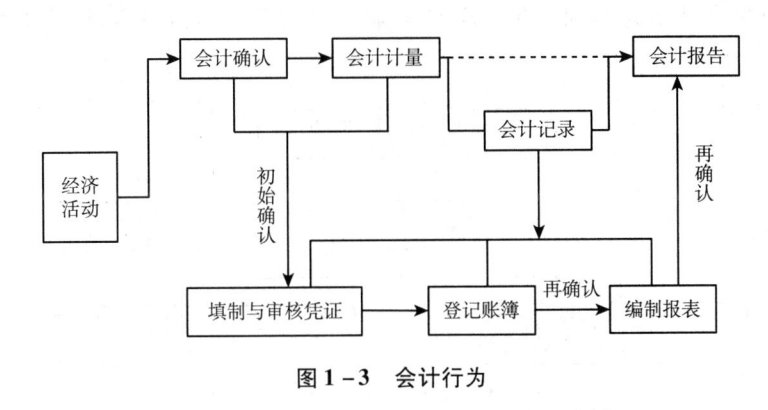

认、会计计量和会计报告三个基本环节（见图1-3）。

图1-3 会计行为

会计确认包括初始确认和再确认。初始确认是将交易和事项在何时，以多少金额、哪一要素在账簿中进行记录；再确认是将账户体系中的信息在何时，以多少金额、哪一会计要素列入财务报表。

会计计量是确定金额的过程，即将符合确认条件的经济业务以多少金额登记入账和列入财务报表。我国目前采用的主要有历史成本、重置成本、可变现净值、现值和公允价值五种不同的计量属性。

会计报告，是将经过综合性再加工后总括反映会计主体财务状况、经营成果和现金流量的会计信息，以特定的内容与形式，提供给相关使用者的书面文件。

为了保证财务报表提供信息的可靠性和对报表使用者相关，会计报告必须以一定的记录为基础进行编报。会计记录是对交易和事项，运用预先设置的账户，按复式记账的要求，根据审核无误的会计凭证，在账簿中加以登记，编制会计报表的过程。

3. 会计目标与会计假设

会计目标的直接理解是为报表使用者提供有用的信息，以反映企业管理层受托责任履行情况，有助于财务会计报告使用者作出经济决策。

会计假设，也称会计核算的基本前提、会计核算的前提条件，包括会计主体、持续经营、会计分期、货币计量。会计主体是指会计为之核算的特定单位，它界定了会计核算和监督的空间范围；持续经营是指企业的生产经营活动是持续进行的，不会破产清算；会计分期是指把企业持续不断的生产经营过程，人为地划分为间隔相等、首尾相接的会计时段，它明确了会计工作的时间范围；货币计量是指会计主体在会计核算过程中采用货币作为主要计量单位，综合反映会计主体的经营情况，并假设币值是不变的或即便变化波动也不大，即币值稳定。

会计是通过对一个组织（会计主体）的经济活动进行确认、计量和报告，反映管理层受托责任履行情况，有助于财务会计报告使用者作出经济决策的信息系统。

4. 会计职业与会计规范

会计职业有不同的分类标准。按其服务对象不同可以分为企业会计、政府和非营利组织会计及公共会计；会计按职称分为高级会计师、中级会计师和初级会计师；会计按职务分为总会计师（财务总监）、财务经理、财务主管和一般核算人员。

会计规范是会计行为准则，包括会计职业道德规范和会计法律规范（见图 1-4 和图 1-5）。

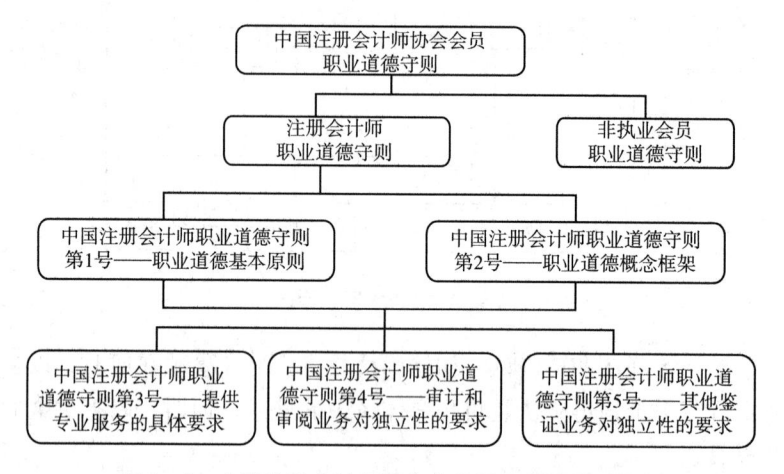

图 1-4 中国注册会计师协会会员职业道德守则体系

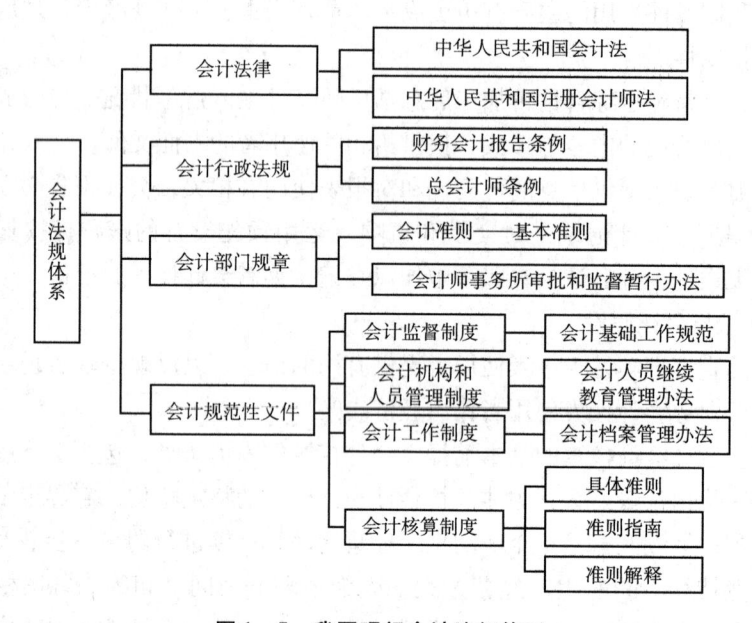

图 1-5 我国现行会计法规体系

（二）学习重点与难点

1. 会计信息使用者及其所需要的会计信息的内容；
2. 会计确认、会计计量和会计报告的内容及相互关系；
3. 会计信息对受托责任观和决策有用观两种不同目标的作用；
4. 会计假设及四大会计假设的内容；
5. 会计法规体系的层次及具体内容。

三、练习题

（一）单项选择题

1. 对已经发生或完成的经济业务进行确认、计量和报告，主要为外部使用者提供的信息，称为（　　）。
   A. 财务会计信息　　B. 管理会计信息　　C. 税务会计信息　　D. 以上都不是

2. 会计是一个（　　）。
   A. 业务系统　　　　B. 技术系统　　　　C. 数据系统　　　　D. 信息系统

3. 会计主要采用（　　）。
   A. 实物计量　　　　B. 劳动计量　　　　C. 货币计量　　　　D. 时间计量

4. 管理会计主要为（　　）提供信息。
   A. 投资者
   B. 债权人
   C. 内部管理者
   D. 国家和有关部门

5. 按照国家统一会计准则和其他相关规定提供通用会计信息的是（　　）。
   A. 财务会计　　　　B. 管理会计　　　　C. 税务会计　　　　D. 责任会计

6. 以下各项中不属于会计信息的是（　　）。
   A. 广告费用　　　　B. 会计分工　　　　C. 所得税　　　　　D. 生产成本

7. 会计目标的两种主要学术观点是（　　）。
   A. 决策有用观与信息系统观
   B. 决策有用观与受托责任观
   C. 管理活动观与决策有用观
   D. 信息系统观与管理活动观

8. 会计准则规定了财务信息以财务报告方式对外披露，财务会计报告具体包括（　　）。
   A. 资产负债表和利润表
   B. 资产负债表、利润表和现金流量表
   C. 资产负债表、利润表、现金流量表和所有者权益变动表
   D. 资产负债表、利润表、现金流量表和所有者权益变动表及财务报表附注

9. 下列会计确认中，属于再确认的是（　　）。
   A. 发生的会计业务在何时记录
   B. 发生的会计业务以多少金额记录
   C. 发生的会计业务在哪一要素中记录
   D. 发生的会计业务如何列入财务报表

10. 下列哪一项违背了会计主体假设（　　）。
    A. 区分本企业与其他企业的业务
    B. 区分了股东个人的交易与企业的交易
    C. 会计主体一定是法律主体
    D. 法律主体一定是会计主体

11. 如果将所有者私人消费支出作为企业费用报销，就违背了（　　）。
    A. 会计主体假设　　　　　　　　　　B. 持续经营假设

C. 会计分期假设　　　　　　　　　　D. 货币计量假设

12. 下列筹资方式中，属于权益资本筹资的是（　　）。

　　A. 发行股票　　B. 发行债券　　C. 银行借款　　D. 商业信用

13. 由于（　　）的存在，才产生了本期与非本期的，从而出现了权责发生制和收付实现制。

　　A. 会计主体　　B. 持续经营　　C. 会计分期　　D. 货币计量

14. 对经过确认的交易和事项，运用复式记账法，根据审核无误的会计凭证，在账簿进行登记，编制会计报表的过程，称为（　　）。

　　A. 会计确认　　B. 会计计量　　C. 会计记录　　D. 会计报告

15. 债权人主要利用会计信息分析企业的（　　）。

　　A. 盈利能力　　B. 偿债能力　　C. 经营能力　　D. 成长能力

16. 会计人员运用职业判断，依据一定的标准，辨认和确定交易和事项是否可以转化为特定期间的会计信息的过程，称为（　　）。

　　A. 会计确认　　B. 会计计量　　C. 会计记录　　D. 会计报告

17. 会计对象是指社会再生产过程中的（　　）。

　　A. 全部经济活动

　　B. 供应过程、生产过程、销售过程中的经济活动

　　C. 生产过程中经济活动

　　D. 能以货币计量的经济活动

18. 会计核算上所使用的折旧、递延等方法，都是建立在（　　）基础上的

　　A. 会计主体　　B. 持续经营　　C. 会计分期　　D. 货币计量

19. 会计工作的最高行为准则是（　　）。

　　A. 会计法律　　B. 会计行政法规　　C. 会计部门规章　　D. 规范性文件

20. 全国的会计工作是由哪一部门主管的（　　）。

　　A. 国务院　　B. 财政部　　C. 证监会　　D. 审计署

21. 对会计确认、计量和报告进行原则性规定的《企业会计准则——基本准则》，属于会计法规体系的（　　）层次。

　　A. 会计法律　　　　　　　　　　B. 会计行政法规

　　C. 会计部门规章　　　　　　　　D. 会计规范性文件

22. 下列项目中，属于《中国注册会计师职业道德守则》中注册会计师职业道德基本原则是（　　）。

　　A. 谨慎性　　B. 独立性　　C. 重要性　　D. 及时性

23. 《会计法》规定，（　　）对本单位的会计工作和会计信息负责。

　　A. 单位负责人　　　　　　　　　B. 财务总监

　　C. 财务部长　　　　　　　　　　D. 编制报表人员

（二）多项选择题

1. 投资者主要利用会计信息分析企业的（　　）。

A. 盈利能力　　　B. 偿债能力　　　C. 经营能力　　　D. 成长能力
2. 财务会计报告的使用者包括（　　）。
A. 投资者　　　B. 债权人　　　C. 政府及中介机构　　　D. 社会公众
3. 下列筹资活动中，会使企业产生债务（负债）的有（　　）。
A. 内源性融资　　　　　　　　　B. 发行股票
C. 发行债券　　　　　　　　　　D. 使用商业信用
4. 下列项目中，属于会计行为基本环节的有（　　）。
A. 会计确认　　　B. 会计计量　　　C. 会计记录　　　D. 会计报告
5. 企业的经济活动按资金运动方式不同，分为日常生产经营活动和财务活动。下列属于财务活动的有（　　）。
A. 筹资活动　　　　　　　　　　B. 投资活动
C. 经营活动　　　　　　　　　　D. 收益分配活动
6. 下列筹资方式中，属于债务筹资的有（　　）。
A. 银行借款　　　B. 发行债券　　　C. 商业信用　　　D. 发行股票
7. 关于会计计量，下列说法正确的有（　　）。
A. 会计只用货币作为计量尺度
B. 会计以货币作为主要计量尺度
C. 货币计量假设中，包括了币值不变假设
D. 企业以人民币为记账本位币
8. 在会计目标的决策有用观下，以下说法正确的有（　　）。
A. 主要采用历史成本计量
B. 主要采用公允价值计量
C. 会计信息使用者更关注资产负债表
D. 会计信息使用者更关注利润表
9. 下列项目中，属于会计假设的有（　　）。
A. 会计主体　　　B. 会计分期　　　C. 实质重于形式　　　D. 货币计量
10. 会计主体可以是（　　）。
A. 独立法人　　　　　　　　　　B. 非法人
C. 企业中的某一特定部分　　　　D. 企业集团
11. 下列各项中，属于会计中期的有（　　）。
A. 年度　　　B. 月度　　　C. 季度　　　D. 半年度
12. 会计为了核算和监督会计主体错综复杂的经济活动，需要运用的计量尺度有（　　）。
A. 实物计量　　　B. 货币计量　　　C. 空间计量　　　D. 劳动计量
13. 下列不属于会计信息内部使用者的有（　　）。
A. 投资者　　　B. 公司总经理　　　C. 政府管理部门　　　D. 债权人
14. 在受托责任观下，为了反映受托方的经营状况，在会计处理上的特点有（　　）。

A. 主要采用历史成本计量
B. 强调会计信息的可靠性
C. 会计信息使用者更关注财务报表中的资产负债表
D. 会计信息使用者更关注财务报表中的利润表

15. 下列项目中，属于我国会计法规体系的有（　　）。
A. 会计法律　　　B. 行政法规　　　C. 部门规章　　　D. 规范性文件

16. 《会计法》规定，会计人员的基本职能有（　　）。
A. 进行会计核算　　　　　　　　B. 进行会计管理
C. 实行会计监督　　　　　　　　D. 实行会计控制

17. 下列属于中国注册会计师职业道德基本原则的有（　　）。
A. 诚信与独立性　　　　　　　　B. 客观和公正
C. 专业胜任能力和应有的关注　　D. 保密及良好的职业行为

18. 下列项目中属于会计法规体系中会计规范的有（　　）。
A. 基本准则　　　　　　　　　　B. 一般业务准则
C. 特殊行业和特殊业务准则　　　D. 财务报告准则

（三）判断题

1. 相对于外部信息使用者而言，内部管理者所需信息量更大、更详细。（　　）
2. 向企业内部管理者提供会计信息，需要按统一的准则和制度形成"标准化信息"。（　　）
3. 会计业务是指企业发生的全部经济活动。（　　）
4. 按照国家统一的会计准则和其他相关规定提供的通用会计信息是财务会计信息。（　　）
5. 企业的投资和筹资是相应的经济活动，一个企业的投资会成为被投资企业的筹资。（　　）
6. 会计初始确认是指在日常核算资料的基础上，对财务数据进行筛选、浓缩，最终列示在财务报表里的过程。（　　）
7. 只有经过会计记录，才能生成对决策有用的财务信息。（　　）
8. 决策有用观下，会计主要采用历史成本计量。（　　）
9. 法律主体均可作为会计主体，会计主体不一定是法律主体。（　　）
10. 企业需要定期提供年度报表和中期报表，其中中期报表是指半年报。（　　）
11. 企业需要向外提供的报表仅包括资产负债表、利润表、现金流量表三张报表。（　　）
12. 根据规定，我国境内企业必须以人民币作为记账本位币进行会计核算。（　　）
13. 会计核算上所使用的一系列会计原则和会计处理方法都是建立在会计主体持续经营前提的基础上的。（　　）
14. 持续经营是指企业一定不会倒闭和清算。（　　）

15. 根据会计核算的基本特征，货币计量是会计核算的唯一计量单位。（　）
16. 财务会计和管理会计都是向企业外部信息使用者提供信息的，它们的区别是采用的计量尺度不同。（　）
17. 权益资本筹资是企业通过向投资者吸收直接投资、发行股票等方式取得的，属于内源性筹资。（　）
18. 会计规范主要指会计法律规范，不包括职业道德规范。（　）
19. 诚信原则要求注册会计师应当在所有的职业活动中，保持正直，诚实守信。（　）
20. 注册会计师应履行保密原则，在任何情况下，都不得披露涉密信息。（　）
21. 在终止与客户的关系后，注册会计师可以披露以前职业活动中获知的涉密信息。（　）
22. 《会计法》规定，财务总监对本单位的会计工作和会计信息负责。（　）

（四）名词解释

会计　财务会计　管理会计　税务会计　财务状况　经营成果　现金流量　会计确认　会计计量　会计报告　筹资活动　投资活动　经营活动　收益分配活动　会计主体　持续经营　会计分期　货币计量　会计规范

（五）简答题

1. 什么是会计信息？会计信息与其他信息有什么不同？比较财务会计、管理会计与税务会计的异同。
2. 列举至少三个会计信息使用者，说明他们怎样使用会计信息。
3. 企业的经济活动主要包括哪些内容？说明企业的经济业务与会计信息之间的关系。
4. 投资者和债权人各需要哪些会计信息？
5. 什么是会计行为？会计行为包括哪些基本环节？
6. 什么是会计确认？经济业务发生时的初始确认不同，对财务报表有什么影响？
7. 会计目标有哪几种不同观点？其具体内容有哪些不同？
8. 什么是会计主体？比较会计主体与法人的异同。
9. 什么是会计分期？会计可以分为哪些会计期间？
10. 什么是货币计量？会计对货币计量有哪些具体要求？
11. 简要说明会计规范与会计信息的关系。
12. 中国注册会计师职业道德守则规定的中国注册会计师职业道德基本原则包括哪些内容？
13. 我国现行会计法规体系包括几个层次？会计工作主要由哪一部门主管？
14. 会计核算体系包括哪些内容？

四、案例分析

20×1年9月1日，学校对面的"新起点"奶茶店终于开张了，奶茶店是营销系的Z、

L 和 W 三位大四同学共同创业经营的。根据预算开办支出需要 50 万元，原计划三位同学各自出资 10 万元，另外再向银行借款 20 万元。利润分配时三人各占 1/3；但由于 W 同学未筹集到资金，三人取消了银行借款计划。在收到 Z 和 L 同学的 20 万元后，Z 同学向父母借入 20 万元，暂定借款期半年，半年后若盈利，按同期银行贷款利率归还给 Z 同学父母，若无盈利，则只归还本金。三人利用 40 万元先行开张奶茶的销售业务，另一部分的 DIY 业务暂不经营，待资金到位后视情况决定。

为保证营业时间，除三人自己在奶茶店工作外，另外聘请了一位工作人员 F 女士，F 女士工作时间是三位同学同时有课的时候，合约规定每月基础工资 2 500 元，另外每天奶茶销量超过 200 杯后，按每杯奶茶平均售价 10 元的 5‰ 提成。

每杯奶茶平均成本 1~1.5 元，主要包括：（1）杯子，0.08~0.2 元一个；（2）成品黑珍珠，按包卖，平均一杯用量 0.4 元；（3）炼乳（奶精），平均一杯 0.1 元；（4）红茶，每杯的成本 0.18 元。（5）其他，如甜蜜素、香精等，每杯不到 0.1 元。

每杯奶茶的平均格为 10 元。9 月销售收入为 150 000 元，扣除成本和工资等费用外，利润为 50 000 元，因是大学生创业项目第一年，国家免征所得税，所得税费用为 0，净利润为 50 000 元。

要求：

1. 上述资料中，哪些是会计信息？哪些是非会计信息？
2. 会计信息的使用者有哪些？分别说明他们各自需要哪些会计信息。
3. 上述资料中分别说明财务会计信息、管理会计信息和税务会计信息的内容。
4. 若奶茶店当月的利润全部分配，应如何确定分配比例？

第二章 财务报表与审计报告

一、学习目的和要求

本章是"会计学"课程的重点之一。通过本章的学习，应对会计信息系统框架结构有基本的了解。本章讲授了会计要素、会计等式等内容以及财务报表和审计报告的框架结构。通过本章的学习，应熟练掌握六大会计要素、会计要素的基本内容及其相互关系；熟练掌握会计等式及经济业务的四种类型；熟练掌握财务报表反映的财务状况、经营成果和现金流量的内容；掌握财务报表的基本结构；了解审计报告不同类别及其对财务报表分析的影响。

二、学习指导

(一) 学习要点

1. 资产负债表

（1）资产负债表基本原理及资产负债表要素。资产负债表是反映企业在某一特定日期财务状况的报表。"财务状况"由"财务"和"状况"两部分组成。"财"原指财产，后引申为资金，资金是指财产物资的货币表现以及货币本身；"务"本意指事务；"财务"是指企业的资金及因资金而引起的人与人之间、人与企业之间、企业与企业之间（投资与被投资、债权与债务）的关系。"状况"指的是好坏程度。资产负债表左边的资产反映资金总额及其存在或使用的方式，即资产结构，右边的负债和所有者权益说明资金的来源渠道，即资本结构，说明企业的资金多少是债权人的，多少是所有者的。资产、负债和所有者权益是会计六要素中三个主要的要素，它们构成资产负债表，也称为资产负债表要素。

资产是指过去的交易、事项形成并由企业拥有或者控制的资源，该资源预期会给企业带来经济利益。资产具有三个特征：第一，资产是一项资源，该资源预期会给企业带来经济利益，带来经济利益可简单理解为带来现金的流入或减少现金的流出。若未来不能为企业带来经济利益的，不能确认为资产。第二，资产是过去的交易、事项形成的，即是由已经发生或已经完成的交易或事项形成的，未来可能会形成的资源，不能确认为资产。第三，资产是企业拥有或者控制的资源，拥有是拥有所有权，一般情况下，企业拥有所有权的资源（同时符合第一、第二两个特征，下同）应为企业资产。此外，根据会计上"实质重于形式"原则，即使没有所有权，但企业能控制的资源，也应确认为资产，如资产负债表中列示的"使用权资产"。资产负债表中将资产按流动性（变现速度或耗用速度）分类，分为流动资产和非流动资产（长期资产），见图 2-1。

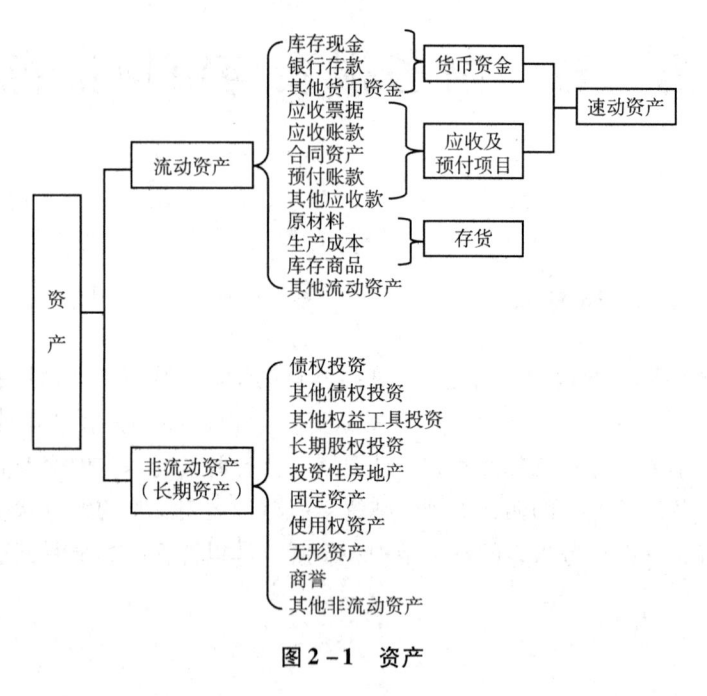

```
                    ┌─ 库存现金  ┐
                    │  银行存款  ├─ 货币资金 ┐
                    │  其他货币资金 ┘         │
                    │                         ├─ 速动资产
          ┌─ 流动资产┤  应收票据  ┐           │
          │         │  应收账款  │           │
          │         │  合同资产  ├─ 应收及    ┘
          │         │  预付账款  │  预付项目
          │         │  其他应收款 ┘
          │         │  原材料   ┐
          │         │  生产成本 ├─ 存货
     资产─┤         │  库存商品 ┘
          │         └─ 其他流动资产
          │
          │         ┌─ 债权投资
          │         │  其他债权投资
          │         │  其他权益工具投资
          │         │  长期股权投资
          └─ 非流动资产│ 投资性房地产
             (长期资产)│ 固定资产
                    │  使用权资产
                    │  无形资产
                    │  商誉
                    └─ 其他非流动资产
```

图 2-1 资产

负债是指过去的交易、事项形成的现时义务，履行该义务预期会导致经济利益流出企业。负债具有三个特征：第一，负债是企业承担的现时义务，而不是潜在的义务；第二，负债是指过去的交易、事项形成的现时义务，未来将形成的义务不是负债；第三，履行该义务预期会导致经济利益流出企业。负债的确认根据谨慎原则，经济利益很可能（职业判断，发生的概率大于50%）流出企业的现时义务（同时符合负债其他特征）的也是企业的负债。资产负债表中将负债按流动性（偿还期限的长短）分类，分为流动负债和非流动负债（长期负债），见图 2-2。

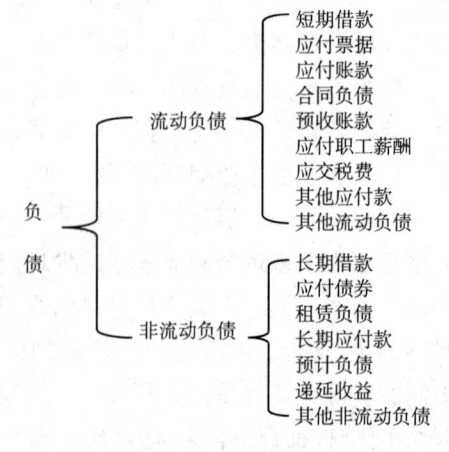

```
          ┌─ 流动负债 ┌─ 短期借款
          │          │  应付票据
          │          │  应付账款
          │          │  合同负债
          │          │  预收账款
          │          │  应付职工薪酬
          │          │  应交税费
          │          │  其他应付款
     负债─┤          └─ 其他流动负债
          │
          │          ┌─ 长期借款
          │          │  应付债券
          └─ 非流动负债│ 租赁负债
                     │  长期应付款
                     │  预计负债
                     │  递延收益
                     └─ 其他非流动负债
```

图 2-2 负债

所有者权益也称净资产、业主权益，它是资产减去负债后由所有者享有的剩余权益，股份公司称为股东权益。所有者权益具有以下特征：第一，所有者权益由原始投入、利得（损失）和利润积累构成；第二，实现利润，会导致所有者权益增加，发生亏损，会导致所有者权益减少；第三，除非发生减资、清算，不需要偿还所有者权益；第四，所有者凭借所有者权益参与利润的分配。所有者权益可以反映所有者投入资本的保值增值情况，也体现了保护债权人权益的理念。资产负债表中所有者权益按其重要性排列，具体见图2-3。

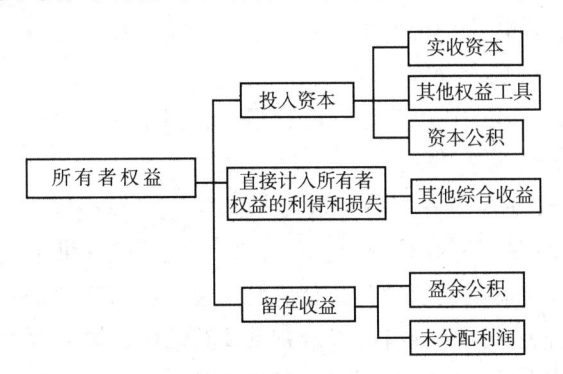

图2-3 所有者权益

实收资本是投资者按照合同或协议、章程约定，实际投入企业的资本，它是企业进行经营活动的"本钱"，也构成企业的注册资本。资本公积主要指所有者投入资本超过注册资本或者股本部分的金额，其用途主要是转增资本。直接计入所有者权益的利得和损失，是指不应计入当期损益、会导致所有者权益发生增减变动的、与所有者投入资本或者向所有者分配利润无关的利得或者损失。直接计入所有者权益的利得和损失，主要包括其他权益工具投资和其他债权投资的公允价值变动额、外币财务报表折算差额等。留存收益包括累计的盈余公积金和未分配利润，盈余公积是指定用途的留存收益，分为根据《公司法》规定按10%的比例从净利润中提取的法定盈余公积和经股东大会或类似权力机构批准按规定比例从净利润提取的一般盈余公积；盈余公积主要用于弥补亏损，符合条件下也可转增资本和分配现金股利等；未分配利润是未指定用途的留存收益，可用于弥补亏损、利润（股利）分配等。

（2）会计等式及经济业务的四种类型。会计等式也称会计平衡公式，表达式为：

$$资产 = 负债 + 所有者权益$$

它反映了资产、负债和所有者权益三要素之间的关系：第一，会计等式揭示了会计主体的产权关系，等式的右边说明等式左边的资产有多少是归属于债权人，多少是归属于所有者，它是企业产权归属关系的表达式。第二，会计等式反映了债权人和所有者对资产求偿权的先后顺序，企业的资产应先归还全部负债后，剩余部分才归属于所有者，即所有者只对企业的净资产有要求权。

会计等式的两边代表了资金的两个不同方面。左边的资产反映了企业资金的去向或存在方式；右边的负债和所有者权益反映了这些资金的来源渠道，向债权人借入的表现为负债，向投资人筹集的表现为所有者权益。企业的经济业务从对会计等式的影响进行分类，共有四大类：

①经济业务发生，使资产和权益同时增加，增加金额相等，等式成立。这一类业务使资金进入企业。

②经济业务发生，使资产和权益同时减少，减少金额相等，等式成立。这一类业务使资金退出企业。

③经济业务发生，使资产内部有增有减，增减金额相等，它不涉及等式的右边，等式两边的总额不变，不会影响会计等式。

④经济业务发生，使权益内部有增有减，增减金额相等。它不涉及等式的左边，等式两边的总额不变，不会影响会计等式。

因此，"资产＝负债＋所有者权益"是会计恒等式。

以会计等式为理论依据编制的资产负债表：第一，可以提供某一日期资产的总额及其结构，表明企业拥有或控制的资源及其分布情况，报表使用者可以一目了然地从资产负债表上了解企业在某一特定日期所拥有的资产总量及其结构；第二，可以提供某一日期的负债总额及其结构，表明企业未来需要用多少资产或劳务清偿债务以及清偿时间；第三，可以反映所有者所拥有的权益，据以判断资本保值、增值的情况以及对负债的保障程度。

2. 利润表

（1）利润表结构及利润表要素。利润表，又称损益表，是总括反映企业一定期间（月份、季度、半年度或年度）经营成果的财务报表。收入、费用和利润三要素反映了企业的经营成果（财务成果）的形成，即在一定期间取得的收入、为取得收入所发生的耗费和最终的财务成果。我国利润表的格式是多步式的，分步计算毛利、核心利润、营业利润、利润总额和净利润；利润表的格式也可以是单步式的，单步式的利润表，上面列示收入，下面列示费用，最后一步计算净利润。利润表由收入、费用和利润三个基本部分构成，收入、费用和利润是会计六要素的另外三个要素，也称利润表要素。

收入是指企业在日常活动中形成的、会导致所有者权益增加、与所有者投入资本无关的经济利益的总流入。收入只有在未来经济利益很有可能增加并且经济利益增加金额能够可靠计量时才能确认。收入具有以下特征：第一，收入从企业日常活动中产生，而不是从偶发的交易或事项中产生；第二，收入可能表现为企业资产的增加，也可能表现为负债的减少，或二者兼而有之；第三，收入最终能导致所有者权益增加；第四，收入只包括本企业经济利益的流入，不包括为第三方或客户代收款项等。

企业的收入是指经营收入，分为核心经营收入和非核心的经营损益。核心收入即利润表中的营业收入，包括主营业务收入和其他业务收入。主营业务收入是指企业为完成其经营目标而从事的日常活动中的主要活动所取得的收入；其他业务收入是指从事主营业务之外，与主营业务相关附带所取得的收入，也称附营业务收入；非核心的经营损益是指在核心收入外所取得的经营损益，如从事对外投资业务取得的投资收益和从事交易性金融资产业务取得的公允价值变动收益，处置固定资产和无形资产取得的收益等。

收入和利得不同。利得是指企业在非日常活动中形成的、会导致所有者权益增加、与所有者投入资本无关的经济利益的流入。利得通常从偶发的经济业务中取得，不经过经营过程即可取得或不曾期望获得的收益。利得可以直接计入所有者权益（其他综合收益），如其他权益工具投资公允价值变动收益、外币报表折算差额等；也可以直接计入利润（营业外收入），如无法支付的应付款、接受捐赠等。

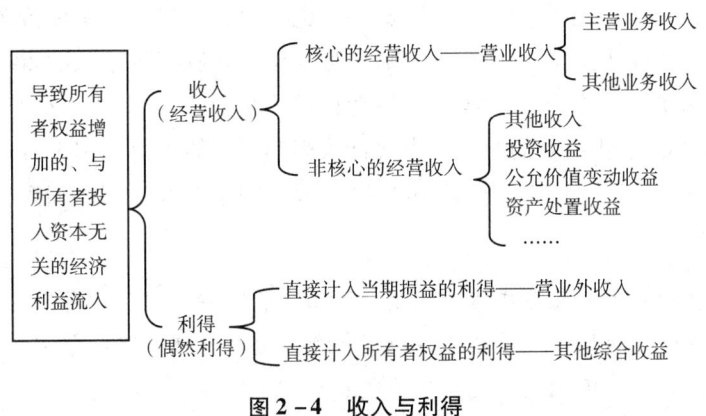

图 2-4 收入与利得

费用是指企业在日常活动中发生的、会导致所有者权益减少的、与向所有者分配利润无关的经济利益的总流出。费用具有如下特征：第一，费用从企业日常活动中产生，而不是从偶发的交易或事项中产生；第二，费用可能表现为资产的减少，也可能表现为负债的增加，或二者兼而有之；第三，费用最终能导致所有者权益减少。

费用和成本、损失不同。费用与期间相关，是为取得收入所发生的耗费，根据配比原则（直接或间接配比）确认为当期费用；成本与对象（资产）相关，是为取得另一项资产所发生的支出，形成该资产的成本（入账价值），根据直接配比原则，在转让该资产时将其成本确定为当期费用。费用和成本都是日常经营活动中发生的耗费，而损失是非日常经营活动中发生耗费。损失可以直接计入所有者权益（其他综合收益），如其他权益工具投资公允价值变动损失；也可以直接计入利润（营业外支出）。

费用的确认遵循的是权责发生制和配比原则（见图 2-5）。具体在实务中，费用确认包括三个层次：第一是企业为生产产品、提供劳务等发生的可归属于产品成本、劳务成本等的耗费，应当在确认产品销售收入、劳务收入等时，将已销售产品、已提供劳务的成本等计入当期损益，如产品出售后将其成本结转为营业成本；第二是企业发生的支出不产生

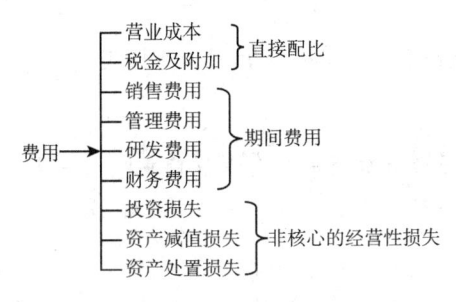

图 2-5 费用

经济利益的，或者即使能够产生经济利益但不符合或者不再符合资产确认条件的，应当在发生时确认为费用，计入当期损益，如发生广告费、差旅费、管理人员的薪酬等；第三是企业发生的交易或者事项导致其承担了一项负债而又不确认为一项资产的，应当在发生时确认为费用，计入当期损益，如消费税、所得税等费用。

利润是指企业在一定会计期间的经营成果，也称财务成果。它是评价企业管理层业绩的主要指标之一，也是投资者和债权人等财务报告使用者进行决策时的重要参考。实现利润，所有者权益将增加；发生了亏损，所有者权益将减少。

利润包括收入减去费用后的净额、直接计入当期利润的利得和损失等。根据重要性原则和配比原则，利润表中将反映当期财务成果的分为四个层次：营业利润、利润总额、净利润和综合收益。

$$营业利润 = 营业收入 - 营业成本 - 税金及附加 - 销售费用 - 管理费用 - 财务费用 \\ + 研发费用 + 其他收益 + 投资收益 + 公允价值变动收益 - 信用减值损失 \\ - 资产减值损失 + 资产处置收益$$

其中，营业收入减营业成本称为毛利，毛利一般计算某种产品或某类产品的毛利；营业收入减营业成本、税金及附加、销售费用、管理费用、财务费用、研发费用后的净额，也称为核心利润。

$$利润总额 = 营业利润 + 营业外收入 - 营业外支出$$
$$净利润 = 利润总额 - 所得税费用$$
$$综合收益 = 净利润 + 其他综合收益$$

综合收益是指在会计期间除所有者投资和向所有人分派现金股利以外的全部所有者权益变动。它反映企业净利润与其他综合收益的合计金额，其中，其他综合收益反映企业根据企业会计准则规定未在损益中确认的各项利得和损失扣除所得税影响后的净额。

（2）会计六要素及其关系。资产、负债、所有者权益构成资产负债表，收入、费用、利润构成利润表。资产、负债、所有者权益、收入、费用和利润统称为会计要素，这六大会计要素的关系，可以用两个等式来表述：

$$资产 = 负债 + 所有者权益 \qquad (2-1)$$
$$收入 - 费用 = 利润 \qquad (2-2)$$

收入增加，要么增加资产，要么减少负债；费用发生，要么减少资产，要么增加费用，因此：

$$资产 = 负债 + 所有者权益 + 收入 - 费用$$
$$资产 = 负债 + 所有者权益 + 利润$$

利润都归所有者所有，上述等式又回到：

$$资产 = 负债 + 所有者权益$$

其中，式（2-1）为静态会计等式、基本会计等式，式（2-2）为动态会计等式、扩充会计等式。

3. 现金流量表

现金流量表，是反映企业一定会计期间现金和现金等价物流入和流出情况的报表。它反映一个期间的现金净流量，因此是一张动态的报表。现金流量表中的现金，是广义的现金概念，具体包括库存现金、银行存款、其他货币资金和现金等价物，其中前三项，库存现金、银行存款、其他货币资金是资产负债表中货币资金，现金等价物是等同于现金，可以随时用于支付的那部分资产，准则中的规定是"持有的期限短、流动性强、易于转换为已知金额现金、价值变动风险很小的投资。"一般企业将持有的三个月到期的债券投资视同于现金等价物。它们都属于现金流量表中的现金。

现金流量表反映的是现金和现金等价物流入和流出情况，也就是说现金流量表反映的是现金净流量的变化，现金净流量等于现金流入量减现金流出量，企业发生的经济业务若引起现金净流量的变化，就列入现金流量表，若不引起现金净流量的变化，就不列入现金流量表。企业发生的经济业务按是否引起现金净流量发生变化分类，可以分为三类：

第一类是经济业务在两个现金项目之间发生变化，如从银行提取现金等；

第二类是经济业务在两个非现金项目之间发生变化，如购买材料货款未付，产品验收入库等；

第三类是经济业务在现金和非现金项目之间发生变化，如销售产品收到货款，以银行存款购买固定资产等。

上述三类经济业务中，第一类业务使现金流入量和流出量相等，不引起现金净流量的变化，不列入现金流量表；第二类业务不引起现金流量的变化，也不涉及现金净流量的变化，不列入现金流量表；第三类业务要么流入现金，要么流出现金，引起了现金净流量的变化。现金流量表反映的是第三类业务的情况。

现金流量表中的现金流量可以分为三大类：经营活动现金流量、投资活动现金流量和筹资活动现金流量。影响现金流量表中现金净流量发生变化的，除这三种现金流量外，还包括汇率变动对现金和现金等价物的影响四部分构成（见图2-6）。

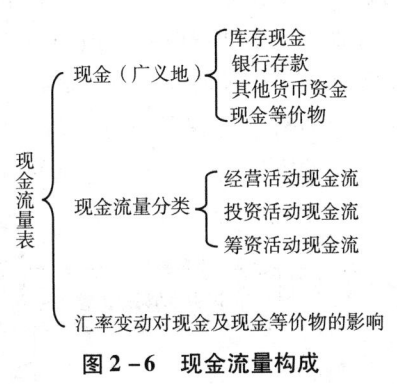

图2-6 现金流量构成

4. 所有者权益变动表及财务报表附注

（1）所有者权益变动表。所有者权益变动表是反映构成所有者权益的各组成部分当期的增减变动情况的报表。在股份公司称为股东权益变动表。它是资产负债表和利润表之间的桥梁，它不仅展示了资产负债表中所有者权益总量的变化，还反映了所有者权益增减变动的重要结构信息。让报表使用者理解所有者权益增减变动的根源。

所有者权益变动表的内容主要有：会计政策变更和差错更正的累计影响金额；综合收益总额；所有者投入和减少资本；利润分配；所有者权益内部结转，以及实收资本、资本公积、盈余公积、未分配利润等项目的期初和期末余额及其变化情况。

（2）财务报表附注。财务报表附注是对在资产负债表、利润表、现金流量表和所有者权益变动表等报表中列示项目的文字描述或明细资料，以及对未能在这些报表中列示项目的说明等。具体包括三方面的内容：一是文字描述，如会计政策选择与变更等；二是明细资料，如报表项目的详细说明；三是未能在报表中列示项目的说明，如或有事项关联方交易等。

根据《企业会计准则第30号——财务报表列报》准则规定，附注一般应当按照下列顺序披露：

①财务报表的编制基础。
②遵循企业会计准则的声明。
③重要会计政策的说明，包括财务报表项目的计量基础和会计政策的确定依据等。
④重要会计估计的说明，包括下一会计期间内很可能导致资产、负债账面价值重大调整的会计估计的确定依据等。
⑤会计政策和会计估计变更以及差错更正的说明。
⑥对已在资产负债表、利润表、现金流量表和所有者权益变动表中列示的重要项目的进一步说明，包括终止经营税后利润的金额及其构成情况等。
⑦或有和承诺事项、资产负债表日后非调整事项、关联方关系及其交易等需要说明的事项。
⑧披露在资产负债表日后、财务报告批准报出日前提议或宣布发放的股利总额和每股股利金额（或向投资者分配的利润总额）。

5. 审计报告

审计报告是承担独立审计工作的注册会计师根据独立审计准则的要求，在实施了必要的审计程序后，出具的用于对被审计单位年度财务报表发表审计意见的书面文件。当注册会计师出具的无保留意见的审计报告不附加说明段、强调事项段或任何修饰性用语时，该报告称为标准审计报告。标准审计报告以外的其他审计报告，称非标准审计报告，包括带强调事项段的无保留意见的审计报告和非无保留意见的审计报告。审计报告类型有四种：无保留意见的审计报告、保留意见的审计报告、否定意见的审计报告和无法表示意见的审计报告（见图2-7和表2-1）。

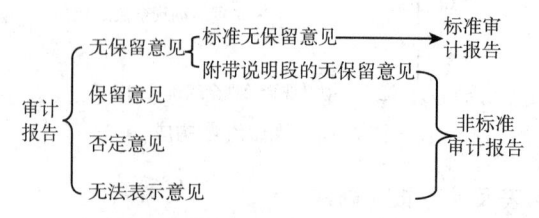

图2-7 审计报告的类型

第二章　财务报表与审计报告

表 2-1　审计报告的影响

导致发表非无保留意见的事项的性质	这些事项对财务报表产生或可能产生影响的广泛性	
	重大但不具有广泛性	重大且具有广泛性
财务报表存在重大错报	保留意见	否定意见
无法获取充分、适当的审计证据	保留意见	无法表示意见

具体内容见《中国注册会计师审计准则第 1501 号——对财务报表形成审计意见和出具审计报告》和《中国注册会计师审计准则第 1502 号——在审计报告中发表非无保留意见》。

（二）学习重点与难点

（1）资产负债表基本结构及其内容；
（2）资产负债表要素定义及其内容；
（3）会计等式及经济业务四种类型对会计等式的影响；
（4）利润表基本结构及内容；
（5）利润表要素定义、内容及相互之间的关系；
（6）现金流量的分类及现金流量表的内容及其作用；
（7）所有者权益变动表及财务报表附注的内容及作用。

三、练习题

（一）单项选择题

1. 下列项目中属于资产负债表要素的是（　　）。
   A. 收入　　　　B. 费用　　　　C. 利润　　　　D. 所有者权益
2. 我国资产负债表的格式是（　　）。
   A. 报告式　　　B. 账户式　　　C. 多步式　　　D. 单步式
3. 下列会计报表中属于反映企业经营成果的报表是（　　）。
   A. 利润表　　　　　　　　　　　B. 现金流量表
   C. 所有者权益变动表　　　　　　D. 资产负债表
4. 所有者权益是指企业的（　　）对企业净资产的要求权。
   A. 投资人　　　B. 企业职工　　C. 职业经理人　D. 国家
5. 下列项目中，属于指定用途的留存收益是（　　）。
   A. 实收资本　　B. 资本公积　　C. 盈余公积　　D. 未分配利润
6. 下列项目中属于负债的是（　　）。
   A. 预付账款　　B. 预收账款　　C. 长期待摊费用　D. 应收账款
7. 下列项目中，不属于流动负债项目的是（　　）。
   A. 应付利润　　B. 应付账款　　C. 应付债券　　D. 应交税费

8. 应由本期负担，但尚未支付的银行短期借款利息应计入（　　）。
   A. 应收利息　　　　B. 制造费用　　　　C. 应付利息　　　　D. 管理费用
9. 下列项目中，属于收益性支出的是（　　）。
   A. 购买固定资产支出　　　　　　　　B. 购买无形资产支出
   C. 短期人工薪酬支出　　　　　　　　D. 长期人工薪酬支出
10. 企业的未分配利润属于（　　）。
    A. 所有者权益　　　B. 流动负债　　　C. 非流动负债　　　D. 资产
11. 下列项目中，称为会计等式的是（　　）。
    A. 资产－负债＝所有者权益　　　　　B. 资产＝负债＋所有者权益
    C. 资产＝所有者权益＋负债　　　　　D. 资产－所有者权益＝负债
12. 下列项目中，引起资产内部一个项目增加，另一个项目减少，而资产总额不变的经济业务是（　　）。
    A. 用银行存款偿还短期借款　　　　　B. 收到投资者投入的机器一台
    C. 收到外单位前欠货款　　　　　　　D. 盈余公积转增资本
13. 某企业期初资产总额为1 000万元。本期企业发生下列业务：①收到投资者投入资本200万元；②以银行存款归还短期借款130万元；③赊购原材料70万元；④以银行存款50万元购买一台机器。上述业务发生后，该企业期末资产总额为（　　）万元（以上项目均不考虑增值税）。
    A. 1 020　　　　B. 1 070　　　　C. 1 090　　　　D. 1 140
14. 当一笔经济业务只涉及资产一方有关项目之间的金额发生增减变化，会计恒等式两边的总金额（　　）。
    A. 同增　　　　　　　　　　　　　　B. 同减
    C. 不增不减　　　　　　　　　　　　D. 一边增加，一边减少
15. 下列经济业务的发生，不会影响利润表"营业利润"项目金额变动的是（　　）。
    A. 计提存货跌价准备　　　　　　　　B. 出售无形资产
    C. 处置长期债权或长期股权投资　　　D. 取得罚款收入
16. 下列项目中属于非核心经营损益的是（　　）。
    A. 主营业务收入　　　　　　　　　　B. 其他业务收入
    C. 投资收益　　　　　　　　　　　　D. 营业外收入
17. 下列项目中，不属于费用要素的是（　　）。
    A. 管理费用　　　　B. 制造费用　　　C. 销售费用　　　　D. 财务费用
18. 下列项目中，不影响企业核心利润的是（　　）。
    A. 毛利　　　　　　　　　　　　　　B. 税金及附加
    C. 研发费用　　　　　　　　　　　　D. 资产减值损失
19. 购买原材料验收入库，但货款尚未支付，不考虑增值税，该业务会导致（　　）。
    A. 资产和权益同增　　　　　　　　　B. 资产和权益同减
    C. 资产内部有增有减　　　　　　　　D. 权益内部有增有减

20. 现金流量表中的"现金"与资产负债表中的"货币资金"的不同主要体现在（   ）。

A. 库存现金　　　　B. 银行存款　　　　C. 其他货币资金　　　　D. 现金等价物

21. 企业购置固定资产支付的现金属于（   ）。

A. 经营活动产生的现金流量

B. 投资活动产生的现金流量

C. 筹资活动产生的现金流量

D. 应根据固定资产取得后的使用单位来确定所属现金流量的类型

22. 财务报告中可以反映一些非货币性信息的是（   ）。

A. 资产负债表　　　　　　　　　B. 利润表和现金流量表

C. 所有者权益变动表　　　　　　D. 财务报表附注

23. 企业利润分配的信息是在（   ）中反映的。

A. 资产负债表　　　　　　　　　B. 利润表

C. 现金流量表　　　　　　　　　D. 所有者权益变动表

24. 审计人员确认对被审计单位的会计处理方法遵循了会计准则及有关规定，财务报表质量合格，则应出具的审计报告是（   ）。

A. 无保留意见审计报告　　　　　B. 保留意见审计报告

C. 否定意见审计报告　　　　　　D. 无法表示意见审计报告

25. 如果被审计单位由于一些重大限制使得注册会计师无法实施必要的审计程序，未能对一些重大事项获得充分、适当的审计证据，则注册会计师应出具的审计报告是（   ）。

A. 无保留意见审计报告　　　　　B. 保留意见审计报告

C. 否定意见审计报告　　　　　　D. 无法表示意见审计报告

（二）多项选择题

1. 我国企业财务会计报告应由（   ）组成。

A. 资产负债表　　　　　　　　　B. 利润表

C. 现金流量表　　　　　　　　　D. 所有者权益变动表和报表附注

2. 下列项目中不属于资产负债表要素的是（   ）。

A. 收入　　　　B. 费用　　　　C. 资产　　　　D. 所有者权益

3. 资产的特征是（   ）。

A. 资产是过去的交易或事项形成的　　　B. 所有权必须属于企业

C. 资产的形态是以货币表现的　　　　　D. 资产预期会给企业带来经济利益

4. 下列项目中属于流动资产的有（   ）。

A. 交易性金融资产　　B. 存货　　C. 债权投资　　D. 应收账款

5. 符合资产定义资源，在同时满足（   ）条件时，确认为资产。

A. 与该资源有关的经济利益可能流入企业

B. 与该资源有关的经济利益很可能流入企业

C. 与该资源有关的经济利益极可能流入企业

D. 该资源的成本或价值能够可靠计量

6. 企业的负债可以用（　　）来偿还。

　　A. 商品　　　　　　B. 提供劳务　　　　C. 举新债　　　　D. 货币

7. 关于负债要素，下列说法正确的有（　　）。

　　A. 负债是过去的交易或事项形成的现时义务

　　B. 负债是过去的交易或事项形成的潜在义务

　　C. 负债的发生会导致企业利润减少

　　D. 履行该义务预期会导致经济利益流出企业

8. 关于所有者权益，下列说法正确的有（　　）。

　　A. 所有者权益的金额取决于资产和负债的计量

　　B. 只要企业发生亏损，就会导致所有者权益的减少

　　C. 所有者有优先于债权人对企业资产的求偿权

　　D. 除减资和清算等特例外，企业在持续经营期间，不需要偿还所有者权益

9. "资产＝负债＋所有者权益"是下列哪些项目的理论基础（　　）。

　　A. 设置账户　　　　　　　　　　　B. 复式记账

　　C. 编制资产负债表　　　　　　　　D. 编制所有者权益变动表

10. 收入可以表现为（　　）。

　　A. 资产增加　　　B. 资产减少　　　C. 负债增加　　　D. 负债减少

11. 企业发生的经济业务虽然多种多样，但不外乎（　　）几种类型。

　　A. 资产与权益有关项目同时增加　　B. 资产中有关项目有增有减

　　C. 资产与权益有关项目同时减少　　D. 权益中有关项目有增有减

12. 资产负债表中"货币资金"项目，包括（　　）项目。

　　A. 库存现金　　　　　　　　　　　B. 银行存款

　　C. 其他货币资金　　　　　　　　　D. 其他应收款

13. 下列各项中，属于反映企业经营成果的会计要素有（　　）。

　　A. 收入　　　　　B. 费用　　　　　C. 利润　　　　　D. 资产

14. 以下经济业务中，可能导致一项负债减少的有（　　）。

　　A. 负债增加　　　　　　　　　　　B. 资产减少

　　C. 资产增加　　　　　　　　　　　D. 所有者权益增加

15. 以下经济业务中，必然导致所有者权益增加的有（　　）。

　　A. 取得借款　　　　　　　　　　　B. 取得收入

　　C. 公积金转增资本　　　　　　　　D. 接受投资

16. 盈余公积可用于（　　）。

　　A. 弥补亏损　　　　　　　　　　　B. 转增资本

　　C. 转为资本公积　　　　　　　　　D. 向投资者分配利润

17. 下列项目中，属于资本性支出的有（　　）。

A. 购买固定资产的支出　　　　　　B. 购买办公用品的支出
C. 购买无形资产的支出　　　　　　D. 发生的差旅费支出

18. 下列项目中，属于费用要素的有（　　）。
A. 营业成本　　　　　　　　　　　B. 管理费用
C. 制造费用　　　　　　　　　　　D. 营业外支出

19. 下列项目中，对于反映企业经营成果的会计要素表述正确的有（　　）。
A. 收入可以表现为企业资产的增加或负债的减少或两者兼而有之
B. 费用本身会导致企业所有者权益减少，但所有者权益的减少未必都是由费用引起的
C. 利润是收入减去费用后的净额
D. 利得和损失的产生必定会影响企业当期的利润金额

20. 下列项目中，属于收入要素的有（　　）。
A. 主营业务收入　　B. 其他业务收入　　C. 投资收益　　D. 营业外收入

21. 以银行存款购买办公用品，该业务的发生会导致（　　）。
A. 资产减少　　　　　　　　　　　B. 负债减少
C. 费用增加　　　　　　　　　　　D. 所有者权益减少

22. 下列各项中，属于筹资活动产生的现金流量有（　　）。
A. 出售固定资产或无形资产所收到的现金
B. 吸收投资所收到的现金
C. 短期借款或长期借款所收到的现金
D. 发行债券所收到的现金

23. 下列项目中，影响现金流量表中现金流量净额发生变动的因素有（　　）。
A. 经营活动现金流量
B. 投资活动现金流量
C. 筹资活动现金流量
D. 汇率变动对现金及现金等价物的影响

（三）判断题
1. 资产是一种经济资源，具体表现为具有各种实物形态的财产。（　　）
2. 企业产生一项负债的同时会产生一项资产。（　　）
3. 营业周期是企业的资金从货币资金开始又回到货币资金形态所需要的时间。（　　）
4. 若营业期长于一年，以一年为标准划分流动资产和非流动资产；若营业周期短于一年，则一个营业周期为标准划分流动资产和非流动资产。（　　）
5. 所有者对企业的全部资产具有要求权。（　　）
6. 债权人优先于所有者对企业资产的求偿权。（　　）
7. 企业实现的净利润都归所有者所有。（　　）
8. "资产＝负债＋所有者权益"是会计恒等式，因此，企业不论发生哪种类型的经济

业务，都不会使"资产＝负债＋所有者权益"等式两边的总额发生变化。（   ）

9. 资产负债表是反映某一时期财务状况的报表。（   ）

10. 收入会计要素即为利润表中的"营业收入"，除此之外，均为"营业外收入"。（   ）

11. 收入和利得是都会导致所有者权益增加，且与所有者投资资本无关的经济利益流入；其区别是收入是日常经营中发生的，而利得是非日常经营中发生的。（   ）

12. 成本和费用发生时都会耗费当期资产，因此，成本和费用发生时均应计入当期损益。（   ）

13. 核心利润即利润总额，它是企业最终经营成果。（   ）

14. 一项所有者权益增加的同时，引起的另一方面变化可能是一项资产减少。（   ）

15. 无论相关费用的大小，收入总能增加所有者权益。（   ）

16. 向所有者分派现金股利，会导致所有者权益的减少。（   ）

17. 利润表是反映企业一定日期经营成果的报表。（   ）

18. 利润表是反映企业一定时期财务状况的报表。（   ）

19. 如果将资本性支出作为收益性支出列支，则会低估资产、低估利润。（   ）

20. 如果将收益性支出作为资本性支出列支，则会高估资产、低估利润。（   ）

21. 利润表是反映企业一定时期利润形成和利润分配情况的报表。（   ）

22. 企业以权责发生制为会计基础，但现金流量表是按收付实现制编制的。（   ）

23. 企业破产的界定标准是巨额亏损，盈利企业是不会破产的。（   ）

24. 财务报表附注也是财务报告的重要组成部分。（   ）

25. 注册会计师发表无法表示意见（拒绝表示意见），说明注册会计师拒绝接受被审计单位的委托。（   ）

（四）业务计算题

1. 某公司 2×02 年 7 月发生下列业务：

（1）收到投资者甲缴入的资本 5 000 万元，存入银行；

（2）销售产品取得产品销售收入 130 万元，存入银行；

（3）以银行存款 15 万元购入 B 公司债券，拟于两个月后售出；

（4）以银行存款支付管理费用 12 万元；

（5）计算本期短期借款利息 12 万元，尚未支付；

（6）以银行存款归还银行借款 30 万元；

（7）以银行存款向 B 工厂投资 50 万元；

（8）根据规定，从净利润中提取盈余公积 40 万元；

（9）以银行存款发放本月职工工资 18 万元；

要求：根据以上经济业务，分类填入表 2-2。

表 2 – 2   经济业务分类

经济业务类型	题号
资产权益同增	
资产权益同减	
资产有增有减	
权益有增有减	

2. 甲公司 2×02 年 12 月初资产总额为 500 000 元，负债总额为 100 000 元，所有者权益总额为 400 000 元。假设该公司 12 月份仅发生如下经济业务：

①投资者投资 180 000 元，款项收到存入银行。

②以银行存款 100 000 元购买全新设备一台。

③开出转账支票 5 000 元偿还前欠的购货款。

④经批准，将盈余公积 30 000 元转增资本。

⑤购入原材料 30 000 元，已用银行存款支付 25 000 元，余款暂欠。

要求：根据以上资料，列式计算甲公司 2×02 年 12 月末的资产总额、负债总额和所有者权益总额。

资产 =

负债 =

所有者权益 =

(五) 名词解释

财务报告　财务报表　强制性披露　资产负债表　资产　流动资产　负债　所有者权益　留存收益　收益性支出　收入　利得　费用　损失　配比原则　资本性支出　利润表　利润　毛利　核心利润　营业利润　利润总额　净利润　会计等式　营业周期　现金流量表　财务报表附注　综合收益　审计报告　经营活动现金流量　非标审计报告　标准审计报告　所有者权益变动表

(六) 简答题

1. 什么是资产？资产的分类标准是什么？资产包括哪些内容？

2. 什么是所有者权益？所有者权益包括哪些内容？

3. 什么是会计等式？为什么经济业务的发生不会破坏会计等式？

4. 什么是资产负债表？资产负债表的编制基础是什么？资产负债表的作用有哪些？

5. 什么是收入？什么是利得？比较两者的异同。

6. 什么是费用？什么是损失？比较两者的异同。

7. 什么是成本？比较成本与费用的异同。

8. 什么是利润？利润分为哪几个层次？不同层次的利润是如何计算的？

9. 什么是未分配利润？未分配利润是如何计算的？

10. 什么是现金流量表？现金流量表中的现金包括哪些内容？

11. 什么是所有者权益变动表？它反映哪些主要内容？

12. 什么是财务报表附注？财务报表附注主要包括哪些内容？
13. 什么是审计报告？审计报告可以分为哪几种？

四、案例分析

案例一

资料

（1）FZ 股份有限公司先后在香港 H 股和上海 A 股整体上市，是一家以金铜等金属矿产资源勘查和开发及工程技术应用研究为主的矿业集团，主要从事金、铜等矿产资源勘探与开发，适度延伸冶炼加工和贸易业务等，拥有较为完整的产业链。2×20 年的基本每股收益为 0.25 元/股；2×20 年度股利分配预案为：每 10 股派发现金红利 1.2 元（含税），不实施送股及转增。会计师事务所为公司出具了标准无保留意见的审计报告。

（2）FZ 公司 2×20 年 12 月 31 日的资产负债表（见表 2-3）。

表 2-3　　　　　　　　　　　资产负债表　　　　　　　　　　　会企 01 表

编制单位：FZ 股份有限公司　　　　2×20 年 12 月 31 日　　　　单位：元

资产	2×20 年 12 月 31 日	2×19 年 12 月 31 日	负债及股东权益	2×20 年 12 月 31 日	2×19 年 12 月 31 日
流动资产：			流动负债：		
货币资金	4 978 921 732	2 243 044 214	短期借款	8 421 649 702	5 709 142 525
交易性金融资产	154 103 201	10 235 923	交易性金融负债	—	12 717 000
应收账款	577 170 602	571 503 669	应付账款	516 339 962	491 559 077
应收款项融资	141 745 670	321 021 579	合同负债	22 099 051	268 076 168
预付款项	26 232 815	46 092 085	应付职工薪酬	316 391 579	164 097 622
其他应收款	9 348 643 976	10 392 972 218	应交税费	25 535 472	44 831 289
存货	84 958 826	104 366 458	其他应付款	541 957 213	480 863 568
其他流动资产	148 973 363	112 197 698	一年内到期的非流动负债	4 611 041 132	5 472 546 130
			其他流动负债	98 534 326	572 762 498
流动资产合计	15 460 750 185	13 801 433 844	流动负债合计	14 553 548 437	13 216 595 877
非流动资产：			非流动负债：		
长期股权投资	45 379 313 351	36 167 925 305	长期借款	5 865 038 200	3 086 074 921
其他权益工具投资	273 612 810	252 868 971	应付债券	15 117 773 951	9 540 399 486
其他非流动金融资产	37 500 000	—	租赁负债	2 740 466	4 246 294
固定资产	3 288 166 669	3 383 189 644	长期应付款	3 963 428 782	240 348 782
在建工程	424 961 450	349 783 508	预计负债	307 513 434	333 436 208
使用权资产	4 052 312	5 403 083	递延收益	158 994 057	172 569 913
无形资产	262 257 963	269 926 397	递延所得税负债	72 220 672	27 096 829
长期待摊费用	199 938 953	222 490 412	其他非流动负债	226 277 348	177 193 188

续表

资产	2×20年12月31日	2×19年12月31日	负债及股东权益	2×20年12月31日	2×19年12月31日
递延所得税资产	270 081 624	270 686 426	非流动负债合计	25 713 986 910	13 581 365 621
其他非流动资产	12 444 168 528	10 684 801 932	负债合计	40 267 535 347	26 797 961 498
			股东权益：		
			股本	2 537 725 995	2 537 725 995
			其他权益工具	5 355 681 209	4 985 500 000
			其中：可续期公司债	4 486 950 000	4 985 500 000
			资本公积	20 662 750 813	20 662 750 813
			其他综合收益	-105 445 925	-119 160 647
			盈余公积	1 268 862 997	1 268 862 997
			未分配利润	8 057 693 409	9 274 868 866
非流动资产合计	62 584 053 660	51 607 075 678	股东权益合计	37 777 268 498	38 610 548 024
资产总计	78 044 803 845	65 408 509 522	负债和股东权益总计	78 044 803 845	65 408 509 522

资料来源：FZ公司2×20年年度报告。

(3) 利润表及现金流量表相关科目变动分析表（见表2-4）。

表2-4　　　　　　　　　　　相关科目变动分析　　　　　　　　　　币种：元

科目	本期数	上年同期数	变动比例（%）
营业收入	171 501 338 490	136 097 978 018	26.01
营业成本	151 070 863 441	120 582 627 749	25.28
税金及附加	2 499 195 383	1 874 141 394	33.35
销售费用	427 684 618	574 433 782	-25.55
管理费用	3 845 610 597	3 689 326 869	4.24
研发费用	582 514 953	476 341 941	22.29
财务费用	1 784 243 603	1 466 849 459	21.64
投资收益	-522 067 721	34 406 224	不适用
对联营及合营公司投资收益	209 744 927	96 011 495	118.46
公允价值变动损益	342 356 736	-59 752 112	不适用
信用减值损失	130 622 540	-65 619 609	不适用
资产减值损失	-357 114 009	-368 381 596	不适用
资产处置收益	12 407 033	-23 675 053	不适用
营业外收入	138 757 205	50 080 938	177.07
营业外支出	532 472 561	317 876 334	67.51
少数股东损益	1 949 485 040	776 947 319	150.92
其他权益工具投资公允价值变动	2 183 173 385	1 146 766 336	90.38
套期成本-远期要素	5 617 436	-65 505 914	不适用

续表

科目	本期数	上年同期数	变动比例（%）
外币财务报表折算差额	-872 186 733	123 196 019	不适用
经营活动产生的现金净流量	14 268 403 423	10 665 557 013	33.78
投资活动产生的现金净流量	-29 174 439 163	-14 102 830 060	不适用
筹资活动产生的现金净流量	20 928 195 130	-325 810 301	不适用

要求：请根据以上资料简要说明 FZ 公司 2×20 年度的财务状况。

案例二

资料

CX 股份有限公司，主要经营业务包括整车研发、制造和销售以及发动机的研发、生产，并整合优势资源积极发展出行服务、新零售等领域，进行多维度的产业布局。公司最近三个会计年度扣除非经常性损益前后净利润孰低者均为负值，且最近一年审计报告显示公司持续经营能力存在不确定性。公司报告期不存在将根据《公开发行证券的公司信息披露解释性公告第 1 号——非经常性损益》定义、列举的非经常性损益项目界定为经常性损益的项目的情形。2×20 年的利润分配预案为：以总股本 5 439 591 574 股为基数，向全体股东每 10 股派发现金红利 3.06 元（含税），以资本公积金每 10 股转增 4 股。会计师事务所为公司财务报告出具标准无保留意见审计报告。

表 2-5　　　　　　　　　利润表　　　　　　　　会企 02 表
编制单位：CX 股份有限公司　　　2×20 年度　　　　　　单位：元

项目	2×20 年度	2×19 年度
营业收入	81 557 686 002.18	64 952 750 206.63
减：营业成本	71 325 749 326.52	56 966 369 777.83
税金及附加	2 076 319 015.77	1 763 695 806.32
销售费用	2 676 426 234.73	3 173 277 654.38
管理费用	3 508 937 049.67	1 433 878 532.92
研发费用	2 833 804 608.42	2 659 328 815.49
财务收入	-240 206 881.20	-159 213 197.04
其中：利息费用	30 585 489.75	22 298 902.58
利息收入	283 501 457.93	194 548 964.11
加：其他收益	219 840 648.40	765 866 705.17
投资收益/(损失)	5 645 410 110.30	-2 023 549 132.39
其中：对联营企业和合营企业的投资损失	-345 896 085.57	-2 081 317 451.25
公允价值变动收益	8 051 845.07	60 705 000.00
信用减值损失	-74 210 826.52	-121 430 481.42
资产减值损失	-960 333 823.74	-303 604 164.62
资产处置收益/(亏损)	-12 218 555.20	45 709 560.34

续表

项目	2×20 年度	2×19 年度
营业利润/(亏损)	4 203 196 046.58	-2 460 889 696.19
加：营业外收入	43 045 534.64	32 324 558.40
减：营业外支出	88 772 476.11	165 234 410.53
利润/(亏损) 总额	4 157 469 105.11	-2 593 799 548.32
减：所得税费用	-473 687 949.10	234 818 079.03
净利润/(亏损)	4 631 157 054.21	-2 828 617 627.35
其中：持续经营净利润/(亏损)	4 631 157 054.21	-2 828 617 627.35
其他综合收益的税后净额		
不能重分类进损益的其他综合收益		
重新计量设定受益计划变动额	-52 000.00	216 000.00
其他权益工具投资公允价值变动	-33 727 490.00	63 321 260.00
	-33 779 490.00	63 537 260.00
将重分类进损益的其他综合收益		
金融资产重分类计入其他综合收益的金额	-65 646 871.58	—
综合收益总额	4 531 730 692.63	-2 765 080 367.35

资料来源：CX 股份有限公司 2×20 年年度报告。

要求：请根据以上资料简要说明 CX 公司 2×20 年度的经营成果。

第三章 会计信息的记录与计量

一、学习目的和要求

本章重点介绍设置账户与复式记账两种基本会计核算方法以及会计循环的基本步骤，目的是使初学者了解会计信息产生的过程以及会计核算采用的主要方法。通过本章的学习，应了解会计科目的含义及分类；掌握账户的基本结构及使用；了解记账方法的种类及复式记账法的特点，掌握借贷记账法的基本内容；熟悉会计循环的基本步骤；了解会计凭证的种类和作用；熟悉会计账簿的种类以及各种账簿的设置和登记；了解试算平衡的意义及方法，了解权责发生制下的期末账项调整；熟悉会计计量属性以及会计信息质量要求。

二、学习指导

（一）学习要点

1. 会计科目与账户

（1）会计科目的意义及内容。会计科目是对会计要素的具体内容进行分类核算的项目。会计要素包括资产、负债、所有者权益、收入、费用、利润，相应的会计科目划分为资产类、负债类、所有者权益类（包括利润类）、成本类、损益类（包括收入类、费用类）科目。

通过设置会计科目，可以对经济业务进行科学的分类，使复杂的经济业务变为有规律、易识别的信息。

（2）账户的含义及结构。账户是根据会计科目在账簿中设置的、具有一定格式和结构，用于分类记录、反映会计要素增减变动情况及其结果的工具。

账户的基本结构分为左方和右方两个部分，分别记录资金的增加数和减少数。账户的左右两方是按相反方向来记录增加数和减少数的。至于说在账户中哪一方记录增加数，哪一方记录减少数，则要取决于所采用的记账方法以及各账户所要记录的经济内容（即账户的性质）。账户的简化格式称为"T形"账户或"丁字形"账户。

每个账户中记录的金额一般包括期初余额、本期增加发生额、本期减少发生额、期末余额。其关系为：

期末余额 = 期初余额 + 本期增加发生额 - 本期减少发生额

(3) 会计科目与账户的区别与联系。会计科目是设置账户的基本依据，账户的名称就是会计科目。二者所反映的经济内容是相同的。二者的主要区别是：会计科目通常由国家统一规定，而账户则由各会计主体自行设置；会计科目仅仅是对会计要素具体内容进行分类核算的项目名称，而账户还要具有一定的结构格式。在实际工作中，二者常被作为同义语来理解，互相通用，不加区别。

(4) 会计科目与账户的分类。会计科目按其反映的经济内容分为资产类、负债类、所有者权益类、成本类及损益类科目；按其提供指标的详细程度，可分为总分类科目和明细分类科目。

账户是根据会计科目开设的，账户的分类与会计科目的分类是一致的。账户按其反映的经济内容可分为资产类、负债类、所有者权益类、成本类及损益类账户；按核算信息的详细程度及统驭关系不同，可分为总分类账户和明细分类账户。

①总分类科目与明细分类科目。总分类科目（也称一级科目或总账科目），是对会计要素的具体内容进行总括分类、提供总括信息的科目，明细分类科目（也称明细科目）是对总分类科目作进一步分类，提供更详细、更具体会计信息的科目。

②总分类账户与明细分类账户。按总分类科目开设的账户称为总分类账户（简称"总账账户"），提供的是总括核算指标，一般只用货币计量。按明细分类科目开设的账户称为明细分类账户（简称"明细账户"），提供的是明细核算指标，除用货币计量外，有的还要用实物量度。

③总分类核算与明细分类核算。对经济业务通过总分类账户进行的核算，称为总分类核算；通过有关明细账户进行的核算，称为明细分类核算。

2. 复试记账法的含义及特点

复式记账法是在每一项经济业务发生后，用相等的金额，在相互关联的两个或两个以上的账户中进行登记，以反映会计要素增减变动情况的记账方法。

复式记账法的主要特点是：

(1) 对于每一项经济业务，都在两个或两个以上相互关联的账户中进行等额双重记录。

(2) 根据账户之间的对应关系和会计等式的平衡关系，可以对一定时期所发生的全部经济业务的会计记录进行试算平衡，以检查账户记录是否正确。

3. 借贷记账法的基本内容

(1) 借贷记账法的记账符号。"借""贷"本身不表示任何确切的意义，其作用为：

①表示会计要素的增减，"借"和"贷"都既表示增加，又表示减少。

②表示记入账户的方向，"借"表示记入账户的借方；"贷"表示记入账户的贷方。

(2) 借贷记账法的账户结构。在借贷记账法中，任何账户都分为借方和贷方两个基本部分，账户的左方称为"借方"，右方称为"贷方"。记账时，账户的借贷两方必须做相反方向的记录。增加额和减少额应分别记入账户的哪一方，要根据各个账户所反映的经济内容，即账户的性质决定。借贷记账法下的账户结构归纳见表 3 – 1。

表 3-1　　　　　　　　　借贷记账法下各类账户结构

账户类别	借方	贷方	余额方向
资产类	增加	减少	余额在借方
负债类	减少	增加	余额在贷方
所有者权益类	减少	增加	余额在贷方
收入类	减少	增加	一般无余额
费用类	增加	减少	一般无余额
利润类	减少	增加	一般在贷方

一般来说，各类账户的期末余额与记录增加额的一方在同一方向。

资产类账户期末借方余额＝期初借方余额＋本期借方发生额－本期贷方发生额

负债及所有者权益类账户期末贷方余额＝期初贷方余额＋本期贷方发生额－本期借方发生额

在会计期末，当期实现的各项收入要从各收入账户的借方结转至"本年利润"账户的贷方，当期发生的各项费用要从各费用账户的贷方结转至"本年利润"账户的借方，目的是计算确定当期实现的利润。所以收入类、费用类账户通常没有期末余额。

（3）借贷记账法的记账规则。借贷记账法的记账规则是：有借必有贷，借贷必相等。"有借必有贷"指的是经济业务在账户中的登记方向；"借贷必相等"指的是经济业务在账户中登记的金额。

（4）账户对应关系与会计分录。对各项经济业务运用复式记账法在有关账户中进行登记时，会在有关账户之间形成某种相互的对应关系，账户间的这种对应关系称为账户对应关系。存在着对应关系的账户称为对应账户。

由于账户对应关系反映了每项经济业务的内容，以及由此而引起的资金运动的来龙去脉，因此在采用借贷记账法登记某项经济业务时，应先通过编制会计分录来确定所涉及的账户及其对应关系，从而保证账户记录的正确性。会计分录（简称"分录"），是指标明每项经济业务应记账户的名称、方向和金额的一种记录。在实际工作中，会计分录一般是通过编制记账凭证来体现的。编制会计分录，就意味着对经济业务进行会计初始确认，为经济业务数据记入账户提供依据。

编制会计分录的基本步骤为：

①经济业务发生后，首先分析业务发生引起哪些会计要素增减变动；

②找出所涉及的账户；

③根据经济业务分析的结果确定应记入相关账户的方向及金额。

会计分录的形式有一借一贷、一借多贷、一贷多借、多借多贷。应当注意的是，不允许将几项经济业务合并编制多借多贷的会计分录。

4. 会计循环的基本步骤

从广义上理解，会计循环就是在一个特定会计期间内，对交易、事项的发生，从会计确认开始，经过计量、记录，实现对交易或事项的会计处理，到最后编制财务报告，完成一个会计期间的会计循环。从狭义上理解，会计循环就是指企业在一个会计期间内，从经济业务发生编制和审核会计凭证开始，到登记会计账簿，最后编制财务报告为止，财务会计人员运用一定的方法所完成的一系列会计处理程序。

在一个完整的会计循环中通常包括以下几个基本步骤：根据原始凭证分析经济业务；编制记账凭证；过账；编制调整前试算平衡表；期末账项调整；编制调整后试算平衡表；编制结账分录并过账；编制结账后试算平衡表；编制正式的财务报表。

(1) 会计凭证的含义及种类。会计凭证是用来证明经济业务发生、明确经济责任的书面证明。按用途不同，会计凭证可分为原始凭证和记账凭证两类。会计循环始于编审用于证实经济业务已经发生的原始凭证。

原始凭证是记录经济业务已经发生、执行或完成，作为记账原始依据的最初书面证明。原始凭证按其来源不同，可分为外来原始凭证和自制原始凭证。

记账凭证是由会计人员根据审核无误的原始凭证编制，用以作为记账直接依据的会计凭证。主要的记账凭证有收款凭证、付款凭证、转账凭证等。收款凭证是用于记录现金和银行存款等收款业务的凭证；付款凭证是用于记录现金和银行存款等付款业务的凭证；转账凭证是用于记录不涉及现金和银行存款等收付的转账业务的凭证。企业也可以使用通用记账凭证，即以一种统一的格式记录全部经济业务的记账凭证。

(2) 会计账簿的含义及种类。过账是指根据记账凭证（会计分录）中所确定的账户名称、借贷方向和入账金额，分别记入有关总分类账、明细分类账及日记账的过程。

会计账簿是根据会计凭证，用来序时地、分类地记录和反映各项经济业务的会计簿籍。它是由具有专门格式，又以一定形式联结在一起的账页所组成的。

账簿按其用途不同，可分为序时账簿（日记账）、分类账簿和备查账簿三种。日记账主要有现金日记账和银行存款日记账。分类账是指对经济业务进行分类登记的账簿，又分为总分类账簿和明细分类账簿。总分类账簿（简称"总账"）是根据一级会计科目设置的，总括反映全部经济业务的账簿；明细分类账簿（简称"明细账"）是根据二级或明细会计科目设置的，详细反映某一类经济业务的账簿。总账对其所属明细账起着统驭控制作用，明细账对其所隶属的总账起着补充说明作用。在会计核算中要采用平行登记的方法，即对每一笔经济业务，在一个会计期间内既要在总账中进行登记，又要按照方向相同、金额相等的原则在其所属的明细账中进行登记。

(3) 试算平衡的含义及方法。根据会计等式的平衡关系，利用借贷记账规则的原理，通过汇总、计算和比较来检查账户记录的正确性与完整性，这项工作称为试算平衡。试算平衡可以采用发生额试算平衡或余额试算平衡的方法。发生额试算平衡的依据是借贷记账法的记账规则。用公式表示为：

$$全部账户借方发生额合计 = 全部账户贷方发生额合计$$

余额试算平衡的依据是会计等式的平衡关系。用公式表示为：

$$全部账户借方余额合计 = 全部账户贷方余额合计$$

(4) 权责发生制与收付实现制。由于企业生产经营活动是连续的，而会计期间是人为划分的，所以难免有一部分收入和费用出现收支期间和应归属期间不一致的情况。企业收入和费用的收付期和归属期是否一致，大致存在以下三种情况：

①本期实现的收入，本期已收款；本期发生的费用，本期已付款。

②本期已收款但尚未实现的收入，本期已支付但不应由本期负担的费用，如预收收入和预付费用。

③本期已实现但尚未收款的收入，本期应负担但尚未支付的费用，如应计收入和应计费用。

后两种情况的经济业务会涉及多个会计期间，需要考虑收入和费用在哪一个会计期间入账，入账金额是多少，要进行合理的分配，才能正确计算各期间的经营成果。

因为会计分期假设，产生了本期与非本期的区别，产生了收付实现制和权责发生制等记账基础。

收付实现制又称现金制，是指以是否收到或付出款项作为收入、费用的确认标准，本期实际收到或付出的款项，不论其是否属于本期实现的收入或本期应负担的费用，都作为本期的收入和费用进行确认。收入、费用的归属期间与款项收付期间相一致。

权责发生制又称应计制，是指以权利或责任是否发生作为收入、费用的确认标准。本期实现的收入或应负担的费用，不论其款项是否在本期收到或付出，都应确认为本期的收入和费用；本期尚未实现的收入或不应由本期负担的费用，即使款项在本期收到或付出，也不能确认为本期的收入和费用。

《企业会计准则——基本准则》明确规定："企业应当以权责发生制为基础进行会计确认、计量和报告"。

(5) 权责发生制下的期末账项调整。根据权责发生制和配比原则的要求，对于归属期与款项收付期不一致的收入、费用，需要在会计期末进行账项调整。期末账项调整就是指按照应予归属的标准，合理地反映相互连接的各会计期间应得的收入和应负担的费用，使各期的收入和费用能在相关的基础上进行配比，从而比较正确地计算出各期的盈亏。在会计期末编制的、针对跨期业务收入和费用分摊确认的会计分录，即称为调整分录。期末账项调整主要包括应计收入的调整、应计费用的调整、预收收入的分配、预付费用的摊销等。

①应计收入，是指本期已实现，但尚未收款的收入。期末进行账项调整时，应确认收入，同时增加资产（如债权）或减少负债。

②预收收入，是指本期已收款但尚未实现的收入。预收款项时，不能确认收入，应借记"银行存款"等科目，贷记"预收账款"等负债科目。以后期间随着产品的交付、劳务的提供，确认已实现的收入，同时冲销"预收账款"等负债。

③应计费用，是指本期应负担但尚未付款的费用。期末进行账项调整时，应确认费用，同时增加负债。

④预付费用，是指已经付款但应由本期和以后各期间共同负担的费用。预付款项时，不应确认费用，应借记"预付账款"等资产科目，贷记"银行存款"等科目。本期末及以后期间期末摊销已付款的费用时，确认费用，借记"管理费用"等科目，贷记"预付

账款"等科目。

（6）编制结账分录。企业设置各收入账户和各费用账户核算某一会计期间实现的各项收入和发生的各项费用。当某一会计期间结束时，应将各收入、费用账户中的数字从这些账户中转出，以计算当期实现的经营成果。

编制结账分录是指会计期末将所有损益类账户的余额结转至"本年利润"账户，使所有损益类账户的余额为零，在"本年利润"账户中归集当期的利润总额。即各会计期末，将当期实现的各项收入从各收入账户的借方结转至"本年利润"账户的贷方，将当期发生的各项费用从各费用账户的贷方结转至"本年利润"账户的借方。年终，"本年利润"的期末余额即为本年累计实现的利润总额或形成的亏损总额，然后再将"本年利润"账户余额结转至"利润分配"账户。结转后，"本年利润"账户年末没有余额。

5. 会计计量属性

会计计量是指为了将符合确认条件的会计要素登记入账并列报于财务报表而确定其金额的过程。会计计量包括确定计量单位和选择计量属性两个问题。

计量属性，也称计量基础，是指予以计量的某一要素的特性方面，从会计角度，计量属性反映的是会计要素金额的确定基础，即可以用货币计量的方面，主要包括历史成本、重置成本、可变现净值、现值和公允价值等（见表3-2）。

历史成本又称为实际成本，是指企业取得或建造某项财产物资时实际支付的现金及现金等价物。

重置成本又称现行成本或现时投入成本，是指如果在现时重新取得相同的资产或与其相当的资产将会支付的现金或现金等价物金额，或者说是指在本期重购或重置持有资产的成本。

可变现净值是指出售时可能收回的金额（扣除可能发生的费用后的净值），又称为预期脱手价格。在可变现净值计量下，资产按照其正常对外销售所能收到现金或现金等价物的金额扣减该资产至完工时估计将要发生的成本、估计的销售费用以及相关税费后的金额计量。

现值是指对未来现金流量以恰当的折现率进行折现后的价值，是考虑货币时间价值因素等的一种计量属性。

公允价值，是指市场参与者在计量日发生的有序交易中，出售一项资产所能收到或者转移一项负债所需支付的价格。

表3-2　　　　　　　　　　　会计计量属性

计量属性	对资产的计量	对负债的计量
历史成本	按照购置时的金额	按照承担现时义务时的金额
重置成本	按照现在购买相同或类似资产时的金额	按照现在偿还的金额
可变现净值	按照现在销售时的金额	—

续表

计量属性	对资产的计量	对负债的计量
现值	按照将来时的金额折现	
公允价值	有序交易中出售资产所能收到的价格	有序交易中转移负债所需支付的价格

企业在对会计要素进行计量时，一般应当采用历史成本，采用重置成本、可变现净值、现值、公允价值计量的，应当保证所确定的会计要素金额能够取得并可靠计量。

6. 会计信息质量要求

会计信息质量要求是对企业财务会计报告中所提供的会计信息质量的基本要求，是使财务会计报告中所提供会计信息对信息使用者决策有用应具备的基本特征。会计信息质量要求包括以下八项：可靠性、相关性、可理解性、可比性、实质重于形式、重要性、谨慎性和及时性。

可靠性。可靠性要求企业应当以实际发生的交易或者事项为依据进行会计确认、计量和报告，如实反映符合确认和计量要求的各项会计要素及其他相关信息，保证会计信息的真实可靠、内容完整。

相关性。相关性亦称有用性，是指企业提供的会计信息应当与财务会计报告使用者的经济决策需要相关，有助于财务会计报告使用者对企业过去、现在或者未来的情况作出评价或者预测。

可理解性。可理解性也称明晰性，是指企业提供的会计信息应当清晰明了，便于财务会计报告使用者理解和使用。

可比性。企业提供的会计信息应当具有可比性。可比性包括两层含义：一是不同企业在同一时期的横向可比；二是同一企业在不同时期的纵向可比。同一企业不同时期发生的相同或者相似的交易或者事项，应当采用一致的会计政策，不得随意变更。确需变更的，应当在附注中说明。

实质重于形式。实质重于形式要求企业应当按照交易或者事项的经济实质进行会计确认、计量和报告，不应仅以交易或者事项的法律形式为依据。

重要性。重要性要求企业财务报告在全面反映企业的财务状况和经营成果的同时，应当区别经济业务的重要程度，采用不同的会计处理程序和方法。

谨慎性。谨慎性又称稳健性，要求企业对交易或事项进行会计确认、计量和报告应当保持应有的谨慎，不应高估资产或者收益、低估负债或者费用。

及时性。及时性是指企业对于已经发生的交易或者事项，应当及时进行会计确认、计量和报告，不得提前或者延后。

（二）学习重点与难点

（1）常用的会计科目；

（2）账户的基本结构及账户中的金额；

（3）借贷记账法的具体内容；

(4) 会计循环的基本步骤；
(5) 权责发生制及期末账项调整的理解；
(6) 会计计量属性的内容；
(7) 会计信息质量要求的内容。

三、练习题

(一) 单项选择题

1. 会计科目是对（　　）的具体内容进行分类核算的项目。
   A. 会计对象　　　　B. 会计要素　　　　C. 资金运动　　　　D. 会计账户
2. 下列项目中，不属于损益类科目的是（　　）。
   A. 管理费用　　　　B. 主营业务收入　　C. 投资收益　　　　D. 本年利润
3. 把账户分为借贷两方，哪一方记增加数，哪一方记减少数，取决于（　　）。
   A. 记账规则　　　　　　　　　　　　　B. 记账形式
   C. 记账方法　　　　　　　　　　　　　D. 账户反映的经济内容
4. "应付账款"账户期初贷方余额为 20 000 元，本期贷方发生额为 30 000 元，期末贷方余额为 10 000 元，该账户本期借方发生额为（　　）元。
   A. 40 000　　　　　B. 30 000　　　　　C. 20 000　　　　　D. 10 000
5. 借贷记账法的理论依据是（　　）。
   A. 资产 = 负债 + 所有者权益
   B. 收入 - 费用 = 利润
   C. 借方发生额 = 贷方发生额
   D. 期初余额 + 本期增加数 - 本期减少数 = 期末余额
6. 以下账户中，借方登记增加额的是（　　）。
   A. 主营业务收入　　　　　　　　　　　B. 短期借款
   C. 库存商品　　　　　　　　　　　　　D. 实收资本
7. 费用类账户期末一般（　　）。
   A. 有借方余额　　　　　　　　　　　　B. 有贷方余额
   C. 有借方或贷方余额　　　　　　　　　D. 无余额
8. 在借贷记账法下，借方记录（　　）。
   A. 资产的增加和负债的减少　　　　　　B. 负债的增加和资产的减少
   C. 收入的增加和负债的减少　　　　　　D. 利润和所有者权益的增加
9. 关于借贷记账法，下列说法中不正确的是（　　）。
   A. 以"借""贷"为记账符号
   B. "借"表示增加，"贷"表示减少
   C. 可以根据借贷平衡原理进行试算平衡
   D. 以"有借必有贷，借贷必相等"为记账规则

10. 在实际工作中，会计分录一般填写在（　　）上。
    A. 原始凭证　　　　B. 记账凭证　　　　C. 会计账簿　　　　D. 会计报表
11. 借贷记账法下所有账户本期借方发生额之和等于本期贷方发生额之和的平衡是由（　　）决定的。
    A. 借贷记账法的记账规则　　　　B. 会计基本等式
    C. 复式记账法　　　　　　　　　D. 平行登记法
12. 下列错误中，能够通过试算平衡发现的是（　　）。
    A. 一笔经济业务的记录全部被漏记或重记
    B. 编制的会计分录中借贷双方的金额发生同样的错误
    C. 编制会计分录时，应借应贷的账户互相颠倒，或误用账户名
    D. 借方或贷方的金额数字颠倒
13. 填制记账凭证的依据是（　　）。
    A. 合法的原始凭证　　　　　　　B. 正确的原始凭证
    C. 会计人员审核无误的原始凭证　D. 真实的原始凭证
14. 企业结账的时间应为（　　）。
    A. 每项经济业务终了时　　　　　B. 一定会计期间终了时
    C. 会计报表编制完成之后　　　　D. 每一个工作日终了时
15. 企业为合理确定各期间的经营成果，应采用（　　）作为记账基础。
    A. 收付实现制　　B. 权责发生制　　C. 谨慎性原则　　D. 配比原则
16. 企业在对会计要素进行计量时，一般应当采用（　　）计量属性。
    A. 历史成本　　　B. 重置成本　　　C. 可变现净值　　D. 现值
17. 不同企业发生的相同或者相似的交易或事项，应当采用国家规定的会计政策，符合的是（　　）要求。
    A. 可比性　　　　B. 重要性　　　　C. 谨慎性　　　　D. 相关性
18. 从核算效益看，企业对所有会计事项不分轻重主次和繁简详略，采取完全相同的会计处理方法，不符合（　　）要求。
    A. 明晰性　　　　B. 重要性　　　　C. 相关性　　　　D. 谨慎性
19. 在历史成本计量下，下列说法中错误的是（　　）。
    A. 资产按购置时所付出的对价的公允价值计量
    B. 资产按购置时支付的现金或现金等价物的金额计量
    C. 负债按因承担现时义务而实际收到的款项或者资产的金额计量
    D. 负债按预期需要偿还的现金或现金等价物的折现金额计量
20. 下列关于会计信息质量要求的说法中，不正确的是（　　）。
    A. 同一企业前后各期采用的会计核算方法应保持一致，不得随意变更，体现的是可比性原则
    B. 谨慎性要求企业不应高估资产或收益、低估负债或费用
    C. 企业对应收账款计提坏账准备体现了谨慎性原则

D. 企业对固定资产采用加速折旧法体现了实质重于形式原则

(二) 多项选择题

1. 下列说法中正确的有（   ）。
   A. 会计科目仅是对会计要素具体内容进行分类核算的项目或标志
   B. 会计科目是设置账户的基本依据
   C. 在实际工作中，对账户和会计科目往往不加以严格区分
   D. 账户和会计科目均需固定的格式和结构
2. 下列会计科目中，属于负债类科目的有（   ）。
   A. 应收账款 B. 应付账款 C. 预付账款 D. 预收账款
3. 下列属于损益类账户的有（   ）。
   A. 投资收益 B. 管理费用 C. 制造费用 D. 本年利润
4. 下列项目中属于账户的金额要素的有（   ）。
   A. 期初余额   B. 期末余额
   C. 本期借方发生额   D. 本期贷方发生额
5. 以下账户中，借方登记本期减少额的账户有（   ）。
   A. 资产类账户 B. 负债类账户 C. 收入类账户 D. 费用类账户
6. 会计分录必须具备的要素包括（   ）。
   A. 记账方向 B. 记账科目 C. 记账金额 D. 签名盖章
7. 以下账户中期末余额在借方的有（   ）。
   A. 利润分配 B. 原材料 C. 实收资本 D. 固定资产
8. 以下账户中，贷方登记增加额的有（   ）。
   A. 累计折旧 B. 应交税费 C. 生产成本 D. 资本公积
9. 以下账户中，须结出期末余额，将其转入下一会计期间的有（   ）。
   A. 盈余公积 B. 投资收益 C. 短期借款 D. 库存商品
10. 以下账户中可能成为"本年利润"账户的对应账户的有（   ）。
    A. 税金及附加   B. 营业外支出
    C. 应付利润   D. 制造费用
11. 借贷记账法的试算平衡可按下列（   ）公式进行。
    A. 全部账户借方发生额合计 = 全部账户贷方发生额合计
    B. 全部账户增加额 = 全部账户减少额
    C. 全部账户借方余额合计 = 全部账户贷方余额合计
    D. 资产账户发生额 = 负债和所有者权益类账户发生额
12. 下列各项中，属于原始凭证的有（   ）。
    A. 增值税专用发票   B. 材料入库单
    C. 银行存款余额调节表   D. 差旅费报销单
13. 下列属于原始凭证审核内容的有（   ）。
    A. 审核真实性   B. 审核合法性

C. 审核完整性　　　　　　　　　　　D. 审核正确性

14. 账簿按用途分类，可以分为（　　）。
A. 明细账　　B. 总账　　C. 日记账　　D. 备查账

15. 任何企业必须设置的账簿有（　　）。
A. 日记账　　B. 备查账　　C. 总账　　D. 明细账

16. 运用平行登记法登记总账和明细账时，必须做到（　　）。
A. 详简程度相同　　　　　　　　　　B. 记账方向相同
C. 记账金额相等　　　　　　　　　　D. 记账期间相同

17. 下列属于会计循环的基本步骤的有（　　）。
A. 填制和审核凭证　　　　　　　　　B. 登记账簿
C. 财务分析　　　　　　　　　　　　D. 编制报表

18. 按权责发生制的要求，应全部或部分确认为本期费用的有（　　）。
A. 月末计提本期工资，下月支付
B. 计提本月管理部门用固定资产折旧
C. 本月预付下季度房租（不含本月）
D. 支付本期负担的水电费

19. 按照企业会计准则规定，企业可以采用的计量属性有（　　）。
A. 历史成本　　B. 重置成本　　C. 市价　　D. 公允价值

20. 下列项目中，属于我国会计信息质量要求的有（　　）。
A. 可靠性　　　　　　　　　　　　　B. 实质重于形式
C. 权责发生制　　　　　　　　　　　D. 重要性

（三）判断题

1. 会计科目与账户是同义词，两者没有区别。（　　）
2. "本年利润"账户和"所得税费用"账户同属于损益类账户。（　　）
3. 借贷记账法既是世界通用的记账方法，也是目前我国法定的记账方法。
（　　）
4. 借贷记账法中的"借""贷"分别表示债权和债务。（　　）
5. 一般而言，费用（成本）类账户结构与权益类账户相同，收入（利润）类账户结构与资产类账户相同。（　　）
6. 在借贷记账法中，只要借、贷金额相等，账户记录就不会有错误。（　　）
7. 账户对应关系是指某个账户内的借方与贷方的相互关系。（　　）
8. 在借贷记账法中，"借""贷"作为记账符号已经失去了原来字面的含义，因此对于所有的账户来说，"借"表示增加，"贷"表示减少。（　　）
9. "有借必有贷，借贷必相等"是复式记账法的记账规则。（　　）
10. 资产类账户和负债类账户一般都有期末余额，资产类账户增加记在借方，期末余额的方向与记录增加的方向一致，而负债类账户增加记在贷方，期末余额的方向与记录增加的方向相反。（　　）

11. 会计日常核算工作的起点是登记账簿。　　　　　　　　　　（　　）
12. 记账凭证是登记总分类账户的依据，原始凭证是登记明细分类账户的依据。
　　　　　　　　　　　　　　　　　　　　　　　　　　　　（　　）
13. 企业每项经济业务的发生都必须从外部取得原始凭证。　　　（　　）
14. 对弄虚作假的原始凭证，在不予受理的同时，会计人员应当予以扣留。
　　　　　　　　　　　　　　　　　　　　　　　　　　　　（　　）
15. 总分类账户的期末余额应与其所属各明细分类账户的期末余额合计数相等。
　　　　　　　　　　　　　　　　　　　　　　　　　　　　（　　）
16. 权责发生制是指以是否收到或付出款项作为收入、费用的确认标准的会计核算基础。　　　　　　　　　　　　　　　　　　　　　　　　　（　　）
17. 谨慎性要求不仅要核算可能发生的收入，也要核算可能发生的费用和损失，以对未来的风险进行充分核算。　　　　　　　　　　　　　　　（　　）
18. 某一会计事项是否具有重要性，很大程度取决于会计人员的职业判断，所以对于同一会计事项，在某一企业具有重要性，在另一企业则不一定具有重要性。（　　）
19. 可比性要求企业采用的会计处理方法和程序前后各期应当保持一致，不得随意变更。　　　　　　　　　　　　　　　　　　　　　　　　　（　　）
20. 公允价值是指市场参与者在计量日发生的有序交易中，出售一项资产所能收到或者转移一项负债所需支付的价格。　　　　　　　　　　　　（　　）

（四）业务计算题

1. M 公司 12 月份有关账户的资料见表 3-3。

表 3-3　　　　　　　　　有关账户资料　　　　　　　　　单位：元

账户名称	期初余额 借方	期初余额 贷方	本期发生额 借方	本期发生额 贷方	期末余额 借方	期末余额 贷方
库存现金	100		5 000	（　　）	300	
银行存款	20 900		（　　）	6 200	（　　）	
应收账款	（　　）		（　　）	5 900	24 100	
原材料	20 000		3 000	（　　）	15 800	
固定资产	（　　）		10 000	0	150 000	
应付账款		10 000	8 000	（　　）		20 000
短期借款		（　　）	30 000	20 000		20 000
实收资本		160 000	0	（　　）		170 000
合计	（　　）	（　　）	（　　）	（　　）	（　　）	（　　）

要求：根据账户的有关指标计算方法和借贷记账法的试算平衡原理，计算填补括号中的数字。

2. 某公司某月发生下列业务：

（1）出售 A 产品 150 件，单价 500 元，B 产品 100 件，单价 200 元，总计 95 000 元。产

品已经发出，假设符合收入确认条件，款项尚未收到。（假设不考虑涉及的增值税问题）

（2）购进原材料92 500元，材料已验收入库，开出转账支票90 000元支付部分货款，余款暂欠。（假设不考虑涉及的增值税问题）

（3）以银行存款支付销售产品的广告费900元。

（4）以银行存款500 000元购入一项专利技术。

（5）月末，预提应由本月负担的短期借款利息15 400元。

（6）收到B公司投资500 000元，款项已存入银行。

（7）经批准，将盈余公积300 000元转增资本。

（8）财务部以现金预借给业务员甲差旅费1 000元。

（9）以现金100 000元发放职工工资。

（10）生产车间领用原材料8 000元，全部投入产品生产。

（11）本月完工产品1 000件，总成本40 000元，产品已验收入库，结转完工入库产品的生产成本。

（12）以银行存款购入C公司股票20 000元，划分为交易性金融资产。

（13）以银行存款支付给投资者利润100 000元。

（14）开出转账支票预付给D公司购材料款9 000元。

（15）业务员甲出差回来报销差旅费900元，多余现金退回。

要求：根据以上资料编制会计分录。

3. 假设某企业2×21年1月1日各账户期初余额见表3-4。

表3-4　　　　　　　　　　　各账户期初余额　　　　　　　　　　单位：元

资产	借方余额	负债及所有者权益	贷方余额
库存现金	300	短期借款	9 000
银行存款	18 000	应付账款	5 000
应收账款	2 900	应交税费	2 000
原材料	26 000	实收资本	492 000
库存商品	10 800		
固定资产	450 000		

该企业1月份发生下列经济业务：

（1）从银行提取现金1 000元。

（2）购入零星材料400元，以现金支付。

（3）以银行存款缴纳上月所欠缴的税金2 000元。

（4）购入材料8 000元，材料已验收入库，货款尚未支付。

（5）收到某单位投入新机器一台，作为对本企业的投资，价值35 000元。

（6）向银行借入短期借款15 000元，款项已划入企业存款户。

（7）以银行存款偿还前欠材料款12 000元。

（8）收到甲公司还来上月所欠货款2 900元，款项存入银行。

(9) 购入设备一台，价值 10 000 元，款项尚未支付。

要求：

(1) 开设各有关账户，登记期初余额；

(2) 编制会计分录，并根据会计分录过账；

(3) 结出各账户的本期发生额和期末余额；

(4) 编制试算平衡表进行试算平衡。

(五) 名词解释

会计科目　账户　总分类科目　明细分类科目　复式记账法　借贷记账法　会计分录　账户对应关系　会计凭证　原始凭证　记账凭证　会计账簿　试算平衡　权责发生制　历史成本　重置成本　可变现净值　现值　公允价值

(六) 简答题

1. 会计科目与账户有何异同？

2. 账户的基本结构如何？账户中各项金额要素之间的关系是怎样的？

3. 单式记账法与复式记账法有何区别？复式记账法有何特点？

4. 如何理解"借""贷"的含义？借贷记账法下各类账户的结构是怎样的？

5. 如何理解会计分录的作用？如何编制会计分录？会计分录的形式有哪些？

6. 如何理解会计循环？一个完整的会计循环中通常包括哪几个基本步骤？

7. 原始凭证及记账凭证是如何分类的？二者的关系是怎样的？

8. 企业应设置哪些会计账簿？

9. 如何理解总账与明细账的关系？什么是平行登记？平行登记的要点及结果是怎样的？

10. 如何理解试算平衡在会计循环中的作用？如何进行试算平衡？

11. 权责发生制和收付实现制有何不同？

12. 什么是期末账项调整？为什么要进行期末账项调整？

13. 如何理解会计计量？会计计量属性包括哪些？不同的计量属性下，如何对资产或负债进行计量？

14. 会计信息质量要求包括哪些？分别如何理解？

四、案例分析

小华打算开一家蛋糕店，自己有 80 000 元，又向朋友借了 20 000 元，约定利率 4%，期限 3 年，到期还本付息。1 月份小华开始为开店做各种准备，选了一个地理位置不错的店面，与业主签了一份 3 年期租赁合同，合同约定每季度初缴纳 3 个月的房租，每月租金为 5 000 元，并在签订合同时一次性支付 10 000 元押金，终止合同时退回。小华花费了 6 000 元对店面进行了简单装修，购买了冰柜、烤箱、货架、收款机、电脑等，总共花了 42 000 元。又雇了 2 名员工。一切准备就绪，蛋糕店于 4 月 2 日正式开始营业。

日子一天天过去，生意一开始并不是很好，小华想了很多办法，后来慢慢有了好转。

到了 6 月底,忙碌了一个季度,小华想知道自己的蛋糕店到底是赚钱还是赔钱了? 就整理了销售小票、购货发票、交费单据等。经整理,有关资料如下:

(1) 小华将花费 42 000 元买的金额大、使用时间较长的冰柜等作为固定资产,将所有资产的使用寿命均定为 5 年,残值为零。按直线法计算折旧。

(2) 开业以来的 3 个月,购入面粉、油、奶油等各种食材及包装材料等共花费 85 500 元。6 月底经盘点还有库存 3 500 元。

(3) 3 个月中总共销售了 146 000 元,其中有客户欠款 8 000 元。

(4) 支付员工工资 21 000 元。

(5) 支付水电费等其他费用开支共计 2 300 元。

讨论:

1. 小华的蛋糕店成立时的财务状况是怎样的?
2. 请帮助小华计算一下蛋糕店截至 6 月底的利润情况,到底是赚钱了还是亏钱了?
3. 小华的蛋糕店在 6 月末的财务状况又是怎样的?

第四章　收入和速动资产

一、学习目的和要求

本章是"会计学"课程的重点之一。通过本章学习，可以对利润表中的营业收入项目和资产负债表中的货币资金与短期应收项目进行基本分析。本章讲授了收入要素中的核心经营收入（营业收入）、资产负债表中货币资金和短期应收项目的基本内容和一般会计核算。通过本章的学习，应熟练掌握收入的特征、收入的确认和计量；熟练掌握货币资金的日常管理和银行存款的清查；熟练掌握应收票据、应收账款的核算内容及应收账款的分析；掌握一般销售收入的核算和预付账款、合同资产及其他应收款的内容；了解某一时段内发生的交易的收入确认与核算及应收款项损失准备（信用减值损失）的一般内容。

二、学习指导

（一）学习要点

1. 收入

收入有广义和狭义之分。广义的收入是指能导致所有者权益增加，但与所有者投入资本无关的各种经济利益流入，会计上分为收入和利得。会计上的收入是狭义的收入，"是指企业在日常活动中形成的、会导致所有者权益增加的、与所有者投入资本无关的经济利益的总流入"，即企业的经营收入（见图4-1）。

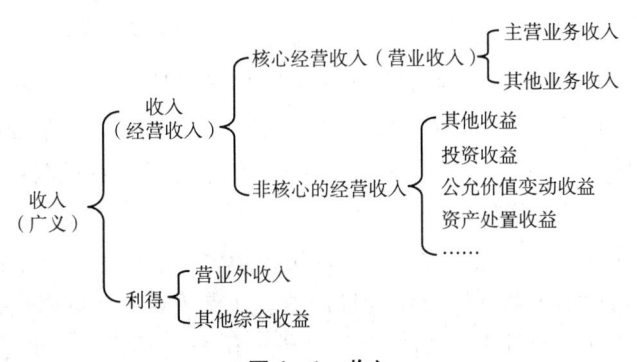

```
               ┌ 收入     ┌ 核心经营收入（营业收入）┌ 主营业务收入
               │（经营收入）│                        └ 其他业务收入
               │          │                        ┌ 其他收益
收入           │          │                        │ 投资收益
（广义）       │          └ 非核心的经营收入       ┤ 公允价值变动收益
               │                                   │ 资产处置收益
               │                                   └ ……
               └ 利得     ┌ 营业外收入
                          └ 其他综合收益
```

图4-1　收入

收入具有如下特征：第一，收入是企业日常活动形成的经济利益流入；第二，收入必然导致所有者权益的增加；第三，收入不包括所有者向企业投入资本导致的经济利益流入。本节所涉及的是营业收入（见图4-2）。

营业收入
- 按企业交易的性质
  - 销售商品收入
  - 提供劳务收入
- 按在经营业务中所占比重
  - 主营业务收入
  - 其他业务收入

图4-2　营业收入

企业应在客户取得相关商品控制权时确认收入。取得相关商品控制权，是指能够主导该商品的使用并从中获得几乎全部的经济利益，也包括有能力阻止其他方主导该商品的使用并从中获得经济利益。收入按单项交易价格计量，交易价格是指企业因向客户转让商品而预期有权收取的对价金额。企业代第三方收取的款项（例如增值税）以及预期将退还给客户的款项，应当作为负债进行会计处理，不计入收入。在确定交易价格时，企业应当考虑可变对价、合同中存在的重大融资成分、非现金对价以及应付客户对价等因素的影响。对于在某一时段内发生的交易，企业应当在该段时间内按照交易进度确认收入；企业应当考虑商品的性质，采用产出法或投入法确定恰当的交易进度。收入准则将收入确认和计量大致分为五步，称为收入确认与计量的"五步法模型"，见图4-3。

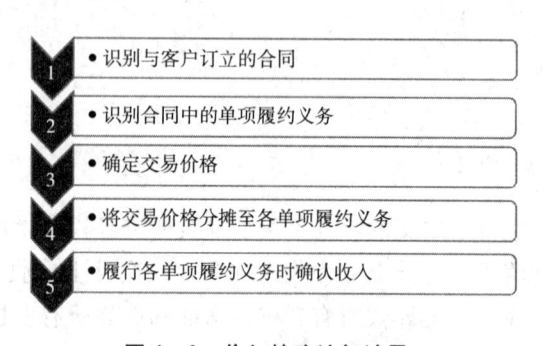

1. 识别与客户订立的合同
2. 识别合同中的单项履约义务
3. 确定交易价格
4. 将交易价格分摊至各单项履约义务
5. 履行各单项履约义务时确认收入

图4-3　收入的确认与计量

企业实现的销售收入，一般应设置"银行存款""应收账款""合同资产""主营业务收入""主营业务成本""税金及附加"等相关账户进行核算，对已发出商品但不符合收入确认条件的收入，还应设置"发出商品"账户，"发出商品"属于资产类账户，期末余额列入资产负债表的"存货"项下。一般商品销售的总分类核算见图4-4。

2. 货币资金的核算与管理

货币资金包括库存现金、银行存款和其他货币资金，它们是资产中流动性最强的那部分资产。库存现金指由出纳员保管，作为日常零星开支所需的，可以直接用于支付或结算的那部分货币资金。库存现金具有高度的流动性，国务院颁发了《现金管理暂行条例》，中国人民银行据此颁布了《现金管理暂行条例实施细则》，对库存现金的支付范围、库存现金限额及库存现金的管理和使用制定了严格的制度。为加强对库存现金的管理，除设置"库存现金"总分类账户外，企业还应设置"库存现金日记账"，对库存现金进行序时核

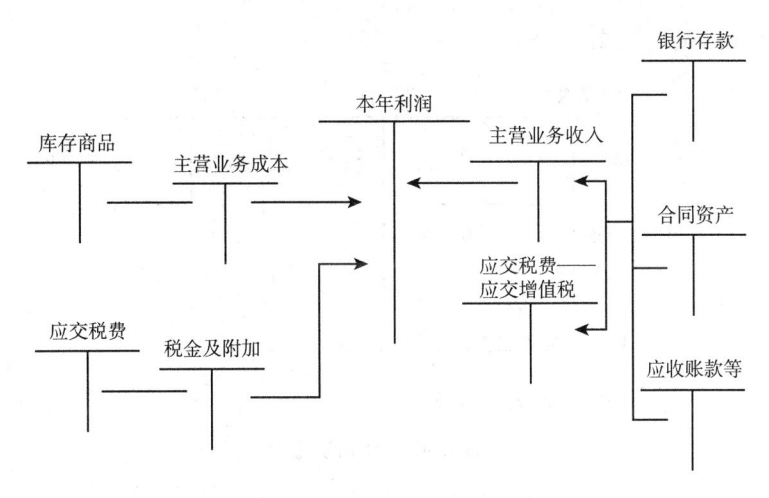

图 4-4　一般商品销售的总分类核算

算。库存现金日记账是由出纳人员按照经济业务发生时间的先后顺序，逐日逐笔进行登记，做到日清月结；出纳员是专门从事货币资金收付业务及登记现金和银行存款日记账的会计人员。《会计法》第三十七条规定："会计机构内部应当建立稽核制度。出纳人员不得兼任稽核、会计档案保管和收入、支出、费用、债权债务账目的登记工作。"月末企业将"库存现金日记账"余额与"库存现金"总账余额进行核对，做到账账相符。为了防止发生各种非法行为和记账错误，保证库存现金安全，单位应当定期和不定期地进行库存现金盘点，确保库存现金账面余额与实际库存数相符。

银行存款是指企业存放在开户银行和其他金融机构的货币资金。《现金管理暂行条例》规定，企业经济活动中所发生的各种经济往来，凡不属于库存现金范围的款项支付，一律通过银行进行转账结算。企业应遵守支付结算的各项有关规定，加强企业银行存款的管理。为加强对银行存款的管理，除设置"银行存款"总分类账户外，企业还应设置"银行存款日记账"，对银行存款进行序时核算。为了保证银行存款核算的正确性，企业应定期将银行对账单与企业银行存款日记账逐笔进行核对。如果双方账目不一致，其主要原因：一是双方账目可能发生错账；二是可能存在"未达账项"。未达账项主要有下列四种情况：(1) 企业已经收款入账，而银行尚未入账的事项；(2) 企业已经付款入账，而银行尚未入账的事项；(3) 银行已经收款入账，而企业尚未入账的事项；(4) 银行已经付款入账，而企业尚未入账的事项。为了消除未达账项的影响，企业应根据核对后发现的未达账项，编制"银行存款余额调节表"，据以调节双方账面余额。如果双方调整后的余额核对相符，表明企业和银行账目没有差错，前面的不相符是未达账项造成的。如果双方调整后的余额还不相符，说明记账有错误，应进一步查明原因，予以更正。需要注意的是，银行存款余额调节表不是原始凭证，不能作为调整银行存款账面记录的依据，企业应在收到银行有关结算单证时，再将其入账。

其他货币资金是指除库存现金和银行存款以外的其他各种货币资金，包括外埠存款、银行汇票存款、银行本票存款、信用证存款、信用卡存款、存出投资款等，其存放地点和用途不同于库存现金、银行存款。企业应设置"其他货币资金"账户，以反映其他货币资金的收支和结存情况（见图 4-5）。

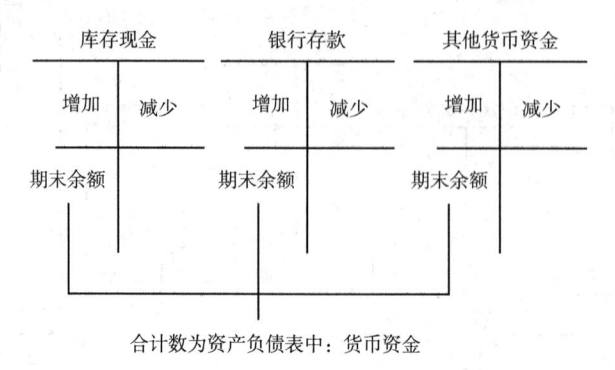

图 4-5　货币资金

由于货币资金有较强的流动性和支付性，为保证货币资金的安全，企业应采取相应的控制措施，建立健全职责分工与授权批准制度，强化货币资金的日常控制，加强与货币资金相关的票据及有关印章的管理，及时确定和评价货币资金的持有量和周转速度。

3. 短期应收款项的核算与管理

短期应收款项主要包括应收票据、应收账款、合同资产、预付账款和其他应收款等（见图 4-6）。

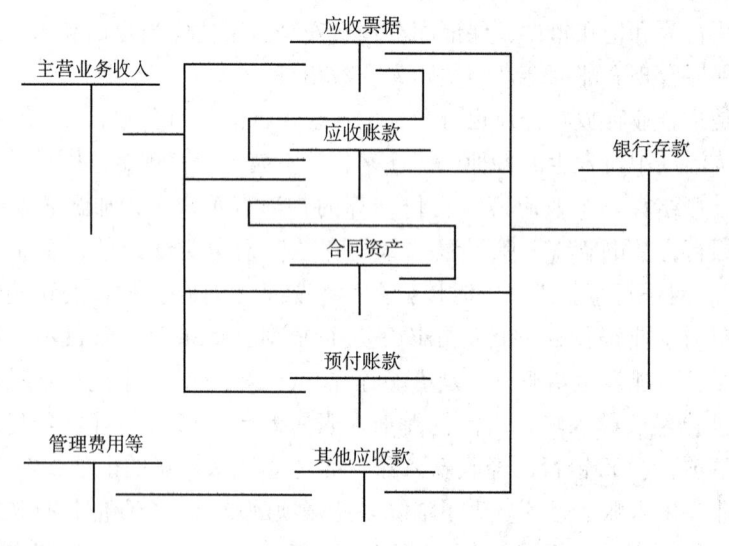

图 4-6　短期应收款项

商业汇票是出票人签发的、委托付款人在指定日期无条件支付确定的金额给收款人或者持票人的票据。应收票据是指企业持有的还没有到期、尚未兑现的商业汇票。企业必须具有真实的交易关系或债权债务关系，才能使用商业汇票。企业在应收票据到期前如急需资金，可以持未到期的商业汇票向银行申请贴现。为了反映和监督应收票据的取得、票款收回等经济业务，企业应设置"应收票据"账户。

应收账款是指企业在经营过程中，由于销售产品、提供劳务等经营活动而产生的应向购货单位或接受劳务单位收取的款项，包括应收的销售货款及代购货方垫付的各种运杂费、包装费等；应收账款是企业一项重要的流动资产，属于短期性债权。为了核算企业应收账款的增减变动及结存情况，需要设置"应收账款"账户，并以交易发生日或销售收入确认时买卖双方成交的实际金额入账。

合同资产，是指企业已向客户转让商品而有权收取对价的权利，且该权利取决于时间流逝之外的其他因素。它与应收账款的区别是，应收账款是企业无条件收取合同对价的权利，即仅仅是随着时间的流逝即可收款的权利；而合同资产是除时间流逝之外，还取决于其他条件，如履行合同中的其他履约义务才能收到相应合同对价的权利；应收账款仅承担信用风险，合同资产除信用风险外，还承担其他风险，如履约风险等。从收取款项的确定性来讲，合同资产要弱于应收账款。

预付账款是指企业因业务需要而按照购货合同的约定，预先支付给销货方的款项。其他应收款是指除应收票据、应收账款、预付账款以外的应收或暂付给其他单位和个人的款项，是企业发生的非购销活动而形成的债权。主要包括拨付给企业内部单位和个人的各用款、应收的各种罚款、赔款、应收的租金、存出保证金、应向职工收取的各种款项等。企业应设置"预付账款"和"其他应付款"账户核算相关内容。

现行会计准则规定以预期信用损失为基础计提金融资产减值损失准备。对于企业向客户转让商品或提供服务等交易形成的应收款项，可以采用简化的方法，实务中，经常使用应收款项余额百分比法和账龄分析法。企业计提和实际发生的应收款项减值损失，应通过"信用减值损失"账户和"坏账准备"账户核算，"坏账准备"账户是应收款项的抵减账户，期末，将应收款项的余额减去相关账户坏账准备后的净额列入资产负债表相关项目中。

（二）学习重点与难点

（1）收入的内涵及收入的确认和计量；
（2）一般销售收入的核算，现金折扣条件下收入的核算；
（3）库存现金的日常管理；
（4）结算方式的分类，银行余额调节表的编制；
（5）应收票据与应收账款的核算内容及两者的异同；
（6）"应收账款""预付账款""预收账款"三个账户的核算内容；
（7）应收账款周转天数与应收账款周转率的计算及应用。

三、练习题

（一）单项选择题

1. 下列特征将收入与利得进行区别的是（　　）。
A. 收入会导致企业所有者权益增加
B. 收入与所有者投入的资本无关
C. 收入会导致企业资产的增加或负债的减少

D. 收入形成于企业日常活动
2. 下列各项中，属于利得的是（　　）。
   A. 出售固定资产取得的收益　　　　　B. 出租固定资产取得的收益
   C. 无法支付的应付款　　　　　　　　D. 无法收到的应收款
3. 收入确认的一般原则是（　　）。
   A. 风险转移　　B. 控制权转移　　C. 报酬转移　　D. 实物转移
4. 企业下列经济活动形成的经济利益的总流入中，不属于收入的是（　　）。
   A. 对外出售不需用材料
   B. 对外进行权益性投资取得现金股利或利润
   C. 处置无形资产
   D. 接受捐赠
5. 企业销售多余原材料和包装物的收入，应通过（　　）账户核算。
   A. 主营业务收入　　B. 其他业务收入　　C. 营业外收入　　D. 投资收益
6. 附有现金折扣的销售，销售时如果判断客户（　　）取得现金折扣，则按不扣除现金折扣的总额计量收入。
   A. 不是极可能　　B. 极小可能　　C. 很可能　　D. 极可能
7. 下列各项属于主营业务收入的是（　　）。
   A. 出售固定资产取得的收入　　　　　B. 出租固定资产取得的收入
   C. 转让无形资产使用权的使用费收入　　D. 劳务收入
8. 在我国，作为会计日常核算对象的"现金"是指（　　）。
   A. 备用金　　　　　　　　　　　　　B. 库存现金
   C. 货币资金　　　　　　　　　　　　D. 现金和现金等价物
9. "库存现金"账户期初余额为 2 000 元，本期贷方发生额 1 800 元，借方发生额为 1 500 元，则期末余额为（　　）元。
   A. 1 300　　B. 1 700　　C. 2 300　　D. 2 500
10. （　　）不是库存现金的使用范围。
    A. 职工工资、津贴　　　　　　　　　B. 个人劳务报酬
    C. 出差人员随身携带的差旅费　　　　D. 采购价值 10 万元的原材料
11. 对于现金清查产生溢余或短缺的会计处理，下列表述不正确的是（　　）。
    A. 应通过"待处理财产损溢——待处理流动资产损溢"科目核算
    B. 若能查明原因的现金溢余应转至"其他应付款"科目；现金短缺转至"其他应收款"科目
    C. 若无法查明原因的现金溢余经批准后转至"营业外收入"科目
    D. 若无法查明原因的现金短缺经批准后转至"营业外支出"科目
12. 对银行已经入账、企业尚未入账的未达账项，企业编制银行存款余额调节表后，一般应当（　　）。
    A. 根据银行存款余额调节表进行账务处理

B. 根据银行对账单上的记录进行账务处理

C. 根据对账单和调节表自制凭证进行账务处理

D. 待结算凭证到达后再进行账务处理

13. 某企业银行存款日记账余额 56 000 元，银行已收企业未收款项 10 000 元，企业已付银行未付款项 2 000 元，银行已付企业未付款项 8 000 元，调节后的银行存款日记账余额是（　　）元。

A. 58 000　　　　B. 54 000　　　　C. 62 000　　　　D. 56 000

14. 对于银行存款的清查，下列表述中不正确的是（　　）。

A. 企业银行存款日记账与银行对账单双方余额不符可能存在某方的记账错误

B. 企业银行存款日记账与银行对账单双方余额不符可能存在未达账项

C. 在更正记账错误的基础上将全部未达账项调整后余额即可相符

D. 企业可根据银行存款余额调节表调整后的余额进行会计处理，使双方余额相等

15. 应收票据是指企业因销售商品、产品或提供劳务而收到的（　　）所形成的债权。

A. 银行汇票　　　B. 银行本票　　　C. 商业汇票　　　D. 支票

16. 应收票据到期后，若出票单位无款支付，则企业应将应收票据转入（　　）。

A. 营业外支出　　B. 预收账款　　　C. 应收账款　　　D. 预付账款

17. 销售方为了尽快回笼货款而给予购货方的债务扣除称为（　　）。

A. 现金折扣　　　B. 商业折扣　　　C. 销售回扣　　　D. 销售折让

18. 职工出差预支差旅费，应通过（　　）科目核算。

A. 管理费用　　　B. 应收账款　　　C. 预付账款　　　D. 其他应收款

19. "应收账款"账户的备抵账户是（　　）。

A. 坏账准备　　　　　　　　　　　B. 累计折旧

C. 累计摊销　　　　　　　　　　　D. 材料成本差异

20. 下列属于企业的资产是（　　）。

A. 应付账款　　　B. 预付账款　　　C. 预收账款　　　D. 应付票据

21. 某企业销售商品一批，不含税价 20 000 元，商品已发出，付款条件为：2/10，1/20，n/30，购货单位在 25 天后付款，可享受的现金折扣为（　　）元，假设现金折扣不考虑增值税。

A. 0　　　　　　B. 200　　　　　C. 400　　　　　D. 600

22. 银行存款的清查是采用企业银行存款日记账与（　　）进行核对的方法进行的。

A. 银行存款明细账　B. 银行存款总账　C. 银行存款实有数　D. 银行对账单

（二）多项选择题

1. 下列项目中，属于收入要素的有（　　）。

A. 主营业务收入　B. 其他业务收入　C. 其他收益　　　D. 营业外收入

2. 控制权转移是指（　　）。

A. 能主导该商品的使用

B. 从中获得几乎全部的经济利益

C. 从中获得大多数经济利益

D. 有能力阻止其他方主导该商品的使用并从中获得经济利益

3. 企业应按单项交易价格计量收入，在确定交易价格时，应考虑（　　）因素的影响。

　　A. 可变对价　　　　　　　　　　B. 合同中存在重大融资成分

　　C. 非现金对价　　　　　　　　　D. 应付客户对价

4. 收入增加的同时可能表现为（　　）。

　　A. 一项资产的减少　　　　　　　B. 一项资产的增加

　　C. 一项负债的减少　　　　　　　D. 资产增加和负债减少兼而有之

5. 下列各项中，属于收入特点的有（　　）。

　　A. 收入是企业日常活动中形成的经济利益的总流入

　　B. 收入一定导致资产增加

　　C. 收入会导致所有者权益的增加

　　D. 收入与所有者投入资本无关

6. 收入按经营业务的主次分，可分为（　　）。

　　A. 产品销售收入　　　　　　　　B. 提供劳务收入

　　C. 主营业务收入　　　　　　　　D. 其他业务收入

7. 尚未收到货款，但已确认收入的业务，可以借记的账户有（　　）。

　　A. 合同资产　　B. 应收账款　　C. 应收票据　　D. 预收账款

8. 下列各项中，不应计入收入的有（　　）。

　　A. 应收取的代垫运杂费　　　　　B. 应收取的增值税销项税额

　　C. 预计极可能发生的现金折扣　　D. 实际发生的商业折扣

9. 企业下列各项活动不会形成企业收入的有（　　）。

　　A. 受托方代收代交的消费税

　　B. 因销售商品而向客户收取的增值税销项税额

　　C. 销售无形资产

　　D. 因其他企业违约收取的罚款

10. 下列各项中，属于其他业务收入的有（　　）。

　　A. 材料销售收入　　　　　　　　B. 商品销售收入

　　C. 包装物出租收入　　　　　　　D. 提供劳务收入

11. 出纳员主要从事货币资金收付业务，不得兼任（　　）工作。

　　A. 登记现金和银行存款日记工作　B. 稽核、会计档案保管工作

　　C. 收入、支出、费用登记工作　　D. 债权债务账目的登记工作

12. 关于银行存款，下列说法正确的有（　　）。

　　A. 凡不属于现金开支范围的款项支付，一律通过银行转账结算

　　B. 银行存款日记账是由出纳人员根据收付款凭证逐日逐笔登记的

　　C. 银行汇票存款应通过"银行存款"账户核算

　　D. 现金支票和转账支票应通过"银行存款"账户核算

13. 下列未达账项中，造成银行存款日记账大于银行对账单的有（　　）。
A. 企业已经收款入账，而银行尚未入账的事项
B. 企业已经付款入账，而银行尚未入账的事项
C. 银行已经收款入账，而企业尚未入账的事项
D. 银行已经付款入账，而企业尚未入账的事项

14. 关于应收票据贴现，下列说法正确的有（　　）。
A. 应收票据贴现是企业融资的一种方式
B. 附有追索权的票据贴现，视为企业出售债权
C. 附有追索权的票据贴现，视为企业短期借款
D. 票据贴现所得等于票据到期价值减去贴现息

15. 下列各项中，通过"其他货币资金"核算的有（　　）。
A. 备用金　　　　　　　　　　B. 外埠存款
C. 银行承兑汇票　　　　　　　D. 银行汇票存款

16. 下列各项中，属于短期性债权的有（　　）。
A. 应收账款　　B. 预收账款　　C. 应收票据　　D. 预付账款

17. 按现行制度规定，用"应收票据"及"应付票据"核算的票据包括（　　）。
A. 支票　　　　　　　　　　　B. 银行承兑汇票
C. 银行本票　　　　　　　　　D. 商业承兑汇票

18. 应收账款核算因赊销商品而发生的（　　）。
A. 货款　　　　　　　　　　　B. 增值税销项税额
C. 代垫的运杂费　　　　　　　D. 代收代交的消费税

（三）判断题
1. 无论相关费用大小，收入总能增加所有者权益。（　　）
2. 利润表中"营业收入"就是企业的主营业务收入。（　　）
3. 销售商品时，合同标价就是交易价格。（　　）
4. 企业在发出商品或提供劳务时，应确认营业收入的实现。（　　）
5. 企业将所有权凭证或实物交给对方，就意味着控制权转移，就可以确认收入实现。
（　　）
6. 对于某一时段内发生的交易，企业应当在该段时间内按交易进度确认收入。
（　　）
7. 企业与国家有关部门、其他单位和个人的一切经济往来，只能通过银行转账结算。
（　　）
8. 收入是企业在所有活动中形成的、会导致所有者权益增加的、与所有者投入资本无关的经济利益的总流入。（　　）
9. 企业实现的收入能够导致所有者权益增加，但导致所有者权益增加的不一定都是收入。（　　）
10. 财产清查中发现的无法查明原因的现金溢余应计入营业外收入。（　　）

11. "银行存款日记账"账面余额与开户行转来的"银行对账单"余额之间不符，则说明一方或双方记账有错误。（   ）

12. 对于未达账项，应编制银行存款余额调节表，以检查企业与银行双方账面余额是否一致，并据此及时调整有关账簿的记录。（   ）

13. 企业进行银行存款的清查，在查明双方全部未达账项的情况下，编制的"银行存款余额调节表"中的调整后余额，也有可能不相等。（   ）

14. 企业与银行核对银行存款账目时，对已发现的未达账项均应该作为企业的会计差错，应当编制银行存款余额调节表进行调节，并以银行存款余额调节表作为原始凭证进行相应的账务处理。（   ）

15. 根据我国的会计制度，通过"应收票据"科目核算银行汇票。（   ）

16. 预付款项情况不多的企业，可以不设置"预付账款"账户，而直接通过"应收账款"账户核算。（   ）

17. 银行对账单与企业银行存款日记账账面余额不相符，说明其中一方的记账一定有错误。（   ）

18. 预付账款是企业的负债。（   ）

（四）业务计算题

1. 某企业本月发生下列与货币资金相关的业务：

（1）厂部管理人员李林到外地开会，到财务部门预借差旅费1 500元，财务部门审核后开出现金支票一张；而后李林出差返回，持有关单据报销差旅费1 440元，余款李林交回现金；

（2）对外零星出售产品收取现金，计价款12 000元，增值税款1 560元（符合收入的确认条件），而后财务部门将收取的现金交存银行；

（3）厂部行政管理部门购买办公用品1 320元，持有关单据报销，审核无误后以现金支付；

（4）收到银行通知，收到客户前欠款项，价税合计56 500元已收妥入账；

（5）开出转账支票一张，支付上月采购原材料的欠款，价税及代垫款合计6 780元；

（6）根据本月应付职工薪酬（工资、福利费等）的实发金额185 000元从银行账户转账至本企业职工个人账户；

（7）本月对外出售产品，取得销售收入200 000元，增值税销项税额26 000元（假设符合收入确认条件），款项已收妥入账；

（8）开出转账支票两张，分别支付电信费用680元和交纳增值税15 000元；

（9）从银行提取现金2 000元，作为出纳员日常零星支付所需。

要求：根据上述资料，编制该企业相关业务的会计分录。

2. 假设某公司于2×18年4月30日，对现金进行清查时，发现库存现金较账面余额短少150元。经查明，出纳员王某负有一定的责任，应责其赔偿100元；剩余部分50元，经批准后转作当期费用。已收到出纳人员的现金赔款100元。

要求：根据上述资料，编制相应的会计分录。

3. 某公司××年5月31日银行存款日记账的余额为250 870元，而银行转来的对账单的余额为182 650元，经过逐笔核对发现有以下未达账项：

（1）5月29日，企业委托银行代收的款项234 000元，银行已经收妥入账，企业尚未接到银行的收款通知；

（2）5月29日，企业因采购货物开出转账支票156 500元，持票人尚未到银行办理转账；

（3）5月30日，银行代企业支付某项公用事业费用8 720元，企业尚未接到银行的付款通知；

（4）5月31日，企业销售商品收到购入单位送存的转账支票，列明金额450 000元，企业尚未将转账支票及时送存银行。

要求：根据以上资料编制"银行存款余额调节表"。

4. A公司为增值税一般纳税企业，于2×21年11月1日销售一批商品给B公司，增值税专用发票列明商品价款为50 000元，增值税额6 500元。商品已经发出，且于同日收到购买方B公司签发并承兑的不带息商业承兑汇票一张，票据面值为56 500元，期限为5个月，符合收入确认的条件。

要求：根据上述资料：

（1）编制A公司收到票据时的会计分录；

（2）编制A公司到期如数收到票据款项的会计分录；

（3）若假设B公司于票据到期时账面无款，编制A公司的相关分录。

5. 某企业为增值税的一般纳税企业，增值税率13%。该企业本月2日对外赊销商品（假设符合收入确认的各项条件），不含税标明售价为400 000元，确定现金折扣的比例为2/10，1/20，n/30；假设购买单位分别在本月8日、15日或28日支付上述的款项。（假设现金折扣不考虑增值税）。

要求：根据上述资料，编制销售方相关业务的会计处理：

（1）假设销售时客户在折扣期内不是极可能取得现金折扣；

（2）假设销售时客户在折扣期内极可能取得现金折扣。

6. 某企业于2×18年设立，对应收账款采用余额百分比法计提坏账准备。假设各年末应收账款的余额如表4-1所示（坏账计提比例为10%）。

表4-1　　　　　　　　各年末应收账款余额　　　　　　　　单位：万元

年度	2×18年末	2×19年末	2×20年末	2×21年末
应收账款余额	400	520	340	380

（1）2×19年确认实际发生的坏账损失42万元；

（2）2×20年度，原已确认的坏账损失又收回8万元。

要求：根据以上资料，按时间先后顺序编制该企业相关业务的会计分录。

（五）名词解释

收入　利得　货币资金　速动资产　经营收入　非核心的经营收入　营业收入　五步法模型　交易价格　交易进度　可变对价　现金折扣　销售退回　库存现金　银行存款

未达账项　银行存款余额调节表　其他货币资金　应收票据　应收票据贴现　应收账款　合同资产　预付账款　应收账款周转率　其他应收款　发出商品　坏账准备　预期信用损失　信用减值损失　应收账款周转天数

（六）简答题

1. 什么是收入？比较收入与利得的异同。
2. 什么是营业收入？什么是非核心经营收入？在利润表中如何列示？
3. 什么是收入确认的"五步法模型"？简述其内容。
4. 某一时段内发生的交易如何确认收入？交易进度如何确认？
5. 库存现金的开支范围如何确定？现金日记账如何登记？
6. 票据结算方式中的票据指的是哪几种票据？会计核算中对应的账户是哪些？
7. 什么是未达账项？未达账项有哪几种情形？如何调整？
8. 应收票据核算哪些内容？什么是应收票据贴现？
9. 应收账款核算哪些内容？其他应收款包括哪些内容？
10. 什么是预期信用损失？什么是坏账准备？应收款项如何在报表中列示？
11. 什么是应收账款周转率？什么是应收账款周转天数？如何计算？

四、案例分析

GM 股份有限公司是一家以中药饮片、化学原料药及制剂生产为主导，集药品生产、研发及药品、医疗器械营销于一体的现代化大型医药企业、国家级重点高新技术企业；自上市以来业绩就一直保持着良好的增长态势，截至 2×17 年，公司净利润已经连续 16 年实现增长。但在 2×19 年，GM 公司发布"关于前期会计差错更正的公告"，对 2×17 年的财务报表进行重述。

GM 股份有限公司
关于前期会计差错更正的公告

本公司董事会及全体董事保证本公告内容不存在任何虚假记载、误导性陈述或重大遗漏，并对其内容的真实性、准确性和完整性承担个别及连带责任。

GM 股份有限公司聘请的审计机构 ZJ 会计师事务所出具了《关于 GM 股份有限公司 2×18 年度前期会计差错更正专项说明的审核报告》，公司董事会会议审核通过了《关于前期会计差错更正的议案》。会计差错更正情况如下：

一、会计差错更正的原因及说明（略）
二、对受影响的期间财务状况和经营成果的影响

本公司对上述前期差错采用追溯重述法进行更正，相应对 2×17 年度合并财务报表进行了追溯调整，追溯调整对合并财务报表相关科目的影响具体如下：

1. 对2×17年财务报表的影响

合并财务报表，见表4-2。

表4-2　　　　　　　　　　　　　　　合并财务报表　　　　　　　　　　　　金额：元

受影响的期间报表项目名称	2×17年12月31日/2017年度		
	更正前金额	差错更正累计影响金额	更正后金额
货币资金	34 151 434 208.68	-29 944 309 821.45	4 207 124 387.23
应收账款	4 351 011 323.40	641 037 222.34	4 992 084 545.74
应收利息	47 190 356.13	-47 190 356.13	
其他应收款	180 323 027.94	5 713 820 971.90	5 894 143 999.84
存货	15 700 188 439.34	19 546 349 940.99	35 246 538 380.33
在建工程	1 084 519 812.47	631 600 108.35	1 716 119 920.82
递延所得税资产	261 001 505.68	29 586 632.91	290 588 138.59
其他应付款	1 603 455 877.02	190 545 991.67	1 794 001 868.69
盈余公积	1 882 478 621.90	-361 961 529.28	1 520 517 092.62
未分配利润	10 985 258 959.65	-3 257 653 763.48	7 727 605 196.17
营业收入	26 476 970 977.57	-8 898 352 337.51	17 578 618 640.06
营业成本	18 450 146 871.00	-7 662 129 455.53	10 788 017 425.47
销售费用	740 581 081.08	497 164 407.18	1 237 745 288.26
财务费用	969 264 876.00	228 239 962.83	1 197 504 883.83
资产差值损失	92 280 215.15	-12 386 935.10	79 883 280.05
所得税费用	732 053 848.25	1 859 540.27	733 913 388.52
销售商品、提供劳务收到的现金	28 766 131 827.76	-10 299 860 158.51	18 466 271 669.25
收到其他与经营活动有关的现金	943 030 295.93	137 667 804.27	1 080 698 100.20
购买商品、接受劳务支付的现金	24 324 394 786.49	-7 301 340 657.76	17 023 054 128.73
支付其他与经营活动有关的现金	924 659 143.70	3 821 995 147.82	4 746 654 291.52
购建固定资产、无形资产和其他长期资产支付的现金	1 795 351 236.12	352 392 491.73	2 147 743 727.85
收到其他与筹资活动有关的现金	361 587 400.00	-360 457 000.00	1 130 400.00

2. 对净资产收益率以及每股收益的影响

（1）更正前披露，见表4-3。

表4-3　　　　　　　　　　　　2×17年更正前披露信息

报告期利润	加权平均净资产收益率（%）	每股收益	
		基本每股收益	稀释每股收益
归属于公司普通股股东的净利润	14.02	0.784	0.783
扣除非经常性损益后归属于公司普通股股东的净利润	13.76	0.769	0.768

(2) 更正后披露,见表4-4。

表4-4　　　　　　　　　2×17年更正后披露信息

报告期利润	加权平均净资产收益率（%）	每股收益 基本每股收益	每股收益 稀释每股收益
归属于公司普通股股东的净利润	7.20	0.388	0.389
扣除非经常性损益后归属于公司普通股股东的净利润	6.92	0.374	0.374

……

讨论：根据以上资料和其他相关资料，分析 GM 公司 2×17 年营业收入、货币资金及流动资产的质量。

第五章 存货与销售成本

一、学习目的和要求

通过本章学习，掌握存货的含义及内容，了解存货的盘存制度；熟悉存货会计的基本流程；掌握外购存货及生产存货的会计处理；掌握发出存货的计价方法以及不同计价方法对企业产生的影响；掌握存货期末计量的成本与可变现净值孰低法；掌握存货跌价准备的会计处理；熟悉存货清查的会计处理；熟悉存货与销售成本分析方法。

二、学习指导

（一）学习要点

1. 存货的含义及内容

存货是指企业在日常活动中持有以备出售的产成品或商品、处在生产过程中的在产品、在生产过程或提供劳务过程中耗用的材料和物料等。存货确认的一个重要标志，就是企业是否拥有某项存货的所有权。一般而言，凡是企业拥有所有权的货物，无论存放在何处，都应包括在本企业存货中。但在有些交易方式下，存货实物的交付及所有权的转移与存货控制权的转移可能并不同步。此时，存货的确认应当注重交易的经济实质，而不能仅仅依据其所有权的归属。

在不同行业的企业，存货的内容和分类有所不同。

（1）制造业企业存货。制造业企业存货的特点是在出售前需要经过生产加工过程，改变其原有的实物形态或使用功能。具体包括：

①原材料，指企业通过采购或其他方式取得的用于制造产品并构成产品实体的物品，以及供生产耗用但不构成产品实体的辅助材料、修理用备件、燃料和外购半成品等。

②委托加工材料，指企业因技术和经济原因而委托外单位代为加工的各种材料。

③包装物和低值易耗品，指为了包装本企业产品而储备的各种包装容器和由于价值低、易损耗而不能作为固定资产确认的各种劳动资料。

④在产品及自制半成品，指已经过一定生产过程，但尚未全部完工、在销售以前还要进一步加工的中间产品或正在加工中的产品。

⑤产成品，指企业已完成全部生产过程，可以对外销售的制成品。

（2）商品流通企业存货。商品流通企业的存货主要包括商品、材料物资、低值易耗品、包装物等。

（3）其他行业存货。如旅行社、饭店、宾馆、游乐场所等服务行业，既不生产产品，也不经销商品。存货是指一些物料用品、办公用品等。

2. 存货的盘存制度

存货会计的目的之一是确定存货成本。存货盘存制度是指确定存货数量的方法，包括定期盘存制和永续盘存制。

（1）定期盘存制。定期盘存制又称实地盘存制，是指在盘存中通过现场实物的盘点来确定存货数量，并据以计算销货成本和期末存货成本的一种存货盘存制度。在这种制度下，对企业库存的存货不进行连续记录，平时账簿中只记载存货的增加，日常的销货或存货发出不作会计处理，期末通过实地盘点确定存货数量，计算出期末存货成本，并倒轧出本期已耗用或已销售存货的成本。其计算公式如下：

$$本期存货耗用量 = 期初存货量 + 本期存货收入量 - 期末存货量$$

（2）永续盘存制。永续盘存制也称账面盘存制，是指对存货按品名、规格设置明细账，逐笔或逐日登记收入、发出数量并可随时计算其结存数的一种存货盘存制度。采用永续盘存制，通过会计账簿资料，就可以完整地反映存货的收入、发出和结存情况。其计算公式如下：

$$期末存货量 = 期初存货量 + 本期存货收入量 - 本期存货耗用量$$

采用永续盘存制并不排除对存货的实物盘点。为了加强对存货的管理，企业应当定期或不定期对存货进行清查，以保证账实相符。

（3）两种盘存制度的比较。定期盘存制平时对销售或发出的存货数量不作明细记录，简化了日常核算工作，但是不能随时反映存货收入、发出、结存的情况，不利于日常对存货的管理，也掩盖了存货管理中存在的自然消耗和人为损失。

永续盘存制可以随时反映存货的收入、发出、结存的情况，便于进行数量、金额控制，有利于加强对存货的管理。通过不定期的实地盘点，将实存数与账存数相核对，可以查明存货溢余或短缺的原因。通过账簿记录还可以随时反映出存货是否过多或不足，以便及时组织存货增补或削减，加速资金周转。

目前，我国除单价小、数量大、对成本影响不大的存货（如建筑业的沙、土、石等）采用定期盘存制外，企业存货一般都采用永续盘存制。

3. 存货会计信息的基本流程

制造业企业生产经营活动主要包括采购、仓储、生产和销售等不同环节。

（1）采购阶段。制造业企业需采购生产经营中消耗的材料，包括原料及主要材料、辅助材料、外购半成品、修理用备件、包装材料、燃料等。企业需要设置"在途物资"科目核算所采购物资的实际成本。

（2）仓储阶段。制造业企业的不同存货在生产经营中发挥不同作用，如构成产品实体的原材料；生产过程中的阶段性产品，如在产品和自制半成品等；已完成生产过程，可以直接对外销售的商品，如产成品。因此，企业应设置"原材料""自制半成品""库存商品"等不同科目,分别核算各类存货成本和收发结存的数量和余额。

(3) 生产阶段。制造业企业处于生产过程中的存货就是正在加工过程中的在产品。为了反映这部分存货成本,企业需要设置"生产成本""制造费用"等科目核算生产产品的实际成本。

制造业企业会计信息的基本流程如图 5-1 所示。

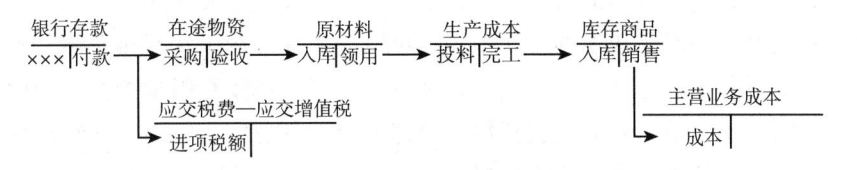

图 5-1 制造业企业会计信息的基本流程

4. 取得存货的会计处理

企业取得存货时,应以取得存货的实际成本为基础,确定其入账价值。由于存货的取得方式是多种多样的,在不同的取得方式下,存货成本的具体构成内容并不完全相同。因此,存货的实际成本应结合存货的取得方式分别确定,作为存货入账的依据。

(1) 外购存货。外购存货的成本包括买价、进口关税及其他税费、运输费、装卸费、保险费以及其他可归属于存货采购成本的费用。买价即发票金额。采购费用主要包括:外地运杂费,包括运输费、装卸费、包装费等费用;运输途中的合理损耗;入库前的挑选整理费用。如果采购费用是为购买两种或两种以上存货共同发生的,需要按存货数量、体积、买价等标准进行分摊,然后分别计入各种存货的采购成本。应当注意的是,零星市内运输费一般直接计入管理费用;采购人员的差旅费、专设采购机构的经费、企业供应部门经费等一般不应包括在存货的采购成本中。

企业需要设置"在途物资""原材料""库存商品"等科目进行外购存货的会计处理。

企业购入存货时,按买价和应计入存货采购成本的运杂费等,编制会计分录:

借:在途物资
　　应交税费——应交增值税(进项税额)
　贷:银行存款或应付账款等

存货验收入库时,计算确定存货的实际采购成本,结转入库存货的成本,编制会计分录:

借:原材料或库存商品等
　贷:在途物资

如果销货方在销售商品时为了尽快回笼资金给购货方开出现金折扣条件,发生现金折扣时,购货方一般不调整购货价格,而是把获得的现金折扣作为理财收入冲减财务费用。

(2) 生产存货。生产存货主要包括产成品、半成品和在产品等。制造业企业的主要经济活动是生产符合社会需要的产品,生产并销售产品是其主要的经营业务。产品的生产过程同时也是生产的耗费过程,企业在生产经营过程中发生的各种耗费,是企业为获得收入而预先垫支并需要得到补偿的资金耗费,因而也是收入形成、实现的必要条件。企业要生产产品就要发生各种生产耗费，包括生产资料中的劳动手段（如机器设备）和劳动对象（如原材料）的耗费以及劳动力等方面的耗费。企业在生产过程中发生的用货币形式表现的生产耗费称为生产费用，这些费用最终都要归集、分配到一定种类的产品上去，从而形成各种产品的成本。换言之，企业为生产一定种类、一定数量产品所支出的各种生产费用的总和对象化于产品就形成了这些产品的成本。由此可见，费用与成本有着密切的联系，费用的发生过程，也就是成本的形成过程，费用是产品成本形成的基础。

生产费用按其计入产品成本的方式不同，可以分为直接费用和间接费用。直接费用是指企业生产产品过程中实际消耗的直接材料和直接人工。间接费用是指企业为生产产品而发生的各种间接支出，通常称为制造费用。上述各个项目是生产费用按其经济用途所进行的分类，在会计上一般将其称为成本项目。

直接材料，是指企业在生产产品过程中所消耗的直接用于产品生产，构成产品实体的各种原料及主要材料、外购半成品以及有助于产品形成的辅助材料等。

直接人工，是指企业在生产产品过程中直接从事产品生产的工人工资、津贴、补贴和福利费等薪酬内容。

制造费用，是指企业为生产产品而发生的各种间接费用，其构成内容比较复杂，包括间接的职工薪酬、折旧费、修理费、办公费、水电费、机物料消耗等。

企业需要设置"生产成本""制造费用"科目归集、分配生产产品所发生的各种直接费用和间接费用，确定完工产品的实际生产成本。

①材料费用的归集与分配。产品制造企业通过供应过程采购的各种原材料，经过验收入库后，就形成了生产产品的物资储备，生产产品及其他方面领用时，就形成了材料费。在确定材料费用时，应根据领料凭证区分车间、部门和不同用途后，按确定的结果将发出材料的成本分别计入"生产成本"等账户。编制会计分录：

借：生产成本　　　　产品生产耗用
　　制造费用　　　　生产车间一般耗用
　　销售费用　　　　专设销售部门耗用
　　管理费用　　　　行政管理部门耗用
　　贷：原材料

②人工费用的归集与分配。人工费用包括应付职工的工资、福利费等薪酬。人工费用按其用途和发生部门进行归集和分配。编制会计分录：

借：生产成本　　　　生产车间生产工人薪酬
　　制造费用　　　　生产车间管理人员薪酬
　　销售费用　　　　专设销售部门人员薪酬
　　管理费用　　　　行政管理部门人员薪酬
　　贷：应付职工薪酬

③制造费用的归集与分配。制造费用是各生产单位发生的、间接计入产品成本的各项生产费用。企业发生各项间接费用时，通过"制造费用"账户借方进行归集，期末，将归集的全部制造费用从贷方分配转出，计入各产品生产成本。如果企业只生产一种产品，可

按归集的费用全部转入该产品成本；如果企业生产几种产品，需要按适当的方法分配计入各产品成本。制造费用常用的分配方法有生产工时比例法、生产工人工资比例法、机器工时比例法、计划分配率法等。

④完工产品生产成本的计算与结转。产品生产成本的计算就是将企业生产过程中为制造产品所发生的各种费用按照生产产品的种类、类别等（即成本计算对象）进行归集和分配，以便计算各种产品的总成本和单位成本。企业应设置产品生产成本明细账，通过前述各项费用的归集和分配，"生产成本"账户的借方归集了各种产品所发生的直接材料、直接人工和制造费用的全部内容。

如果月末某种产品全部完工，该种产品生产成本明细账所归集的费用总额就是该种完工产品的总成本。

如果月末某种产品全部未完工，该种产品生产成本明细账所归集的费用总额就是该种产品在产品的总成本。

如果月末某种产品一部分完工，一部分未完工，这时归集在产品生产成本明细账中的费用总额，还要采用适当的分配方法（如约当产量法），将生产费用在完工产品和在产品之间进行分配，然后计算确定完工产品的总成本。计算公式如下：

完工产品生产成本 = 期初在产品成本 + 本期发生的生产费用 - 期末在产品成本

为了核算完工产品成本结转及其库存商品成本情况，需要设置"库存商品"账户。当产品完工入库时，按计算确定的实际生产成本，借记"库存商品"账户，贷记"生产成本"账户。

5. 发出存货的计价方法

在企业生产经营过程中，随着存货的不断取得、销售或耗用，存货始终处于流动状态，存货的这种不断流动，就形成了存货流转。存货流转包括实物流转和成本流转两个方面，从理论上说，存货的成本流转应当与实物流转相一致，即取得存货时确定的各项存货入账成本应当随着各项存货的销售或耗用而同步结转。但在会计实务中，很难保证存货的成本流转与实物流转完全一致，因此，会计上可行的处理方法是按照一个假定的成本流转方式来确定发出存货的成本，这就是成本流转假设。

期初结存存货成本 + 本期收入存货成本 = 本期发出存货成本 + 期末结存存货成本

采用不同的存货成本流转假设在期末结存存货与本期发出存货之间分配存货成本，就产生了不同的存货计价方法。由于不同的存货计价方法得出的计价结果各不相同，因此，存货计价方法的选择将对企业的财务状况和经营成果产生一定的影响，主要体现在以下三个方面：

一是对损益计算有直接影响。如果期末存货计价过低，就会低估当期收益，反之则会高估当期收益。

二是对资产负债表有关项目金额的计算有直接影响，包括存货、流动资产总额、所有者权益等项目。

三是对应交所得税数额的计算有一定的影响。

按照我国企业会计准则的规定，企业在确定发出存货的成本时，可以采用个别计价法、先进先出法、月末一次加权平均法、移动加权平均法。企业应当根据实际情况，综合考虑存货的性质、实物流转方式和管理的要求，选择适当的存货计价方法，合理确定发出存货的实际成本。对于性质和用途相似的存货，应当采用相同的存货计价方法。存货计价方法一旦选定，前后各期应当保持一致，并在会计报表附注中予以披露。

（1）个别计价法。个别计价法亦称个别认定法、具体辨认法、分批实际法，其特征是注重所发出存货具体项目的实物流转与成本流转之间的联系，逐一辨认各批发出存货和期末存货所属的购进批次或生产批次，分别按其购入或生产时所确定的单位成本计算各批发出存货和期末存货的成本。

个别计价法计算的商品销售成本最为准确，但核算工作量繁重。采用这种方法，成本的流动与商品实物的流动相一致，符合费用与收入相配比原则。但是可能存在企业任意选用较高或较低的单位成本计价，从而人为地操纵盈余的情况。个别计价法适用于单位成本高、数量少、容易辨认的存货计价。

（2）先进先出法。先进先出法是假定先购进的商品先销售，因而将先购入的商品的成本先转为销售成本的一种计算方法。其优点包括：①存货成本流动比较接近实际的货物流动。同时，企业不能任意选择与收入相配比的销售成本，从而避免收益被任意操纵的现象。②期末存货按最近的购价计价，使期末存货价值接近于当时价格，资产负债表所列示的期末存货价值能够反映目前的价格水平。先进先出法的缺点是：与当期销售收入相配比的是早期购货成本，在物价上涨期间，会高估当期利润和存货价值；反之，会低估当期利润和存货价值。而且在计算每批发出存货成本的过程中，有时需按多个单位成本计算，计价工作较为烦琐。

（3）月末一次加权平均法。月末一次加权平均法是指在一个计算期（一般为1个月），综合计算每种商品的加权平均单价。

$$\text{加权平均单位成本} = \frac{\text{期初库存余额} + \text{本期购入成本}}{\text{期初库存数量} + \text{本期购入数量}}$$

$$\text{月末结存存货成本} = \text{期末库存数量} \times \text{加权平均单位成本}$$

$$\text{本月商品销售成本} = \text{本月销售数量} \times \text{加权平均单位成本}$$

采用月末一次加权平均法计算出的商品销售成本较为均衡。一次加权平均法所确定的存货成本，考虑了各批进货数量的影响，加权平均单位成本比较客观。其缺点是发出存货成本计算不及时。在这种计价方法下，平时只登记数量，不登记单价和金额；只有在月末结账时才能综合计算每种商品的加权平均单价，也只有在月末才能计算出本期发出存货成本和期末结存成本。

（4）移动加权平均法。移动加权平均法是指当每次入库存货单价与结存单价不同时，就需要重新计算一次加权平均单价，并据此计算下次入库前的发出存货成本和结存存货成本的方法。移动加权平均单价的计算公式为：

$$\text{移动加权平均单价} = \frac{\text{本次入库前结存成本} + \text{本次入库存货成本}}{\text{本次入库前结存数量} + \text{本次入库存货数量}}$$

采用移动加权平均法，可以随时结转销售成本，随时提供存货明细账上的结存数量和金额，有利于对存货进行数量、金额的日常控制。但这种方法，由于每次进货后都要计算一次加权平均单价，会增加会计核算工作量。

6. 存货的期末计量

资产负债表日，存货按照成本与可变现净值孰低的原则进行计量。

（1）成本与可变现净值孰低法的含义。成本与可变现净值孰低法，是指期末存货按照成本与可变现净值两者之中较低者计价的方法。当期末存货的成本低于可变现净值时，期末存货按成本计价；当期末存货的可变现净值低于成本时，期末存货按可变现净值计价。

成本，是指期末存货的实际成本，即采用先进先出法、加权平均法等方法对发出存货计价后所确定的期末存货的账面成本，如果存货采用计划成本法进行日常核算，则期末存货的实际成本是指通过差异调整而确定的存货成本。

可变现净值，是指在日常生产经营过程中，以预计售价减去预计完工成本和销售所必需的预计税金、费用后的金额，是存货预计未来净现金流入量，而不是指存货的估计售价或合同价。如果存货直接销售，可变现净值为预计售价减去销售费用及相关税费后的金额。如果存货为达到销售状态还需进一步发生加工成本，此时可变现净值为预计售价减去加工成本、销售费用和相关税费后的金额。存货估计售价的确定，对于计算存货可变现净值至关重要，应当根据存货是否有约定销售的合同，区别不同情况确定存货的估计售价：为执行销售合同或劳务合同而持有的存货，通常应当以产成品或商品的合同价格作为其可变现净值的计算基础，没有合同约定的，以产成品或商品的一般销售价格作为计算基础。

采取成本和可变现净值孰低原则，主要基于资产的定义，资产是企业拥有或者控制的能够带来未来经济利益的经济资源。当存货的可变现净值下跌至成本以下时，由此形成的损失已不符合资产的定义，不能为企业带来未来的经济利益，因此，应将这部分损失从资产价值中扣除，列入当期损益，否则就会虚计当期利润和存货价值。因此，成本与可变现净值孰低法也体现了谨慎性会计原则的要求。

（2）存货跌价准备的会计处理。企业应当定期对存货进行全面检查，若由于存货遭受毁损、全部或部分陈旧过时或销售价格低于成本等原因，使存货的可变现净值低于原成本，应按存货项目的成本高于其可变现净值的差额计提存货跌价准备，并确认资产减值损失。

企业通常应当以单项存货为基础计提存货跌价准备，如果某一类存货的数量繁多并且价值较低，企业也可以按照存货类别计提存货跌价准备。计提存货跌价准备的步骤如下：

①资产负债表日，确定存货的可变现净值。

②将存货可变现净值与存货成本进行比较，确定本期存货可变现净值低于成本的差额。

③将可变现净值低于成本的差额与"存货跌价准备"科目原有余额进行比较，按下列公式计算确定当期应计提（或转回）的存货跌价准备金额。

某期应计提存货跌价准备＝当期可变现净值低于成本的差额－"存货跌价准备"科目原有余额

若结果大于零，当期应补提存货跌价准备，借记"资产减值损失"科目，贷记"存货跌价准备"科目；若结果小于零，表明存货价值有所回升，应在已计提的存货跌价准备范围内转回多余的存货跌价准备，借记"存货跌价准备"科目，贷记"资产减值损失"科目。如果本期存货可变现净值高于成本，以前减记存货价值的影响因素已经消失，应将已计提的存货跌价准备全部转回，借记"存货跌价准备"科目，贷记"资产减值损失"科目。

如果已计提了跌价准备的存货部分已经销售，则企业在结转存货销售成本时，应同时结转对其已计提的存货跌价准备，借记"存货跌价准备"科目，贷记"主营业务成本""其他业务成本"等科目。

7. 存货清查

企业应当定期或不定期对存货的实物进行盘点和抽查，以确定存货的实有数量，并与账面记录进行核对，确保存货账实相符。企业至少应当在编制年度财务报告之前对存货进行一次全面的清查盘点。存货清查通常采取实地盘存法。对于账实不符的存货，核算盘盈、盘亏和毁损的数量，查明原因，并据以编制"存货盘点报告表"，根据企业的管理权限，报经股东大会或董事会、经理（厂长）会议或类似机构批准后，在期末结账前处理完毕。

存货清查发生盘盈和盘亏通过"待处理财产损溢"账户进行核算。会计核算具体分为两步：第一步，批准前，将盘盈、盘亏或毁损的存货，先记入"待处理财产损溢"账户，同时按盘盈、盘亏或毁损的实际成本调整存货账面价值，使账实相符；第二步，批准后按批准意见进行相应会计处理。

（1）存货盘盈。存货盘盈，是指存货的实存数量超过账面结存数量的差额。存货发生盘盈，应按其重置成本作为入账价值。存货盘盈一般冲减当期"管理费用"。

批准前：

借：原材料、库存商品等
　　贷：待处理财产损溢——待处理流动资产损溢

批准后：

借：待处理财产损溢——待处理流动资产损溢
　　贷：管理费用

（2）存货盘亏。存货盘亏，是指存货的实存数量少于账面结存数量的差额。存货发生盘亏或毁损，应将其账面价值及时转销。待查明原因后，根据造成盘亏或毁损的原因，分别不同情况进行会计处理。

批准前：

借：待处理财产损溢——待处理流动资产损溢
　　贷：原材料、库存商品等

批准后：

借：管理费用　　　　　　定额内自然损耗
　　其他应收款　　　　　保险公司和过失人赔款

原材料/银行存款　　回收残料价值
　　管理费用　　　　　管理不善造成的净损失
　　营业外支出　　　　自然灾害等非常原因造成的净损失
　　贷：待处理财产损溢——待处理流动资产损溢

如果盘盈或盘亏的存货在期末结账前尚未经批准，应在对外提供财务会计报告时先按上述规定进行处理，并在会计报表附注中做出说明；如果其后批准处理的金额与已处理的金额不一致时，应按其差额调整会计报表相关项目的年初数。

8. 存货与销货成本的分析

（1）可供分配的存货成本。

可供分配的存货成本 = 期初存货成本 + 本期购货成本

期初存货成本 + 本期购货成本 = 本期销货成本 + 期末存货成本

（2）不同存货计价方式下存货和销货成本分析。物价变动时企业选择不同的计价方法，会对商品销售成本及库存商品余额产生不同的影响，最终影响资产负债表和利润表项目。

先进先出法下，先流入存货的成本最先转入销货成本。期末存货是按最近购入的存货成本确定的。当处于物价上升期时，由于期末存货以最近的成本，即最高的价格计价，所以期末存货额最高，而商品销售成本以之前较低的成本计价，所以商品销售成本较低，从而导致销售利润的虚增。而在物价下降时期正好相反，会导致较低的库存商品成本以及较高的商品销售成本，最终导致销售利润虚减。

加权平均法是建立在当期存货的加权平均成本基础上的，以当期平均单位成本来衡量各项目成本，无论存货单位成本上升或下降，期末的存货都以平均的价格计价，一般不会高估或低估期末存货成本和销售成本。

（3）存货相关的财务分析指标。存货周转分析指标是反映企业营运能力的指标，可以用来评价企业的存货管理水平，还可用来衡量企业存货的变现能力。

① 存货周转率。存货周转率是销售成本与期初、期末平均存货间的比率。计算公式如下：

$$存货周转率 = \frac{销货成本}{(期初存货 + 期末存货) \div 2}$$

该指标说明存货平均进出的次数，可以测试出企业产品的适销程度与经营业绩的高低，也可以从中观察存货中有无滞销品的存在。一般来说，存货周转速度越快，存货的占用水平越低，流动性越强，存货转换为现金或应收账款的速度越快。

② 存货周转天数。存货周转率也可用天数表示，指一个会计年度内，存货从入账到销账周转一次的平均天数。计算公式如下：

$$存货周转天数 = \frac{计算期天数}{存货周转率(次数)}$$

$$= \frac{(期初存货 + 期末存货) \div 2}{销货成本} \times 计算期天数$$

存货周转天数越短越好，说明公司存货周转速度快，反映销售状况良好。该比率需要和公司历史上的数据及同行业其他公司对比后才能得出优劣的判断。如果存货适销对路，变现能力强，则周转次数多，周转天数少。提高存货周转率，缩短营业周期，可以提高企业的变现能力。

③存货资产比率。存货资产在流动资产中比重的大小，直接关系着企业流动资产的周转速度，进而影响企业的短期偿债能力。存货比重过大，会导致资金的大量闲置和沉淀，影响资产的使用效率。存货资产比率是指存货在流动资产中所占的比重。计算公式如下：

$$存货资产比率 = \frac{存货}{流动资产合计}$$

④销售成本率。销售成本率是指销售成本与销售收入的比率，反映企业每1元销售收入所耗费的成本支出。计算公式如下：

$$销售成本率 = \frac{销售成本}{销售收入}$$

该指标数值越大，说明企业消耗成本越高，经济效益越低。销售成本率的异常偏高，也预示着企业销售方法不正确或企业处于不利的市场竞争地位。

（二）学习重点与难点

(1) 存货的含义及内容；
(2) 外购存货的会计处理；
(3) 生产存货的会计处理；
(4) 发出存货的计价方法；
(5) 存货的期末计量方法及会计处理；
(6) 存货清查的会计处理；
(7) 存货相关的财务分析指标。

三、练习题

（一）单项选择题

1. 企业对某项存货是否加以确认，应以企业对该项存货（　　）为依据。
   A. 实际收到　　　　　　　　B. 支付货款
   C. 具有法定所有权　　　　　D. 交付定金或签订合同
2. 下列项目中，不属于存货的是（　　）。
   A. 库存商品　　　　　　　　B. 原材料
   C. 工程物资　　　　　　　　D. 包装物和低值易耗品
3. 下列各项中，应当作为企业存货核算的是（　　）。
   A. 企业为自建生产线购入的材料物资

B. 房地产开发企业购入用于建造办公楼的土地

C. 房地产开发企业建造的用于对外出租的公寓

D. 房地产开发企业建造的用于对外出售的商品房

4. 实地盘存制与永续盘存制的主要区别是（　　）。

A. 盘点方法不同　　　　　　　　B. 是否在平时登记财产物资的减少数

C. 是否需要经常盘点　　　　　　D. 盈亏处理不同

5. 下列项目中，不应当计入存货采购成本的是（　　）。

A. 买价

B. 进口关税

C. 运输途中的合理损耗和入库前的挑选费用

D. 可以从销项税额中抵扣的增值税进项税额

6. 甲企业为增值税一般纳税企业，适用的增值税率为13%。本期购入原材料100千克，价款为57 000元（不含增值税进项税额）。验收入库时发现短缺5%，经查属于运输途中合理损耗。该批原材料入库前发生挑选整理费用为380元。该批原材料的实际单位成本应为每千克（　　）元。

A. 573.8　　　　B. 600　　　　C. 604　　　　D. 706

7. 某企业为生产产品采购原材料，运输途中发生的合理损耗应计入（　　）。

A. 管理费用　　　B. 销售费用　　　C. 营业外支出　　　D. 原材料成本

8. 某一般纳税企业增值税税率为13%，某日采购原材料，按原材料价税合计金额开出一张期限为5个月，票面金额为100万元的不带息商业承兑汇票一张。则该项原材料的入账价值应为（　　）万元。

A. 88.5　　　　B. 100　　　　C. 87　　　　D. 113

9. 某公司为增值税一般纳税人，本期购买甲材料的增值税专用发票上注明价款为60 000元，增值税税额为7 800元。运费增值税专用发票注明运输费用为1 000元，增值税税额为90元。全部款项已支付，材料已验收入库，则该公司验收入库甲材料的实际采购成本为（　　）元。

A. 60 000　　　B. 61 000　　　C. 67 800　　　D. 68 800

10. 某企业赊购某商品，商品报价为10 000元，商业折扣为20%，现金折扣为2%。假设不考虑其他因素，企业在折扣期间付款时，应（　　）。

A. 借记"应付账款"10 000元　　　B. 贷记"银行存款"10 000元

C. 借记"应付账款"7 840元　　　　D. 贷记"银行存款"7 840元

11. 下列各项费用中，不能计入产品成本的是（　　）。

A. 生产设备折旧费　　　　　　　B. 生产工人工资

C. 产品展览费　　　　　　　　　D. 构成产品实体的原料费用

12. 某企业采用先进先出法计算发出材料的成本。3月1日结存A材料100吨，每吨实际成本为400元，4月4日和5月17日分别购进A材料300吨和400吨，每吨实际成本分别为350元和420元，4月10日和5月27日分别发出200吨A材料。A材料5月末账面余额为（　　）元。

　　A. 30 000　　　　B. 25 601　　　　C. 178 000　　　　D. 168 000

13. 存货的可变现净值是指（　　）。

　　A. 存货取得的历史成本与销售价格之间的差额

　　B. 存货合同价格或市场价格

　　C. 存货估计售价减去至完工时估计将要发生的成本、估计的销售费用以及相关税费后的金额

　　D. 存货的账面余额减去存货跌价准备后的金额

14. 甲、乙均为增值税一般纳税人，2×20 年 9 月 3 日，甲公司与乙公司签订了一份不可撤销的销售合同，双方约定，2×21 年 1 月 20 日，甲公司应按 52 万元/台的价格向乙公司提供 A 产品 6 台。2×20 年 12 月 31 日，甲公司结存 A 产品 5 台，单位成本为 56 万元。2×20 年 12 月 31 日，A 产品的市场销售价格为 50 万元/台，销售 5 台 A 产品预计发生销售费用及税金共计 10 万元，合同价格和市场销售价格均为不含税价格，2×20 年 12 月 31 日甲公司结存的 5 台 A 产品的可变现净值为（　　）万元。

　　A. 280　　　　B. 250　　　　C. 260　　　　D. 270

15. 企业对期末存货计价采用成本与可变现净值孰低法时，下列表述中正确的是（　　）。

　　A. 若本期末存货成本低于其可变现净值时应当计提存货跌价准备

　　B. 存货的可变现净值是指存货的估计售价或合同价

　　C. 存货的可变现净值是指存货的预计未来净现金流入量

　　D. 计提的存货跌价准备在以后会计期间不得转回

16. 编制资产负债表时，"存货跌价准备"科目的贷方余额应（　　）。

　　A. 在存货项下单独列示　　　　B. 记入存货项目

　　C. 列入流动负债类　　　　　　D. 记入管理费用科目

17. 资产负债表日，某企业甲商品账面余额为 30 000 元，由于市场价格下跌，该商品预计可变现净值为 25 000 元，"存货跌价准备"科目期初贷方余额为 2 000 元。不考虑其他因素，该商品期末计提存货跌价准备的金额为（　　）元。

　　A. 0　　　　B. 3 000　　　　C. 5 000　　　　D. 7 000

18. 企业计提存货跌价准备时，应借记的会计科目是（　　）。

　　A. 营业外支出　　　　　　　　B. 管理费用

　　C. 信用减值损失　　　　　　　D. 资产减值损失

19. 企业某种库存商品因不可抗力造成短缺，经批准核销时，应借记（　　）科目。

　　A. 管理费用　　　　　　　　　B. 营业外支出

　　C. 其他应收款　　　　　　　　D. 待处理财产损溢

20. 某公司因暴雨毁损原材料一批，该批材料实际成本为 10 000 元，残料回收价值为 500 元，保险公司赔偿 3 000 元。不考虑其他因素，该批材料的毁损净损失为（　　）元。

　　A. 10 000　　　　B. 6 500　　　　C. 500　　　　D. 7 000

(二) 多项选择题

1. 下列项目中，属于存货的有（   ）。
   A. 在途物资　　　　　　　　　　　B. 库存商品
   C. 在产品　　　　　　　　　　　　D. 委托加工物资

2. 下类各项中，属于企业存货的有（   ）。
   A. 企业生产的机器设备　　　　　　B. 企业的运输设备
   C. 企业委托其他单位组装的零部件　D. 企业生产产品用机器设备

3. 下列各项中，其科目余额应列入资产负债表"存货"项目的有（   ）。
   A. 委托加工物资　　B. 在途物资　　C. 工程物资　　D. 生产成本

4. 下列属于存货盘存制度的有（   ）。
   A. 账面盘存制　　　　　　　　　　B. 实地盘存制
   C. 权责发生制　　　　　　　　　　D. 收付实现制

5. 某公司购入材料一批，在发生的下列费用中，应计入材料采购成本的有（   ）。
   A. 外地运杂费　　　　　　　　　　B. 入库前的挑选整理费
   C. 运输途中的合理损耗　　　　　　D. 进口关税

6. 下列项目中，属于产品成本项目的有（   ）。
   A. 直接材料　　　B. 直接人工　　　C. 制造费用　　　D. 管理费用

7. 下列属于制造费用的有（   ）。
   A. 生产车间发生的机物料消耗　　　B. 车间用设备的折旧
   C. 车间管理人员的薪酬　　　　　　D. 材料的非正常损耗

8. 我国企业会计准则允许采用的存货发出计价方法有（   ）。
   A. 先进先出法　　B. 后进先出法　　C. 加权平均法　　D. 个别计价法

9. 发出存货按先进先出法计价，其主要特点有（   ）。
   A. 发出存货的成本比较接近于其重置成本
   B. 物价上涨时，本期的销售成本偏低，虚增利润
   C. 发出存货的成本与其重置成本差额较大
   D. 期末结存存货成本比较接近市价

10. 下列存货发出的计价方法中，能够在月份内及时反映某项存货价值量动态信息的有（   ）。
    A. 先进先出法　　　　　　　　　　B. 月末一次加权平均法
    C. 移动加权平均法　　　　　　　　D. 个别计价法

11. 当物价持续上涨时，存货计价采用先进先出法，会出现的情况有（   ）。
    A. 高估企业当期利润　　　　　　　B. 低估企业当期利润
    C. 高估期末存货价值　　　　　　　D. 低估期末存货价值

12. 领用原材料的会计分录通常涉及的借方科目有（   ）。
    A. 生产成本　　　B. 管理费用　　　C. 制造费用　　　D. 财务费用

13. 计算存货可变现净值时应从预计售价中扣除的项目有（   ）。

A. 存货的账面成本

B. 出售前进一步加工的加工费用

C. 销售过程中发生的销售费用

D. 一般纳税人企业销售时发生的增值税

14. 存货出现下列情况时，应当计提存货跌价准备的有（　　）。

A. 市价持续下跌，并且在可预见的未来无回升的希望

B. 企业使用该项原材料生产的产品的成本大于产品的销售价格

C. 企业因产品更新换代，原有库存原材料已不适应新产品的需要，而该原材料的市价又低于其账面成本

D. 因企业所提供的商品或劳务过时或消费者偏好改变而使市场的需求发生变化，导致市价逐渐下降

15. 资产负债表日，存货可能按（　　）计量。

A. 成本　　　　B. 市价　　　　C. 可变现净值　　　　D. 合同价

16. 资产负债表日，某企业甲商品账面余额为 300 000 元，由于市场价格下跌，该商品预计可变现净值为 250 000 元，"存货跌价准备"科目期初贷方余额为 40 000 元，不考虑其他因素，下列表述中正确的有（　　）。

A. 期末应计提存货跌价准备 10 000 元

B. 期末应计提存货跌价准备 50 000 元

C. 资产负债表中"存货"项目应列示金额为 250 000 元

D. 资产负债表中"存货"项目应列示金额为 290 000 元

17. 下列情况中，需要通过"待处理财产损溢"科目核算的有（　　）。

A. 现金盘盈　　　　　　　　　　B. 存货盘亏及毁损

C. 固定资产盘亏　　　　　　　　D. 固定资产报废

18. 对于在存货清查中发现的盘亏与毁损（非特殊情况），下列表述中正确的有（　　）。

A. 应通过"待处理财产损溢"科目核算

B. 应在期末结账前查明原因，且在期末结账前处理完毕

C. 盘亏或毁损的损失应根据不同的原因，分别计入"管理费用""其他应收款""营业外支出"等科目

D. 若期末结账前尚未经批准，"待处理财产损溢"科目可能有余额，应在对外提供财务报告时予以披露

19. 对于盘亏的存货，若属于自然损耗或某过失人造成，经批准，应分别记入（　　）账户。

A. 管理费用　　　B. 营业外支出　　　C. 财务费用　　　D. 其他应收款

20. 下列各项中，用来反映企业营运能力的指标有（　　）。

A. 存货周转率　　　　　　　　　B. 存货资产比率

C. 应收账款周转率　　　　　　　D. 资产负债率

(三) 判断题

1. 目前，我国除单价小、数量大，对成本影响不大的存货外，企业存货一般都是按规定采用永续盘存制。（　）

2. 采用实地盘存制核算，由于是倒挤存货本期发出成本，从而使非正常原因引起的存货短缺，全部挤入耗用或销售成本之内。（　）

3. 存货的初始计量应以取得存货的实际成本为基础，实际成本具体是指存货的采购成本。（　）

4. "在途物资"账户期末余额表示尚未到达企业或虽已到达但尚未验收入库的各种材料物资的实际成本。（　）

5. "生产成本"科目核算企业在产品制造过程中发生的直接代价，期末余额在借方，反映尚未完工的在产品的成本。（　）

6. 企业对外销售的产品，可以采用先进先出法、加权平均法、个别计价法等方法确定发出产品的实际成本。核算方法一经确定，不得随意变更。（　）

7. 发出存货计价方法的不同将会影响当期的销售成本、当期利润和期末结存存货的账面价值。（　）

8. 采用移动加权平均法由于平时无法从账上提供发出和结存存货的单价以及金额，因此不利于存货的日常管理和控制。（　）

9. 发出存货的计价方法一旦选定，前后各期应当保持一致，不得变更。（　）

10. 一个企业只能选择一种方法对存货进行计价，而且一旦确定存货的计价方法，就不能轻易改变。（　）

11. 存货按实际成本计价核算，其发出计价方法的选择直接影响着资产负债表中存货资产净额的多少，而与当期利润表中净利润的大小无关。（　）

12. 采用成本与可变现净值孰低法对期末存货计价时，当成本低于可变现净值，期末存货按成本计价；反之期末存货按可变现净值计价。（　）

13. 企业期末对存货采用成本与可变现净值孰低法计价，成本是指期末结存存货的实际成本或计划成本；可变现净值是指存货的合同价。（　）

14. 存货跌价准备一经计提，在以后的会计期间不能转回。（　）

15. 企业计提存货跌价准备会影响资产负债表中存货项目的金额。（　）

16. 期末采用成本与可变现净值孰低法对存货计价符合谨慎性原则。（　）

17. 企业进行材料清查盘点中盘盈的材料，在报经批准后，应该作为"营业外收入"处理。（　）

18. 企业盘盈或盘亏的存货，应在期末结账前查明原因并处理完毕。如在期末结账前尚未批准处理，可在对外提供财务会计报告时按制度规定先行处理，并在会计报表附注中作出说明。（　）

19. 一般来说，存货周转速度越快，存货的占用水平越高，流动性越强，存货转换为现金或应收账款的速度越快。（　）

20. 存货周转率是销售成本与期初、期末平均存货成本的比率，用来说明存货的平均进出天数。   (   )

（四）业务计算题

1. 2×20年3月某公司A材料收入和发出的资料如下：

（1）3月1日，期初结存数量500千克，单价50元；

（2）3月5日，购进600千克，单价55元；

（3）3月11日，发出700千克；

（4）3月18日，发出300千克；

（5）3月24日，购进800千克，单价60元；

（6）3月30日，发出500千克。

要求：根据以上资料，分别采用"先进先出法""月末一次加权平均法""移动加权平均法"计算本月发出A材料的成本和月末结存成本。

2. 华天公司为增值税一般纳税人，适用的增值税税率为13%。2×20年12月发生下列经济业务：

（1）向M公司购进甲材料7 000千克，每千克30元，增值税专用发票上注明价款210 000元，增值税税额27 300元，货款及税款尚未支付。另以银行存款3 000元支付该批材料的运杂费（假设不考虑运费涉及增值税问题）。材料尚未运达企业。

（2）上述材料运达企业并验收入库，按实际采购成本结转入库材料成本。

（3）本月生产A产品领用甲材料160 000元，生产B产品领用乙材料140 000元。

（4）用银行存款支付生产车间设备租金2 000元。

（5）本月应付职工工资为1 760 000元。其中，A产品生产工人工资820 000元，B产品生产工人工资700 000元，生产车间管理人员工资80 000元，行政部门管理人员工资160 000元。

（6）本月水电费5 000元，其中生产车间应负担3 200元，行政管理部门应负担1 800元，尚未支付。

（7）月末，计算本月应计提固定资产折旧10 000元，其中生产车间用固定资产应计提6 000元，行政管理部门用固定资产应计提4 000元。

（8）月末，将本月发生的制造费用按A、B产品生产工人工资比例分配计入两种产品的生产成本。

（9）本月生产的A产品全部完工并验收入库，B产品全部未完工。结转完工入库A产品实际生产成本。

（10）出售给W公司A产品100件，每件售价600元，增值税专用发票上注明价款60 000元，增值税税额7 800元。产品已发出，符合收入确认条件，货款及税款尚未收到。

（11）结转本月已销售A产品的实际生产成本48 000元。

要求：根据以上资料，编制华天公司有关业务的会计分录。

3. 某企业为增值税一般纳税企业，增值税税率为13%。该企业于2×20年5月采购一批原材料，增值税专用发票上列明材料价款5 000元，增值税额650元，材料已验收入库，上述款项均以银行存款支付，材料尚未领用。2×20年6月末进行存货清查，发现上述材料由于保管不善，发生部分毁损。根据"存货盘点报告表"列示：该批材料毁损40%，经查是由于仓库保管员的责任所造成的，收回残料140元入库。报经有关部门批准，由过失人赔偿600元，其余损失计入当期损益，处理完毕。

要求：根据上述资料，编制材料毁损的相关会计分录。

4. 某企业2×19年末计提存货跌价准备前，"存货跌价准备"科目余额为0。已知该企业A产品有关资料如下：

（1）2×19年末，A产品的账面成本为1 400 000元，可变现净值为1 360 000元。

（2）2×20年度中间，对外出售一部分A产品，相应地结转了存货跌价准备32 000元。

（3）2×20年末，A产品的账面成本为1 600 000元，可变现净值为1 500 000元。

要求：根据上述资料，编制该企业2×19年末、2×20年末计提存货跌价准备的会计分录。

5. 某企业2×20年存货销售成本为2 400万元，年初库存存货成本为200万元，年末库存存货成本为400万元，本年度销售收入为4 000万元。

要求：根据上述资料，计算下列指标：

存货周转率＝

存货周转天数＝

销售成本率＝

（五）名词解释

存货　永续盘存制　定期盘存制　原材料　生产成本　制造费用　产成品　先进先出法　加权平均法　个别计价法　待处理财产损溢　销货成本　可变现净值　存货跌价准备　成本与可变现净值孰低法　存货周转率

（六）简答题

1. 存货的范围及其确定依据？制造业企业存货主要包括哪些？
2. 存货按实际成本计价时，存货发出有哪几种计价方法？各自有何特点？
3. 比较永续盘存制和实地盘存制的优缺点，并说明它们的适用范围。
4. 什么是材料采购成本？材料采购成本由哪几部分组成？
5. 什么是成本要素？生产成本由哪几部分组成？
6. 如何归集分配生产费用，计算产品生产成本？
7. 判断存货发生减值主要有哪些迹象？
8. 如何理解成本与可变现净值孰低法？如何确定存货的可变现净值？
9. 如果变更发出存货的计价方法，对企业经济后果有什么影响？

四、案例分析

1. BX股份有限公司2×19年4月10日发布"BX股份有限公司关于会计政策变更的公告"变更了发出存货计价方法和金融工具相关会计政策。与发出存货计价方法相关的会计政策变更的内容如下：

（1）发出存货计价方法变更原因。随着公司信息化建设项目按计划顺利推进，公司信息化水平相应提高，新的系统软件对发出存货的计价方法可支持个别计价法，能更加客观、及时地反映公司财务状况和经营成果，提供更可靠、更准确的会计信息，公司决定对发出存货的计价方法进行变更，由月末一次加权平均法变更为个别计价法。

（2）变更日期。公司于2×19年1月1日起执行变更后的发出存货计价方法。

（3）变更发出存货计价方法对公司的影响。本次变更发出存货计价方法涉及的业务范围为公司的存货和成本核算业务，能更加客观、及时地反映公司财务状况和经营成果，提供更可靠、更准确的会计信息，进一步提升了公司存货管理水平。由于目前公司采购订价为一个年度一个价格，且年度之间价格变动幅度较小，本次变更发出存货计价方法不会对公司所有者权益、净利润等指标产生较大影响。

公司商品品种多、存货流转数据量大，新信息系统启用前没有对存货区分不同批次并记录相应成本，没有使用单个计价方法的基础，本次变更发出存货计价方法对以前各期的累积影响数无法计算，因而采用未来适用法，不对以前年度会计报表进行追溯调整。

2. BX公司2×19年财务报表中与存货和营业成本相关的数据见表5-1。

表5-1　　　　　　　　　存货与营业成本相关数据　　　　　　　　　单位：元

项目	2×19年12月31日	2×18年12月31日
存货	89 355 039.27	81 140 345.16
	2019年度	2018年度
营业收入	655 031 758.19	566 055 654.27
营业成本	188 820 087.40	146 493 253.94

讨论：请说明发出存货的计价方法有哪些？在哪些情况下可以变更发出存货的计价方法？计价方法的改变对公司的财务状况和经营成果有哪些具体影响？

第六章　对内投资

学习目的和要求及其重点内容

一、学习目的和要求

通过本章学习，了解固定资产的概念、特点、分类及不同来源取得固定资产入账价值的确定；掌握固定资产取得的会计处理；了解固定资产折旧的性质和影响折旧的主要因素，在了解折旧范围的基础上掌握各种折旧计算方法的具体运用及其会计处理；了解固定资产后续支出的性质及相关的会计处理原则；掌握固定资产处置的各种情况及会计处理；掌握固定资产清查的会计处理；了解固定资产计提减值准备的要求及会计处理。了解无形资产的概念、内容、特点和条件；掌握无形资产取得、摊销、出租与出售的核算；了解无形资产计提减值准备的条件及相关的会计处理。了解投资性房地产的概念、性质、特点和范围；了解投资性房地产后续计量模式的基本要求。重点熟练掌握持有投资性房地产期间采用成本模式的会计处理以及采用公允价值模式的条件和会计处理。掌握处置投资性房地产的核算；了解不同计量模式下投资性房地产减值的核算。

通过本章学习，掌握不同方式下的对内投资对企业财务状况、经营成果和现金流量表的不同影响。

二、学习指导

（一）学习要点

1. 固定资产

（1）固定资产的基本特征及确认条件。《企业会计准则第4号——固定资产》规定，固定资产是指同时具有以下特征的有形资产：①为生产商品、提供劳务、出租或经营管理而持有。②使用寿命超过一个会计年度。

固定资产同时满足下列条件的，才能予以确认：①该固定资产有关的经济利益很可能流入企业；②该固定资产的成本能够可靠地计量。

由于企业的经营内容、经营规模等各不相同，固定资产的标准也不可能强求绝对一致，各企业应根据规定的固定资产的标准，结合各自的具体情况，制定适合本企业实际情况的固定资产目录、分类方法、每类或每项固定资产的折旧年限、折旧方法，作为固定资产核算的依据。未作为固定资产管理的工具、器具等，作为周转材料——低值易耗品核算。

  企业制定的固定资产目录、分类方法、每类或每项固定资产的预计使用年限、预计净残值、折旧方法等，应当编制成册，并按照管理权限，经股东大会董事会，或经理（厂长）会议或类似机构批准，按照法律、行政法规的规定报送有关各方备案，同时备置于企业所在地，以供投资者等有关各方查阅。企业已经确定对外报送，或备置于企业所在地的有关固定资产目录、分类方法、估计净残值、预计使用年限、折旧方法等，一经确定不得随意变更，如需变更，仍然应当按照上述程序，经批准后报送有关各方备案，并在会计报表附注中予以说明。

  （2）固定资产入账价值的确定。固定资产的计价主要有按历史成本计价和按净值计价两种方法。根据《企业会计准则第4号——固定资产》规定，企业的固定资产应当按照取得时的成本入账。由于固定资产的不同来源，其入账价值的构成也不相同。固定资产取得时的成本应当根据具体情况分别确定：

  ①购置的不需要经过建造过程或安装过程即可使用的固定资产，按实际支付的买价、包装费、运输费、安装成本、交纳的有关税金等，作为入账价值。如果购入的固定资产需要安装，还应包括安装成本。应特别注意的是，对于增值税一般纳税人的可抵扣进项税额不计入固定资产的初始入账价值，直接借记"应交税费—应交增值税（进项税额）"，下同。

  ②自行建造的固定资产，按建造该项资产达到预定可使用状态前所发生的全部支出，作为入账价值。

  ③接受投资者投入的固定资产，应当按照投资合同或协议约定的价值确定，但合同或协议约定价值不公允的除外。

  ④在原有固定资产的基础上进行改建、扩建的，按原固定资产的账面价值，加上由于改建、扩建而使该项资产达到预定可使用状态前发生的支出，减去改建、扩建过程中发生的变价收入，作为入账价值。

  ⑤盘盈的固定资产，按同类或类似固定资产的市场价格，减去按该项资产的新旧程度估计的价值损耗后的余额，作为入账价值。

  （3）固定资产折旧。

  ①固定资产折旧的影响因素。固定资产计提折旧的影响因素包括固定资产原始价值、固定资产的预计使用年限、预计清理费用、预计残值和计提折旧所采用的折旧方法。

  ②固定资产计提折旧的范围。除下列情况外，企业应对所有固定资产计提折旧：一是已提足折旧仍继续使用的固定资产；二是按规定单独作价作为固定资产入账的土地。对于已达到预定可使用状态的固定资产，如果尚未办理竣工决算的，应当按照估计价值暂估入账，并计提折旧；待办理了竣工决算手续后，再按照实际成本调整原来的暂估价值，但不调整原已计提的折旧额。

  企业一般应按月计提折旧，当月增加的固定资产，当月不提折旧，从下月起计提折旧；当月减少的固定资产，当月照提折旧，从下月起不计提折旧。固定资产提足折旧后，不论能否继续使用,均不再提取折旧;提前报废的固定资产,也不再补提折旧。

③固定资产的折旧方法。常用的固定资产折旧计算方法可以分为两类:平均折旧法和加速折旧法。平均折旧法包括直线法和工作量法。加速折旧法包括双倍余额递减法和年数总和法。直线法下各期折旧额相等,不受固定资产使用频率或生产量多少的影响,也称为固定费用法。优点是计算简单,容易理解,是会计实务中应用最广泛的折旧方法。缺点是不考虑各期使用情况,在一定程度上违背收入和费用的配比原则。工作量法下,各期折旧额的多少随工作量的变动而相应变动,因而也称为变动费用法。此方法克服了直线法的缺点,遵循了配比原则。加速折旧法下在固定资产使用初期计提折旧较多,而在后期计提折旧较少,各年折旧额呈递减趋势,符合配比原则和谨慎性原则。企业固定资产折旧无论选择使用何种折旧方法,某项固定资产的应提折旧总额和预计使用年限都是一样的,区别在于选用的折旧方法不同,在该项固定资产的预计使用年限内各期的折旧额会有所不同。

④固定资产折旧的会计处理。企业按月计提的固定资产折旧,应按用途不同进行会计处理,借记"制造费用""销售费用""管理费用""其他业务成本""在建工程"等科目,贷记"累计折旧"科目。

(4)固定资产的后续支出及会计处理原则。按照固定资产准则规定,固定资产同时满足下列条件的,才能予以确认:一是与该固定资产有关的经济利益很可能流入企业;二是该固定资产的成本能够可靠地计量。固定资产的后续支出,包括资本化支出和费用化支出。与固定资产有关的后续支出,只有同时符合固定资产的确认条件的,才能资本化,即应当计入固定资产成本;不符合固定资产的确认条件的,只能进行费用化会计处理,即应当在发生时计入当期损益。

(5)固定资产的期末计价。固定资产发生损坏、技术陈旧或其他经济原因,导致其可收回金额低于其账面价值,这种情况称为固定资产减值。

企业发现存在下列迹象之一时,应当计算固定资产的可收回金额,以确定固定资产是否已发生减值:①固定资产市价大幅度下跌,其跌幅大大高于因时间推移或正常使用而预计的下跌,并预计在近期内不可能恢复;②企业所处经营环境,如技术、市场、经济或法律环境,或者产品营销市场在当期或近期发生重大变化,并对企业产生负面影响;③同期市场利率大幅度提高,进而很可能影响企业计算固定资产可收回金额的折现率,并导致固定资产可收回金额大幅度降低;④固定资产陈旧过时或发生实体损坏等;⑤固定资产预计使用方式发生重大不利变化,提前处置资产等情形,从而对企业产生负面影响;⑥其他有可能表明资产已发生减值的情况。

如果固定资产的可收回金额低于其账面价值,企业应当按可收回金额低于账面价值的差额计提固定资产减值准备,并计入当期损益。

当固定资产存在下列情况之一时,企业应当按固定资产的账面价值全额计提固定资产减值准备:①长期闲置不用,在可预见的未来不会再使用,且已无转让价值的固定资产;②由于技术进步等原因,已不可使用的固定资产;③虽然固定资产尚可使用,但使用后产生大量不合格产品的固定资产;④已遭毁损,以至于不再具有使用价值和转让价值的固定资产;⑤其他实质上已经不能再给企业带来经济利益的固定资产。已全额计提减值准备的固定资产，不再计提折旧。已经计提的固定资产减值准备，在以后会计期间不得转回。

（6）固定资产的处置与清查。

①固定资产的处置。企业在生产经营过程中，对那些不适用或不需使用的固定资产，可以出售转让。对那些由于使用而不断磨损直至最终报废，或由于技术进步等原因发生提前报废，属于正常报废。由于遭受自然灾害或责任事故等非常损失发生毁损所致的固定资产，属于非正常报废应及时进行清理。投资、捐赠、抵债等原因减少固定资产，也属于固定资产的处置。

企业因固定资产处置而减少的固定资产，一般应通过"固定资产清理"科目进行核算。如果是出售、转让发生的处置，处置结果记入"资产处置损益"账户。如果是非正常损失造成的固定资产处置，处置结果记入"营业外支出"账户。

②固定资产的清查。为了保证固定资产核算的真实性，企业应当经常对固定资产进行盘点清查。一般于每年编制年度财务报告之前，应对固定资产至少进行一次全面清查，平时可以根据需要，组织局部的清查或抽查。

盘盈的固定资产。从2007年起，企业盘盈的固定资产属于前期重要差错，通过"以前年度损益调整"账户进行会计处理，不再通过"待处理财产损溢——待处理固定资产损溢"账户处理。

盘亏的固定资产。企业发生固定资产盘亏时，应按盘亏固定资产的账面价值，借记"待处理财产损溢——待处理固定资产损溢"科目，按已提折旧，借记"累计折旧"科目，按该项固定资产已计提减值准备，借记"固定资产减值准备"科目，贷记"固定资产"科目。根据权限按照上级部门的批复予以注销处理。

2. 无形资产

（1）无形资产概述。无形资产是指企业为生产商品、提供劳务、出租给他人，或为管理目的而持有的、没有实物形态的非货币性非流动资产。无形资产包括专利权、非专利技术、商标权、土地使用权、著作权、特许权等。

无形资产只有在同时满足以下条件时，企业才能加以确认：①与该无形资产有关的经济利益很可能流入企业；②该无形资产的成本能够可靠地计量。在判断无形资产产生的经济利益是否很可能流入企业时，应对无形资产在预计使用寿命内可能存在的各种经济因素作出合理估计，并且应当有明确证据支持。

（2）无形资产的入账价值。无形资产的入账价值的确定，与固定资产入账价值的确定有很多相似之处。无形资产应按取得时的实际成本计价入账。但由于无形资产取得的来源不同，其计价方法也有所不同。

①外购的无形资产，按购买价款、相关税费以及直接归属于使该项目达到预定用途所发生的其他支出合计作为实际成本入账。

②投资者投入的无形资产，按照投资合同或协议约定的价值确定，但合同或协议约定价值不公允的除外。

③接受捐赠的无形资产，应按以下规定确定其实际成本。捐赠方提供了有关凭据的，

按凭据上标明的金额加上应支付的相关税费，作为实际成本。捐赠方没有提供有关凭据的，按如下顺序确定其实际成本。同类或类似无形资产存在活跃市场的，按同类或类似无形资产的市场价格估计的金额，加上应支付的相关税费，作为实际成本；同类或类似无形资产不存在活跃市场的，按该接受捐赠的无形资产的预计未来现金流量现值，作为实际成本。

④自行研究开发的无形资产。企业研究和开发无形资产，其在研究阶段的支出全部费用化，期末计入当期损益（管理费用）；开发阶段的支出符合资本化条件的应当予以资本化，不符合资本化条件的期末计入当期损益。确实无法区分研究阶段支出和开发阶段支出的，企业应将其所发生的研发支出全部费用化，期末计入当期损益。企业内部研究开发项目的支出，应当区分研究阶段支出与开发阶段支出。内部研究开发项目的研究阶段，是指为获取新的科学或技术知识并理解它们而进行的独创性的有计划的调查。内部研究开发项目的开发阶段，是指在进行商业性生产或使用前，将研究成果或其他知识应用于某项计划或设计，以生产出新的或具有实质性改进的材料、装置、产品等。企业内部研究开发项目研究阶段的支出，应当于发生时计入当期损益。企业内部研究开发项目开发阶段的支出，必须同时满足下列条件时，才能确认为无形资产：从技术上来讲，完成该无形资产以使其能够使用或出售具有可行性；具有完成该无形资产并使用或出售的意图；无形资产产生经济利益的方式，包括能够证明运用该无形资产生产的产品存在市场或无形资产自身存在市场，无形资产将在内部使用的，应当证明其有用性；有足够的技术、财务资源和其他资源支持，以完成该无形资产的开发，并有能力使用或出售该无形资产；归属于该无形资产开发阶段的支出能够可靠计量。

(3) 无形资产取得的会计处理。企业应设置"无形资产""研发支出"账户，进行无形资产取得的会计处理。借记"无形资产"或"研发支出"账户，贷记"银行存款""实收资本""营业外收入"等账户。

(4) 无形资产的摊销。企业应当于取得无形资产时分析判断其使用寿命。无形资产的使用寿命如为有限的，应当估计该使用寿命的年限或者构成使用寿命的产量等类似计量单位数量；无法预见无形资产为企业带来未来经济利益的期限的，应当视为使用寿命不确定的无形资产。使用寿命有限的无形资产，其应摊销金额应当在其预计使用寿命内系统合理摊销。企业摊销无形资产，应当自无形资产可供使用时起，至不再作为无形资产确认时止。特别需要注意的是，无形资产的摊销起始时间和固定资产计提折旧的起始时间不同。当月增加的无形资产，当月开始摊销，当月减少的无形资产，当月不再摊销。而固定资产是从增加的次月开始计提折旧，当月减少的固定资产当月照提折旧。企业选择的无形资产摊销方法，应当反映企业预期消耗该项无形资产所产生的未来经济利益的方式，企业通常采用直线法或工作量法摊销。无形资产的摊销金额一般应当计入当期损益。无形资产的应摊销金额为其入账价值扣除残值后的金额，已经计提无形资产减值准备的，还应扣除已经提取的减值准备金额。除以下情况之一外，使用寿命有限的无形资产，其残值应当视为零。①有第三方承诺在无形资产使用寿命结束时购买该无形资产。②可以根据活跃市场得到残值信息，并且该市场在无形资产使用寿命结束时很可能存在。

使用寿命不确定的无形资产不应摊销。

企业应当至少于每年年度终了,对使用寿命有限的无形资产的使用寿命及未来经济利益消耗方式进行复核。无形资产的预计使用寿命及未来经济利益的预期消耗方式与以前估计不同的,应当改变摊销期限和摊销方法。企业应当在每个会计期间对使用寿命不确定的无形资产的使用寿命进行复核。如果有证据表明无形资产的使用寿命是有限的,应当估计其使用寿命,并按以上规定处理。值得注意的是,使用寿命有限的无形资产,不可以划分为使用寿命不确定的无形资产。

(5) 无形资产的期末计价。企业应定期对无形资产的账面价值进行检查,至少于每年年末检查一次。如果无形资产的账面价值超过了其可收回金额,即为无形资产发生减值。应将该无形资产的账面价值超过可收回金额的部分确认为无形资产减值准备。

①当存在下列一项或若干项情况时,应当计提无形资产减值准备:一是该无形资产已被其他新技术等所替代,使其为企业创造经济利益的能力受到重大不利影响。二是无形资产的市价在当期大幅下跌,在剩余摊销年限内预期不会恢复。三是某项无形资产已超过法律保护年限,但仍然具有部分使用价值。四是其他足以表明该无形资产实质上已经发生了减值的情形。

②当存在下列一项或若干项情况时,应当将该项无形资产的账面价值全部转入当期损益:第一,该无形资产已被其他新技术等所替代,并且该项无形资产已无使用价值和转让价值。第二,该无形资产已超过法律保护期限,并且已不能给企业带来经济利益。第三,其他足以证明某项无形资产已经丧失使用价值和转让价值的情形。

无形资产减值准备一经计提确认,在以后会计期间不得转回。

(6) 无形资产的处置和报废。企业出售转让无形资产,应当将取得的价款与该无形资产账面价值的差额记入"资产处置损益"账户。企业报废的无形资产预期不能为企业带来未来经济利益的,应当将该无形资产的账面价值予以转销,记入"营业外支出"账户。

3. 投资性房地产

(1) 投资性房地产概述。

①投资性房地产的概念。投资性房地产,是指为赚取租金或资本增值,或两者兼有的房地产。

②投资性房地产的范围。投资性房地产包括已出租的土地使用权、持有并准备增值后转让的土地使用权和已出租的建筑物。不属于投资性房地产的项目包括自用房地产和作为存货的房地产。

(2) 投资性房地产的确认和初始计量。

①投资性房地产的确认。企业将某个项目确认为投资性房地产,只有在符合投资性房地产定义的前提下,同时满足下列条件的,才能确认为投资性房地产。一是与该投资性房地产相关的经济利益很可能流入企业;二是该项投资性房地产的成本能够可靠地计量。

②投资性房地产的初始计量。投资性房地产应当按照成本进行初始确认和计量。投资性房地产的初始计量与固定资产、无形资产的初始计量类似。

(3) 投资性房地产的后续计量。在后续计量时,由于企业所选择的计量模式不同,在会计处理上也有所差异。通常企业应当采用成本模式。在满足特定条件下也可以采用公允价值模式。但是，同一企业只能采用一种模式对所有投资性房地产进行后续计量，不得同时采用两种计量模式。

①采用成本模式计量的投资性房地产，其会计处理与固定资产、无形资产的后续计量相似。

②采用公允价值模式计量的投资性房地产。后续计量不需要计提折旧或摊销，应当以资产负债表日的公允价值计量，公允价值变动计入当期损益。

③投资性房地产后续计量模式的变更。原采用成本模式的，符合条件的可以从成本模式转为公允价值模式。原已采用公允价值模式的，不得从公允价值模式转为成本模式。从成本模式转为公允价值模式的，应当作为会计政策变更处理。其差额调整期初留存收益。

(4) 投资性房地产的转换和处置。

①投资性房地产的转换。包括投资性房地产转换为非投资性房地产和非投资性房地产转换为投资性房地产两种情况。

②投资性房地产的处置。采用成本模式计量的投资性房地产的处置，与固定资产、无形资产的处置类似，不同的是处置通过"其他业务收入"和"其他业务成本"核算。采用公允价值模式计量的投资性房地产的处置，处置也通过"其他业务收入"和"其他业务成本"核算。同时还要注意，将该投资性房地产累计公允价值变动损益转入"其他业务成本"。如果存在原转换日计入"其他综合收益"账户的金额，也一并转入"其他业务成本"账户。

(二) 学习重点与难点

(1) 对内投资的概念、特点及其分类。

(2) 固定资产和无形资产不同的特征。

(3) 不同来源的固定资产、无形资产入账价值的确定。

(4) 企业选择不同折旧方法，各期折旧额的计算，以及对企业当期经营成果的影响。

(5) 固定资产和无形资产的后续支出。固定资产、无形资产减值准备的计提。

(6) 固定资产和无形资产的清查和处置。

(7) 无形资产摊销期限的确定。

(8) 固定资产、无形资产的期末计价及报表列示。

(9) 投资性房地产的概念、性质、特点和范围。

(10) 投资性房地产取得成本的确定。

(11) 投资性房地产后续计量模式的种类及其确认。

(12) 掌握持有投资性房地产期间采用成本模式计量的会计处理。

(13) 掌握采用公允价值模式进行后续计量必须满足的条件和会计处理。

(14) 掌握投资性房地产后续计量模式变更的会计处理。

(15) 不同后续计量模式下投资性房地产的转换和处置。

(16) 不同计量模式下投资性房地产的减值。

三、练习题

（一）单项选择题

1. 甲公司（一般纳税人）以银行存款购入不需要安装的生产设备一台，增值税专用发票上注明价款200 000元，增值税进项税额26 000元，另支付设备运杂费1 000元，该设备的入账价值为（   ）元。

  A. 200 000　　　　B. 201 000　　　　C. 226 000　　　　D. 227 000

2. 理论上，计算固定资产折旧过程中暂不考虑其预计净残值的折旧方法是（   ）。

  A. 工作量法　　　B. 双倍余额递减法　　　C. 年数总和法　　　D. 平均年限法

3. 企业购入需要安装的固定资产，为归集该固定资产的入账价值，购入时应先记入的账户是（   ）。

  A. 固定资产　　　B. 生产成本　　　C. 在建工程　　　D. 材料采购

4. 以一个逐期递减的折旧率乘以一个固定基数计算各期固定资产应提折旧额的方法是（   ）。

  A. 工作量法　　　B. 双倍余额递减法　　　C. 平均年限法　　　D. 年数总和法

5. 下列固定资产中，本月应计提折旧的是（   ）。

  A. 本月大修理停用的设备　　　　B. 当月购入的设备
  C. 上月报废的设备　　　　　　　D. 已提足折旧继续使用的设备

6. 企业以外币借款购建固定资产，发生的借款利息和汇兑差额应（   ）。

  A. 全部计入发生当期财务费用
  B. 全部计入固定资产购建成本
  C. 符合资本化条件的计入固定资产的购建成本，否则计入当期费用
  D. 在固定资产交付以前计入固定资产购建成本，以后计入财务费用

7. 非正常报废的固定资产应通过（   ）账户进行处理。

  A. 营业外支出　　　　　　　　　B. 待处理财产损溢
  C. 在建工程　　　　　　　　　　D. 固定资产清理

8. 某项固定资产原值151 500元，预计使用5年，净残值为1 500元，按年数总和法第三年计提的折旧额为（   ）元。

  A. 30 000　　　　B. 50 000　　　　C. 40 000　　　　D. 20 000

9. 企业在财产清查中发现短缺的固定资产，应通过（   ）账户进行处理。

  A. 固定资产清理　　　　　　　　B. 营业外支出
  C. 管理费用　　　　　　　　　　D. 待处理资产损溢

10. A公司（一般纳税人）购置一台需要安装的设备，取得的增值税专用发票上注明的设备买价100 000元，增值税13 000元，支付的运费2 000元。设备安装时领用工程用材料物资2 000元，购进该批物资时支付的增值税额为260元，设备安装时支付有关人员工资费用3 000元，该固定资产的入账价值为（   ）元。

A. 120 000　　　　B. 120 260　　　　C. 107 000　　　　D. 107 260

11. 企业将劳动资料划分为固定资产和低值易耗品，是基于（　　）原则。

A. 可比性　　　　B. 重要性　　　　C. 谨慎性　　　　D. 客观性

12. 固定资产正常报废时，应通过（　　）科目进行核算。

A. 待处理财产损溢　　　　　　　　B. 固定资产清理

C. 固定资产减值准备　　　　　　　D. 以前年度损益调整

13. 企业为了反映固定资产的（　　），应设置"固定资产"账户。

A. 净值　　　　B. 磨损价值　　　　C. 原始价值　　　　D. 可收回金额

14. 固定资产应提折旧总额等于（　　）。

A. 固定资产原值 – 清理费用　　　　B. 固定资产原值 + 清理费用

C. 固定资产原值 + 预计净残值　　　D. 固定资产原值 – 预计净残值

15. 企业专设的销售机构使用的固定资产计提折旧时，应借记（　　）科目。

A. 生产成本　　　B. 制造费用　　　C. 管理费用　　　D. 销售费用

16. 企业管理部门于 2×21 年 12 月 26 日新增一台固定资产，原始价值 104 000 元，预计使用 5 年，预计净残值为 4 000 元，采用直线法计提折旧。至 2×23 年末，该台固定资产的可收回金额为 45 000 元。该台固定资产对企业 2×23 年度损益的影响金额为（　　）元。

A. 15 000　　　　B. 40 000　　　　C. 20 000　　　　D. 35 000

17. 企业按月计提固定资产折旧时，应贷记的会计科目是（　　）。

A. 固定资产　　　B. 累计折旧　　　C. 制造费用　　　D. 管理费用

18. 企业接受投资者投入的无形资产，应按照（　　）作为实际成本。

A. 账面价值

B. 摊余价值

C. 评估价值

D. 投资合同或协议约定的价值，价值不公允的除外

19. 会计期末某项无形资产预计可收回金额低于其账面价值的，应将计提的无形资产减值准备计入（　　）。

A. 营业外支出　　B. 资产减值损失　　C. 管理费用　　D. 投资收益

20. 下列不属于无形资产的是（　　）。

A. 专利权　　　　B. 非专利技术　　　C. 商誉　　　　D. 著作权

21. 企业转让无形资产使用权所确认的收入，应当计入（　　）。

A. 其他业务收入　B. 营业外收入　　C. 投资收益　　D. 合同资产

22. 某项无形资产已丧失使用价值和转让价值时，应将其账面价值（　　）。

A. 全部计提减值准备　　　　　　　B. 全部转入当期损益

C. 转入营业外支出　　　　　　　　D. 加速进行摊销

23. 企业于 2×19 年 1 月 11 日购入一项专利权，实际成本为 100 万元，摊销期限 10 年，直线法摊销，残值为 0。2×23 年末，该专利权的可收回金额为 35 万元。假定不考虑

其他因素，2×24年末，该专利权的账面价值为（   ）万元

A. 35　　　　　B. 40　　　　　C. 28　　　　　D. 15

24. 采用成本模式进行后续计量的企业，下列关于投资性房地产会计处理说法不正确的是（   ）。

　　A. 取得的租金收入计入其他业务收入

　　B. 相关折旧额或者摊销额计入其他业务成本

　　C. 应该按规定计提折旧或者进行摊销

　　D. 不得从成本模式转为公允价值模式计量

25. 甲公司对投资性房地产采用成本模式计量。其中的一项投资性房地产账面原价为1 050万元，预计使用年限为10年，预计净残值为50万元，采用直线法计提折旧。第6年末计提减值准备50万元。该项投资性房地产第7年应计提的折旧额为（   ）万元。

A. 87.5　　　　B. 80　　　　　C. 100　　　　D. 92.5

（二）多项选择题

1. 企业计提固定资产折旧需要考虑的因素主要有（   ）。

　　A. 固定资产原价　　　　　　　　B. 固定资产预计使用年限

　　C. 固定资产预计清理费用　　　　D. 固定资产预计残值收入

2. 下列固定资产中应计提折旧的有（   ）。

　　A. 专用机器设备　　　　　　　　B. 接受投资转入的固定资产

　　C. 房屋及建筑物　　　　　　　　D. 未提足折旧提前报废的固定资产

3. "固定资产清理"科目借方核算的内容包括（   ）。

　　A. 转入清理的固定资产净值　　　B. 发生的清理费用

　　C. 结转的固定资产清理净损失　　D. 结转的固定资产清理净收益

4. 下列哪些是我国规定可以采用的固定资产折旧方法，且折旧率是固定的（   ）。

　　A. 递减折旧率法　　B. 平均年限法　　C. 双倍余额递减法　　D. 余额递减法

5. 下列项目中，不需计提折旧的固定资产有（   ）。

　　A. 提前报废的固定资产　　　　　B. 已提足折旧仍继续使用的固定资产

　　C. 使用中的固定资产　　　　　　D. 大修理期间停用的固定资产

6. 下列固定资产的折旧方法中，体现会计核算谨慎性原则的有（   ）。

　　A. 平均年限法　　B. 工作量法　　C. 双倍余额递减法　　D. 年数总和法

7. 下列业务中，属于固定资产处置的有（   ）。

　　A. 对外投资　　　B. 对外捐赠　　C. 对外经营租出　　D. 对外出售

8. 对于双倍余额递减法和年数总和法，下列表述中正确的有（   ）。

　　A. 两种方法均属于加速折旧法，体现了谨慎性的要求

　　B. 计提的年折旧额在各折旧年度均呈逐年递减趋势

　　C. 双倍余额递减法以各年递减的账面余额乘以固定折旧率计算年折旧额；而年数总和法则以原价扣除预计净残值为基数乘以逐年递减的年折旧率计算各年折旧额

　　D. 两种方法在确认年折旧率时均不考虑预计净残值

9. 下列为固定资产发生的后续支出，应确认为资本化支出的有（　　）。
   A. 使固定资产的生产能力提高　　　B. 使企业的生产成本降低
   C. 使产品的质量提高　　　　　　　D. 使固定资产的使用年限延长

10. 下列项目中允许对已入账的固定资产原始价值进行调整的有（　　）。
    A. 盘盈的固定资产　　　　　　　　B. 将固定资产的一部分拆除
    C. 发现原记的固定资产价值有误　　D. 根据实际价值调整原来的暂估价值

11. 存在下列（　　）情况，固定资产可以全额计提减值准备。
    A. 长期闲置不用，在可预见的未来不会再使用，且无转让价值的固定资产
    B. 由于技术进步等原因，已不可使用的固定资产
    C. 市价大幅度下跌，其跌幅大大高于因时间推移或正常使用预计的下跌，并且预计在近期内不可能恢复市价的固定资产
    D. 虽然固定资产尚可使用，但使用后产生大量不合格品的固定资产

12. 下列关于企业固定资产的表述正确的有（　　）。
    A. 固定资产属于劳动对象
    B. 固定资产是为生产商品、提供劳务、出租或经营管理而持有的
    C. 固定资产使用寿命超过一个会计年度
    D. 固定资产包括房屋建筑物、机器设备、运输设备等

13. 企业固定资产满足下列条件之一时，应当予以终止确认的有（　　）。
    A. 固定资产已发生多次修理
    B. 固定资产处于处置状态
    C. 固定资产因生产季节性停休
    D. 固定资产预期通过使用或处置不能产生未来经济利益

14. 企业结转固定资产清理净损益时，可能涉及的会计科目有（　　）。
    A. 管理费用　　　B. 资产处置损益　　　C. 营业外收入　　　D. 营业外支出

15. 下列各项，应通过"固定资产清理"科目核算的有（　　）。
    A. 盘亏的固定资产　　　　　　　　B. 出售的固定资产
    C. 报废的固定资产　　　　　　　　D. 盘盈的固定资产

16. 下列各项中，应计入外购固定资产入账价值的有（　　）。
    A. 买价　　　　　　　　　　　　　B. 运杂费
    C. 安装成本　　　　　　　　　　　D. 可抵扣的增值税进项税额

17. 下列资产中，其减值损失一经确认，在以后会计期间均不得转回的有（　　）。
    A. 固定资产　　　B. 无形资产　　　C. 存货　　　D. 应收账款

18. 下列属于资产减值准则规范的项目包括（　　）。
    A. 固定资产
    B. 以成本模式计量的投资性房地产
    C. 无形资产
    D. 以公允价值模式进行后续计量的投资性房地产

19. 下列属于无形资产有（　　）。
   A. 专利权　　　　　B. 自创商誉　　　　C. 非专利技术　　　　D. 著作权
20. 企业取得无形资产的方式有（　　）。
   A. 外购　　　　　　B. 自行研发　　　　C. 接受投资　　　　　D. 接受捐赠
21. 下列属于可辨认性项目的资产包括（　　）。
   A. 商标权　　　　　B. 土地使用权　　　C. 专利权　　　　　　D. 商誉
22. 下列情况下，企业应计提无形资产减值准备的有（　　）。
   A. 某项无形资产已被新技术所替代，使其为企业创造经济利益的能力受到重大不利影响
   B. 某项无形资产的市价在当期大幅度下跌，并在剩余摊销年限内不会恢复
   C. 某项无形资产已超过法律保护期限，但仍然有部分使用价值
   D. 其他能够证明某项无形资产实质上已经发生了减值的情形
23. 无形资产的特征有（　　）。
   A. 不具有实物形态　　　　　　　　　　B. 持有的目的是使用而不是出售
   C. 企业有偿取得　　　　　　　　　　　D. 能在较长时期使企业获得经济利益
24. 企业内部研究开发项目开发阶段的支出，满足下列（　　）条件的，才能确认为无形资产。
   A. 从技术上来讲，完成该无形资产以使其能够使用或出售具有可行性
   B. 具有完成该无形资产并使用或出售的意图
   C. 无形资产产生经济利益的方式，包括能够证明运用该无形资产生产的产品存在市场或无形资产自身存在市场；无形资产将在内部使用的，应当证明其有用性
   D. 有足够的技术、财务资源和其他资源支持，以完成该无形资产的开发，并有能力使用或出售该无形资产
25. 下列属于投资性房地产的有（　　）。
   A. 企业持有拟增值后转让的土地使用权　　B. 企业拥有并自行经营的酒店
   C. 企业出租给本企业职工的房屋　　　　　D. 企业以经营租赁方式租出的写字楼

（三）判断题
1. 历史成本具有客观性和可验证性的特点，因而成为固定资产的基本计价标准，同时它也是计提固定资产折旧的依据。　　　　　　　　　　　　　　　　　　　　（　　）
2. 在原有固定资产基础上进行改建、扩建的，应将改建、扩建过程中发生的各项支出计入改建、扩建后的固定资产原价，对于改建、扩建过程中取得的变价收入，应作为固定资产清理净收益转入营业外收入。　　　　　　　　　　　　　　　　　　　（　　）
3. 企业在建工程领用本企业生产的产品，应按产品的成本计价，计入在建工程成本。
　　　　　　　　　　　　　　　　　　　　　　　　　　　　　　　　　　　（　　）
4. 企业接受固定资产投资，被投资企业应按照投资各方确认的价值作为固定资产原值入账，无论价值是否公允。　　　　　　　　　　　　　　　　　　　　　　　（　　）
5. 企业采用直线法计提固定资产折旧，应该按照月初在用固定资产的账面原值乘以

固定的月折旧率计算。   (   )

6. 企业采用年数总和法计提固定资产折旧，应该按照固定资产原值减去预计净残值后的余额乘以每年递减的折旧率计算。   (   )

7. 加速折旧法是指采用一定的数学方法以缩短固定资产的折旧年限，从而达到加速折旧的目的。   (   )

8. 从固定资产的整个使用过程来看，加速折旧法和其他折旧方法相比，并没有增加折旧总额，也没有缩短折旧年限，对利润总额也没有影响。   (   )

9. 企业出租的固定资产由于其他企业在用，故不应计提固定资产折旧，由租赁企业计提。   (   )

10. 固定资产报废，无论是正常原因造成还是非正常原因造成，其会计处理基本相同。   (   )

11. 企业应对固定资产账面净值定期进行检查，若由于损坏等原因导致可收回金额低于账面净值，应将其差额作为固定资产减值准备，并确认为费用。 (   )

12. 企业在建工程建造过程中发生中断，中断期间发生的借款费用利息应一律计入当期损益。   (   )

13. 如果土地已经单独估价入账，可以计提折旧。   (   )

14. 固定资产出售或报废的净损益都应该计入营业外收入或营业外支出。(   )

15. 已计提减值准备的无形资产，不需要进行价值摊销。   (   )

16. 投资者投入的无形资产，应按评估确认的价值入账。   (   )

17. 无形资产的价值摊销和固定资产折旧原理相同，会计处理方法一致。(   )

18. 企业转让无形资产应交纳的增值税，应通过"税金及附加"和"应交税金"科目核算。   (   )

19. 企业购入的无形资产，应按售出单位的发票金额作为无形资产的入账价值。   (   )

20. 企业无形资产已丧失使用价值和转让价值时，应将其账面价值全部转入当期损益。   (   )

21. 企业内部研究开发阶段的支出应于发生时全部计入当期损益。 (   )

22. 所有无形资产都应该摊销。   (   )

23. 如果企业出租房屋是企业为完成其经营目标所从事的主要经营活动，取得的租金收入属于主营业务收入。   (   )

24. 投资性房地产无论是采用成本模式还是公允价值模式，取得时均应按照成本进行初始计量。   (   )

25. 为了简化核算，企业当月购入的投资性房地产，当月计提折旧；当月处置的投资性房地产，当月不再计提折旧。   (   )

（四）业务计算题

1. 甲企业为增值税的一般纳税企业，增值税税率为13%，本期分别发生下列涉及固定资产的业务：

（1）外购本企业自用运输汽车一辆，汽车销售方开具的增值税专用发票列明销售价格32万元（不含税，下同），全部款项均以银行存款支付。

（2）外购企业生产车间用设备一台，销售厂家增值税专用发票列明销售价格18万元，该设备取得时还发生运杂费、保险费等费用0.6万元，设备运达企业后交付安装，安装过程中发生安装费0.2万元，上述款项均以银行存款支付，安装完毕并交付使用。

（3）甲企业接受乙企业某项设备的投资，该设备在乙企业的账面原值为60万元，已提折旧20万元，经与投资方协商，同意以其账面净值作为确定的投资成本，该设备的公允价值为50万元。甲企业在该设备取得时另以银行存款支付运杂费、保险费1.2万元和安装费0.8万元，安装完毕并交付使用。

要求：根据上述资料，编制甲企业的相关会计分录（金额单位以万元表示）。

2. 甲企业于2×20年3月20日取得一项生产车间用固定资产，入账价值为20万元，预计净残值率为5%，预计使用5年（5年中的总工作量为5 000工时）。

要求：（1）根据上述资料，分别采用平均年限法、工作量法（2×20年实际工作1 200单位，2×21年为1 500单位其中4月份均为200单位）、双倍余额递减法和年数总和法计算该项固定资产在2×20年和2×21年的年折旧额。

（2）分别采用4种折旧方法作出甲企业2×20年4月计提该项固定资产折旧的会计分录（金额单位以万元表示）。

3. 甲企业的A机器原价40万元，已提折旧18万元（未计提过减值准备），假定分别以下面不同方式进行处置。

（1）将A机器无偿捐赠给乙单位，其他资料不变（不考虑相关税费）。

（2）对外出售A机器给乙企业，取得变价收入35万元已收妥入账（假定增值税税率5%），其他资料不变。

（3）A机器是由于自然灾害造成毁损，以银行存款支付清理费用1万元，残料1.5万元暂作原材料入库，应收保险公司赔款20万元尚未收到。

（4）A机器是在期末财产清查时盘亏，并在本期末报经批准后核销。

要求：根据上述的不同情况，分别编制相关的会计分录（金额单位以万元表示）。

4. 甲公司2×20年发生如下有关无形资产的经济业务：

（1）2×20年1月2日，以银行存款支付价款40万元购买专利权A一项，根据有关法律，A专利权的有效年限为10年，已使用2年。甲公司估计A专利权的预计受益年限为5年。

（2）2×20年4月1日，接受投资者以商标权B的投资，投资各方确定该商标权的价值为100万元，法定有效期10年，投资合同规定期限为6年。

（3）2×20年10月5日，接受其他单位捐赠的专利权C一项，捐赠方提供相关凭证列明的金额为60万元。专利权C的有效年限为10年，已使用5年。甲公司估计该项专利权C的预计使用受益年限为3年（不考虑相关税费）。

（4）2×22年7月8日，甲公司将专利权C对外出售，取得转让收入28万元（计税价格）增值税税率为6%，全部款项已收妥入账。

要求：（1）根据上述资料，作出各项无形资产取得时和本年应提摊销额（直线法）的相关会计处理（金额单位以万元表示）。

（2）根据上述资料，作出甲企业出售专利权 C 的会计处理。

5. 甲企业 2×20 年 1 月 2 日购入一项可转让专利权，各项支出成本合计为 600 万元，增值税税率 13%，均以银行存款支付。该项专利权法律规定有效年限为 15 年，相关合同规定的受益年限为 10 年（为简化核算，假设按年计提摊销额）。

2×23 年末，由于受诸多不利因素的影响，该项无形资产的预计可收回金额为 300 万元。

2×25 年 1 月 11 日，甲企业对外出售该专利权，取得转让收入 200 万元（计税价格）增值税税率为 6%，全部款项已收妥入账。

要求：根据上述资料编制相关的会计分录。

（五）名词解释

固定资产　固定资产原价　持有待售资产　弃置费用　平均年限法　工作量法　双倍余额递减法　无形损耗　累计折旧　账面价值　固定资产减值准备　年数总和法　累计摊销　固定资产清理　无形资产减值准备　无形资产　投资性房地产　固定资产成新率　无形资产贬值率　预计净残值　经营特许权　非专利技术　土地使用权　专利权　折余价值　固定资产贬值率　投资性房地产　减值准备　投资性房地产累计折旧（或累计摊销）

（六）简答题

1. 与存货相比，固定资产有哪些特点？与无形资产相比，固定资产有什么特点？影响固定资产计价的因素有哪些？

2. 固定资产取得的途径有哪些？分别按什么价值入账？

3. 固定资产的原值、固定资产账面余额、固定资产账面价值的关系是怎样的？

4. 分析折旧与固定资产重置的关系。

5. 企业的汽车、仓库、数控机床、办公室用计算机分别适用于什么折旧方法？

6. 有人说："如果税法允许，应在企业经营的不同时期采用不同的折旧方法，以有利于实现企业的价值最大化。"你是否赞同此观点？

7. 如果兴达股份有限公司发生火灾导致设备毁损，但是保险公司能够按照该设备的账面价值全额赔付，是否能认为兴达股份有限公司没有发生任何损失？为什么？

8. 企业贷款时是否所有的资产都能用于抵押或者质押，学习了本章对于这个问题你有什么新的认识？

9. 学习完本章，您能否分清存货、固定资产、无形资产和投资性房地产？掌握它们之间的区别和联系了吗？

10. 理解投资性房地产成本模式计量和公允价值模式计量的区别。

四、案例分析

DQ 股份有限公司主要经营铁路客货运输及相关服务、铁路专用设备及相关工业设备的制造和租赁、铁路建设项目的承包、货物运输保险、国际货物运输代理、信息系统集成和研发等业务；2×20年会计师事务所为公司出具了标准无保留意见的审计报告。

2×19年3月DQ公司发布了关于折旧和大修会计政策变更的公告。

DQ 股份有限公司
关于折旧和大修会计政策变更的公告

本公司董事会及全体董事保证本公告内容不存在任何虚假记载、误导性陈述或重大遗漏，并对其内容的真实性、准确性和完整性承担个别及连带责任。

重要内容提示：

本次折旧和大修会计政策变更事项自2×16年起予以追溯调整，对本公司财务报表相关科目产生一定影响。公司董事会会议审核通过了《关于折旧和大修会计政策变更的议案》。现将具体情况公告如下：

一、具体情况及对公司的影响

本次变更会计政策之前，公司根据《财政部关于同意调整铁路运输企业部分固定资产折旧政策的函》及《财政部关于同意调整铁路运输企业部分固定资产折旧政策的复函》（财建〔2×20〕349号）的规定，对铁路线路上部设备资产（即钢轨、轨枕、道砟、道岔）不计提折旧，其更新支出通过大修理费用核算，计入营业成本。

本公司本次会计政策变更系根据2×19年1月15日《财政部关于同意调整部分铁路固定资产折旧政策的函》（财建〔2×19〕3号）的规定进行。根据财建〔2×19〕3号文的规定，财政部同意对铁路线路上部设备资产自2×16年1月1日起计提折旧，同时《财政部关于同意调整铁路运输企业部分固定资产折旧政策的复函》（财建〔2×02〕349号）废止。

根据财政部上述文件及中国铁路总公司的相关规定，本公司决定自2×16年1月1日起对铁路线路上部设备资产（包括轨道部分和道岔部分）计提折旧，同时按照企业会计准则要求将符合资本化条件的铁路线路上部设备资产（包括轨道部分和道岔部分）执行的折旧政策（包括折旧年限和折旧率）具体如下：

（1）普速铁路线路：轨道部分折旧年限为21年，道岔部分折旧年限为13年；折旧率分别为4.43%、7.31%，对应的预计残值率为7%、5%。

（2）高速铁路线路（无砟轨道）：轨道部分折旧年限为45年，道岔部分折旧年限为20年；折旧率分别为2.11%、4.9%，对应的预计残值率为5%、2%。

（3）高速铁路线路（有砟轨道）轨道部分折旧年限为27年，道岔部分折旧年限为20年；折旧率分别为3.44%、4.85%，对应的预计残值率为7%、3%。

根据初步测算，上述会计政策变更事项追溯调整后对本公司财务报表的影响如下：

集团合并报表中，2×16年的主营业务成本增加102 268万元，2×17年主营业务成本增加15 136万元，2×18年主营业务成本减少1 498万元。

母公司报表中，2×16年的主营业务成本增加92 534万元，2×17年的主营业务成本增加3 325，2×18年主营业务成本减少12 588万元。

上述财务报表的影响金额仅为本公司初步测算结果,且尚未考虑相关税务影响。本公司目前正在计算过程进行复核和检查。由于该事项涉及的资产数量较多,部分资产投产年限较为久远,计算较为复杂,因此初步测算的结果有可能在复核和检查后进行修改。本公司将在测算结果确定后并同时考虑对财务报表的税务影响后,在本公司 2×18 年年报中予以披露。

……

讨论:请说明固定资产折旧方法有哪些?在哪些情况下可以变更折旧方法?折旧方法的改变对公司的经济后果有哪些具体影响?

第七章　对外投资

一、学习目的和要求

本章阐述了企业对外投资等相关业务的会计处理方式。通过本章的学习，理解对外投资的意义、分类；了解交易性金融资产、债权投资、其他债权投资和其他权益工具投资及长期股权投资的概念和内容；掌握交易性金融资产的取得、持有、期末计价和处置的会计处理；掌握对外投资的会计分析。

二、学习指导

(一) 学习要点

1. 对外投资的分类

根据《企业会计准则第 22 号——金融工具确认和计量》《企业会计准则第 23 号——金融资产转移》《企业会计准则第 24 号——套期会计》《企业会计准则第 37 号——金融工具列报》《企业会计准则第 2 号——长期股权投资》的相关规定，企业应结合管理金融资产的业务模式和金融资产的合同现金流量特征，将对外投资的金融资产分别归类为：

(1) 交易性金融资产（以公允价值计量且其变动计入当期损益的金融资产）。企业分类为以摊余成本计量的金融资产和以公允价值计量且其变动计入其他综合收益的金融资产之外的金融资产，应当将其分类为以公允价值计量且其变动计入当期损益的金融资产，主要包括交易性金融资产和指定为以公允价值计量且其变动计入当期损益的金融资产。

(2) 债权投资（以摊余成本计量的金融资产）。金融资产同时符合下列条件的，应当分类为以摊余成本计量的金融资产：第一，企业管理该金融资产的业务模式是以收取合同现金流量为目标；第二，该金融资产的合同条款规定，在特定日期产生的现金流量，仅为对本金和以未偿付本金金额为基础的利息的支付。此类金融资产通常表现为债权投资，并在资产负债表中以"债权投资"项目进行列报。

(3) 其他债权投资和其他权益工具投资（以公允价值计量且其变动计入其他综合收益的金融资产）。金融资产同时符合下列条件的，应当分类为以公允价值计量且其变动计入其他综合收益的金融资产：第一，企业管理该金融资产的业务模式既以收取合同现金流量为目标又以出售该金融资产为目标。第二，该金融资产的合同条款规定，在特定日期产生的现金流量，仅为对本金和以未偿付本金金额为基础的利息的支付。此类金融资产根据其持有的标的物不同，分为其他债权投资和其他权益工具投资，并在资本负债表中以"其他债权投资"和"其他权益工具投资"项目进行列报。

(4) 长期股权投资。当投资企业对被投资单位可以实施控制、重大影响时，其所持有的权益性投资，以及对合营企业的权益性投资被分类为长期股权投资，见图 7-1。

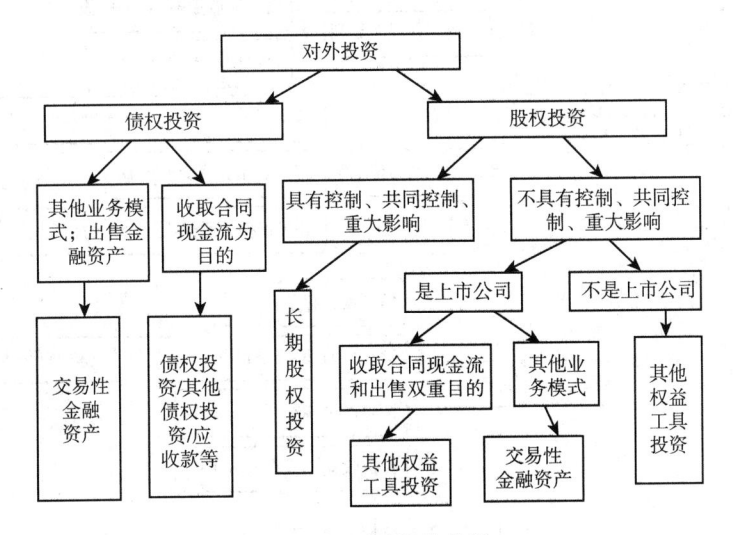

图 7-1 对外投资分类

2. 交易性金融资产

"交易性金融资产"科目核算企业为交易目的所持有的债券投资、股票投资、基金投资等交易性金融资产的公允价值和企业持有的直接指定为以公允价值计量且其变动计入当期损益的金融资产，见图 7-2。该科目的借方登记交易性金融资产的取得成本、资产负债表日其公允价值高于账面余额的差额等；贷方登记资产负债表日其公允价值低于账面余额的差额，以及企业出售交易性金融资产时结转的成本；该科目期末借方余额，反映企业持有的交易性金融资产的公允价值。该科目应当按照交易性金融资产的类别和品种，分别按"成本""公允价值变动"等进行明细核算。

3. 债权投资

"债权投资"科目应该按照债权投资的类别和品种，分别按"成本""利息调整""应计利息"进行明细核算，见图 7-3。其中"成本"明细科目反映债权投资的面值；"利息调整"明细科目反映了债权投资的初始入账金额与面值之间的差额，以及按照实际利率法分期摊销后该差额的摊余金额。

4. 其他债权投资

企业应当设置"其他债权投资""其他综合收益"等科目核算分类为以公允价值计量且其变动计入其他综合收益的金融资产。

取得的金融资产为债权投资时，企业应该设置"其他债权投资"科目，并按照其他债

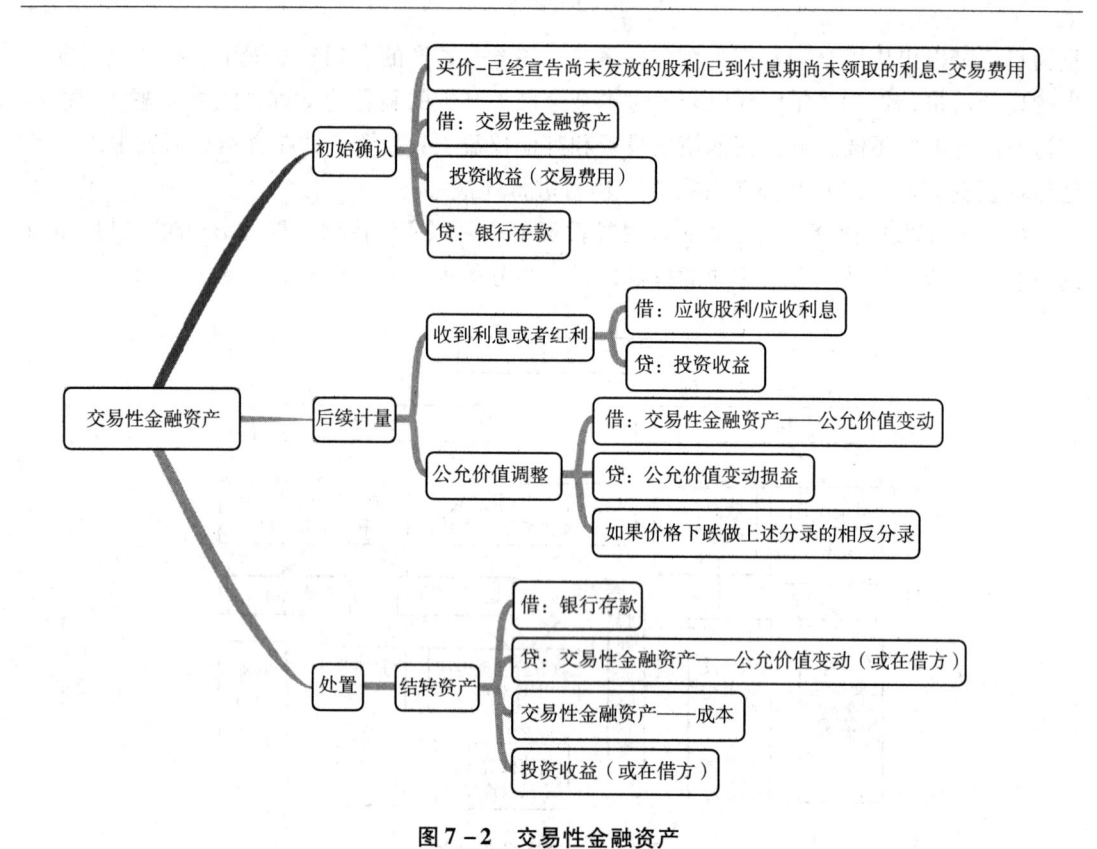

交易性金融资产

- **初始确认**
  - 买价-已经宣告尚未发放的股利/已到付息期尚未领取的利息-交易费用
  - 借：交易性金融资产
  - 投资收益（交易费用）
  - 贷：银行存款

- **后续计量**
  - 收到利息或者红利
    - 借：应收股利/应收利息
    - 贷：投资收益
  - 公允价值调整
    - 借：交易性金融资产——公允价值变动
    - 贷：公允价值变动损益
    - 如果价格下跌做上述分录的相反分录

- **处置**
  - 结转资产
    - 借：银行存款
    - 贷：交易性金融资产——公允价值变动（或在借方）
    - 交易性金融资产——成本
    - 投资收益（或在借方）

图 7-2　交易性金融资产

债权投资

- **初始确认**
  - 买价-已到付息期尚未领取的利息+交易费用
  - 借：债券投资-成本
  - 债权投资-利息调整（或在贷方）
  - 应收利息
  - 贷：银行存款

- **后续计量**
  - 实际利率法计算确认投资收益
    - 借：应收利息
    - 贷：债权投资-利息调整（或在借方）
    - 投资收益

- **处置**
  - 借：银行存款
  - 贷：债权投资-成本
  - 债权投资-利息调整（或在借方）
  - 投资收益（或在借方）

图 7-3　债权投资

第七章　对外投资

权投资的类别和品种，分别设置"成本""利息调整""应计利息""公允价值变动"等进行明细核算，见图7-4。其中，"成本"明细科目反映其他债权投资的面值，"利息调整"明细科目反映其他债权投资的初始入账金额与其面值的差额，以及按照实际利率分期摊销后该差额的摊余金额；"应计利息"明细科目反映企业计提的到期一次还本付息的其他债权投资应计未付的利息；"公允价值变动"明细科目反映其他债权投资的公允价值变动金额。

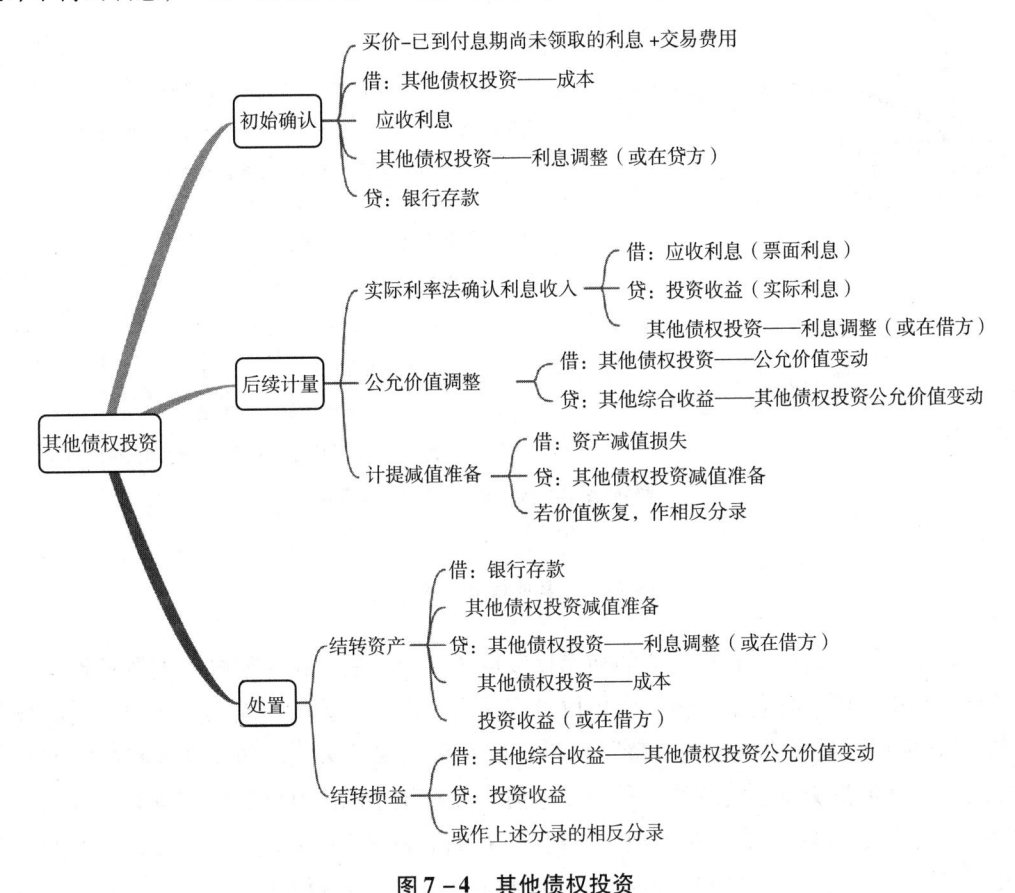

其他债权投资
- 初始确认
  - 买价－已到付息期尚未领取的利息＋交易费用
  - 借：其他债权投资——成本
  - 应收利息
  - 其他债权投资——利息调整（或在贷方）
  - 贷：银行存款
- 后续计量
  - 实际利率法确认利息收入
    - 借：应收利息（票面利息）
    - 贷：投资收益（实际利息）
    - 其他债权投资——利息调整（或在借方）
  - 公允价值调整
    - 借：其他债权投资——公允价值变动
    - 贷：其他综合收益——其他债权投资公允价值变动
  - 计提减值准备
    - 借：资产减值损失
    - 贷：其他债权投资减值准备
    - 若价值恢复，作相反分录
- 处置
  - 结转资产
    - 借：银行存款
    - 其他债权投资减值准备
    - 贷：其他债权投资——利息调整（或在借方）
    - 其他债权投资——成本
    - 投资收益（或在借方）
  - 结转损益
    - 借：其他综合收益——其他债权投资公允价值变动
    - 贷：投资收益
    - 或作上述分录的相反分录

图7-4　其他债权投资

5. 其他权益工具投资

企业应当设置"其他权益工具投资""其他综合收益"等科目核算分类为以公允价值计量且其变动计入其他综合收益的金融资产。

取得的金融资产为非交易性权益工具投资时，企业应该设置"其他权益工具投资"科目，并按照权益投资的类别和品种，分别设置"成本""公允价值变动"等进行明细核算，见图7-5。其中，"成本"明细科目反映其他权益工具投资的初始入账价值，"公允价值变动"明细科目反映其他权益工具投资的公允价值变动金额。

6. 长期股权投资

"长期股权投资"科目借方登记长期股权投资的增加额；贷方登记长期股权投资的减少额；该科目余额在借方，反映企业持有的长期股权投资的价值，见图7-6。该科目可按被投资单位进行明细核算。"长期股权投资——成本"科目，核算企业以支付现金、非现

```
                    ┌ 买价-已宣告尚未领取的股利+交易费用
         ┌ 初始确认 ─┤ 借：其他权益工具投资——成本
         │          │    应收股利
         │          └ 贷：银行存款
         │
         │          ┌ 收到股利 ─┬ 借：应收股利
         │          │           └ 贷：投资收益
其他权益─┤ 后续计量 ─┤          ┌ 借：其他权益工具投资——公允价值变动
工具投资  │          └ 公允价值 ─┤ 贷：其他综合收益——其他权益工具投资公允价值变动
         │             调整     └ 如果价格下跌，作上述分录的相反分录
         │
         │          ┌ 结转资产 ─┬ 借：银行存款
         │          │           │ 贷：其他权益工具投资——成本
         │          │           │    其他权益工具投资——公允价值变动
         └ 处置 ────┤           │    盈余公积（或在借方）
                    │           └    利润分配——未分配利润（或在借方）
                    │          ┌ 借：其他综合收益——其他权益工具投资公允价值变动（或在贷方）
                    └ 结转收益 ─┤ 贷：盈余公积（或在借方）
                                └    利润分配——未分配利润（或在借方）
```

图 7−5　其他权益工具投资

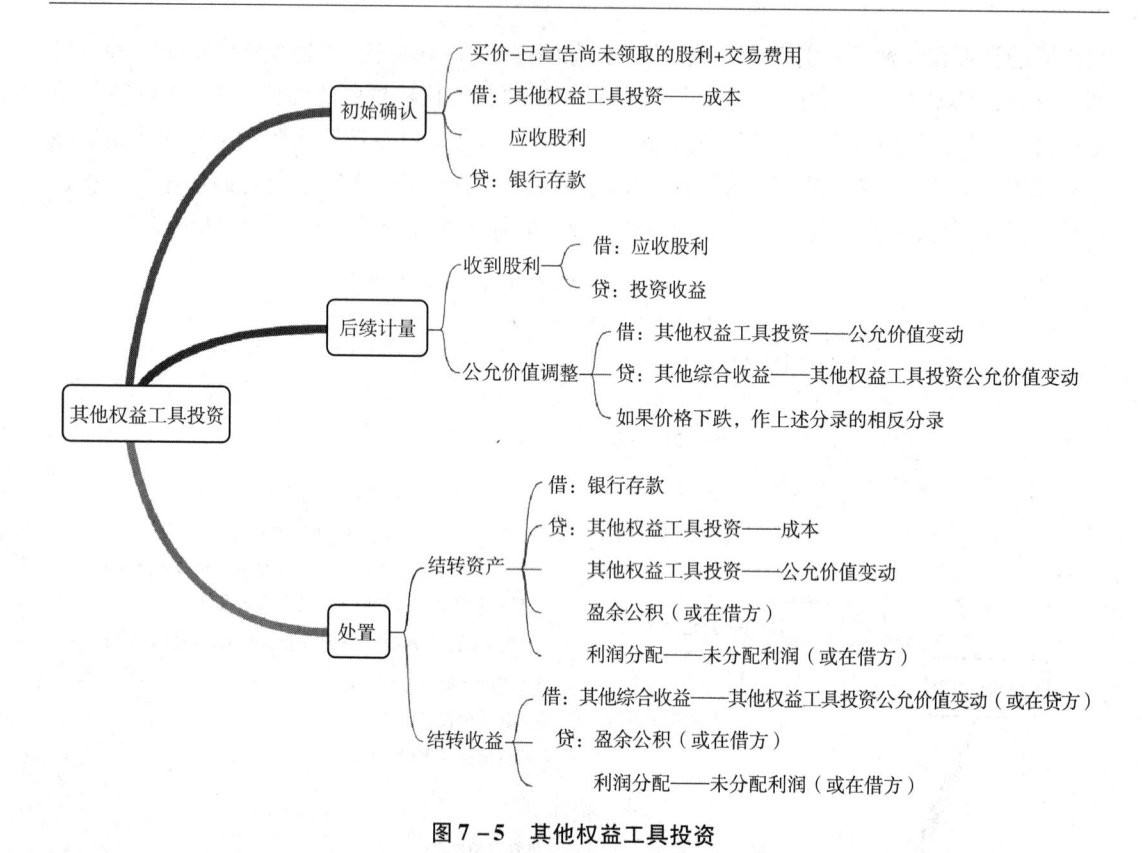

金资产等方式取得的长期股权投资的初始投资成本以及采用权益法核算长期股权投资的初始投资成本小于投资时应享有被投资单位可辨认净资产公允价值份额的差额而调增的投资成本；"长期股权投资——损益调整"科目，核算采用权益法核算的长期股权投资在资产负债表日根据被投资单位实现的净利润（亏损）或经调整的净利润计算应享有（分担）的份额以及权益法下向投资者分配的现金股利；"长期股权投资——其他权益变动"科目，在持股比例不变的情况下，核算被投资单位除净损益以外所有者权益的其他变动，企业按持股比例计算应享有的份额；该科目期末余额在借方，反映企业长期股权投资的账面价值。

7. 对外投资会计分析

$$基本每股收益 = \frac{归属于普通股股东的当期净利润}{当期发行在外普通股的加权平均数}$$

$$市盈率 = \frac{普通股每股市价}{普通股每股收益}$$

$$股利支付率 = 每股股利 \div 每股净收益 \times 100\%$$

（二）学习重点与难点

本章的重点是掌握交易性金融资产的取得、持有、期末计价和处置的会计处理。而难点问题是了解交易性金融资产、债权投资、其他债权投资和其他权益工具投资及长期股权投资概念和内容。

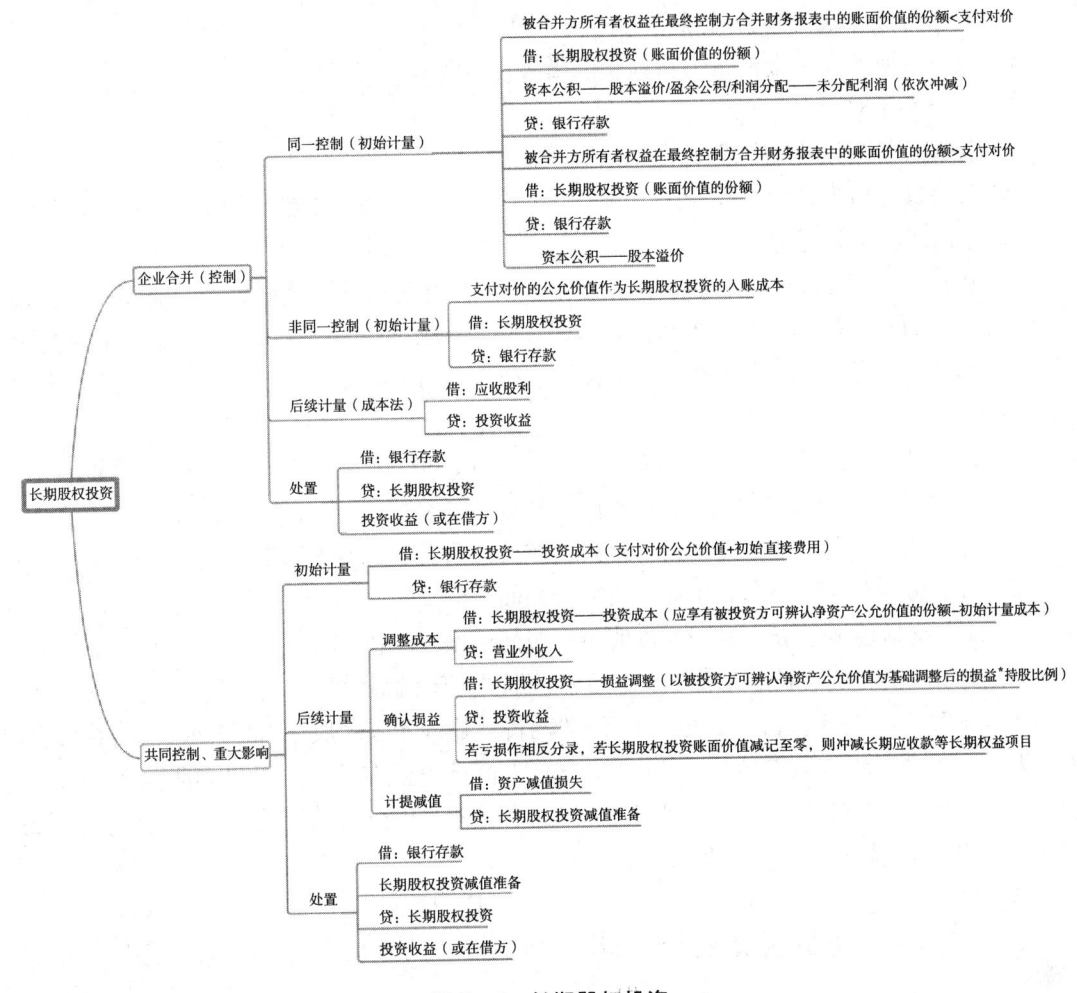

图7-6 长期股权投资

三、练习题

（一）单项选择题

1. 下列不能被划分为以摊余成本计量的金融资产的是（　　）。
   A. 股票　　　　　　B. 债券　　　　　　C. 应收账款　　　　D. 其他应收款
2. 关于交易性金融资产的特征，下列表述正确的是（　　）。
   A. 交易性金融资产的交易费用要计入成本
   B. 交易性金融资产的交易费用要计入当期损益
   C. 交易性金融资产只包括股票
   D. 交易性金融资产只包括债券
3. 企业管理以公允价值计量且变动计入其他综合收益的金融资产的业务模式是（　　）。
   A. 以收取合同现金流量为目标

B. 以出售该金融资产为目标

C. 既以收取合同现金流量为目标又以出售该金融资产为目标

D. 以上都不对

4. 金融资产管理的业务模式是指（　　）。

　　A. 管理其金融资产以产生现金流量　　B. 金融资产的核算原则

　　C. 金融资产的形成方式　　D. 金融资产的处置

5. 甲公司将持有以公允价值计量且其变动计入当期损益的金融资产（股票）出售，该股票的初始投资成本为 50 000 元，出售时该股票的账面价值 60 000 元，实际出售的价款为 80 000 元。处置该以公允价值计量且其变动计入当期损益的金融资产时确认的投资收益为（　　）元。

　　A. 10 000　　B. 20 000　　C. 30 000　　D. 31 000

6. 企业发生的下列事项中，影响"投资收益"的是（　　）。

　　A. 交易性金融资产持有期间确认被投资单位宣告分配的现金股利

　　B. 期末交易性金融资产的公允价值大于账面余额

　　C. 期末交易性金融资产的公允价值小于账面余额

　　D. 交易性金融资产持有期间收到包含在买价中的现金股利

7. 2×21 年 2 月 5 日，甲公司以 7 元/股的价格购入乙公司股票 100 万股，支付手续费 1.4 万元。甲公司将该股票投资分类为以公允价值计量且其变动计入当期损益的金融资产。2×21 年 12 月 31 日，乙公司股票价格为 9 元/股。甲公司因持有乙公司股票在 2×21 年确认的投资收益是（　　）万元。

　　A. 20　　B. 1.4　　C. 21.4　　D. 18.6

8. 关于以公允价值计量且其变动计入当期损益的金融资产，下列说法错误的是（　　）。

　　A. 以公允价值计量且其变动计入当期损益的金融资产包含交易性金融资产

　　B. 以公允价值计量且其变动计入当期损益的金融资产仅指交易性金融资产

　　C. 以公允价值计量且其变动计入当期损益的金融资产包含俗称的交易性金融资产和直接指定为以公允价值计量且其变动计入当期损益的金融资产

　　D. 以公允价值计量且其变动计入当期损益的金融资产初始确认时应按照公允价值计量

9. 企业发生以公允价值计量且其变动计入当期损益的金融资产的下列有关业务，不影响"投资收益"科目的是（　　）。

　　A. 购入以公允价值计量且其变动计入当期损益的金融资产支付的交易费用

　　B. 资产负债表日，以公允价值计量且其变动计入当期损益的金融资产的公允价值发生变动

　　C. 处置以公允价值计量且其变动计入当期损益的金融资产时，"以公允价值计量且其变动计入当期损益的金融资产——公允价值变动"科目有余额

　　D. 确认持有期间获得的债券利息

10. 2×21 年 1 月 1 日，甲公司自上海证券交易所购入乙公司发行的 5 年期分期付息

的债券 100 万份，价款为 510 万元（包含交易费用 10 万元），债券面值为 500 万元，债券中包含已到付息期但尚未支付的债券利息 50 万元，债券票面利率为 10%，在每年年初支付上年度利息，下列说法不正确的是（　　）。

A. 交易费用 10 万元应计入管理费用
B. 每年收取的利息应按照实际利率法计算确认投资收益
C. 如果甲公司管理乙公司债券的业务模式是收取合同现金流，则应将乙公司的股票分类为债权投资
D. 如果甲公司管理乙公司债券的业务模式是赚取资产增值，则应将乙公司的股票分类为以公允价值计量且其变动计入当期损益的金融资产

11. 2×21 年 2 月 5 日，甲公司以 14 元/股的价格购入乙公司股票 100 万股，支付手续费 1.4 万元。甲公司将该股票投资分类为以公允价值计量且其变动计入当期损益的金融资产。2×21 年 12 月 31 日，乙公司股票价格为 18 元/股。2×21 年甲公司因持有乙公司股票应确认的公允价值变动损益是（　　）万元。

A. 400　　　　B. 401.3　　　　C. 398.7　　　　D. 1 800

12. 甲股份有限公司于 2×21 年 4 月 1 日购入面值为 1 000 万元的 3 年期债券并划分为债权投资，实际支付的价款为 1 500 万元，其中包含已到付息期但尚未领取的债券利息 20 万元，另支付相关税费 10 万元。该项债券投资的初始入账金额为（　　）万元。

A. 1 510　　　　B. 1 490　　　　C. 1 500　　　　D. 1 520

13. 2×21 年 12 月 31 日，甲公司以货币资金取得乙公司 30% 的股权，初始投资成本为 2 000 万元，投资时乙公司可辨认净资产公允价值为 7 000 万元，甲公司取得投资后即派人参与乙公司生产经营决策，但无法对乙公司实施控制。假定不考虑其他因素，该项投资对甲公司 2×21 年度损益的影响金额为（　　）万元。

A. 50　　　　B. 100　　　　C. 150　　　　D. 250

14. 下列可以衡量公司股利支付情况的指标是（　　）。

A. 流动比率　　B. 速动比例　　C. 资产负债率　　D. 股利支付率

15. 下列可以衡量公司盈利情况的指标是（　　）。

A. 每股收益　　B. 速动比例　　C. 资产负债率　　D. 股利支付率

（二）多项选择题

1. 金融资产主要包括（　　）。

A. 库存现金，银行存款
B. 应收账款，应收票据，其他应收款项
C. 股权投资，债权投资
D. 衍生金融工具形成的资产

2. 下列符合金融资产确认条件的资产包括（　　）。

A. 从其他方收取现金或其他金融资产的合同权利
B. 在潜在有利条件下，与其他方交换金融资产或金融负债的合同权利
C. 将来须用或可用企业自身权益工具进行结算的非衍生工具合同，且企业根据该合

同将收到可变数量的自身权益工具

　　D. 将来须用或可用企业自身权益工具进行结算的衍生工具合同，但以固定数量的自身权益工具交换固定金额的现金或其他金融资产的衍生工具合同除外

　　3. 根据管理金融资产的业务模式和金融资产的合同现金流量特征，下列属于金融资产的有（　　）。

　　A. 以摊余成本计量的金融资产

　　B. 以公允价值计量且其变动计入其他综合收益的金融资产

　　C. 以公允价值计量且其变动计入当期损益的金融资产

　　D. 以可变现净值计量且其变动计入当期损益的资产

　　4. 下列关于交易性金融资产的会计处理，表述正确的有（　　）。

　　A. 购入的交易性金融资产实际支付的价款中包含的已宣告但尚未领取的现金股利或已到付息期但尚未领取的债券利息，应计入交易性金融资产的成本

　　B. 为购入交易性金融资产所支付的相关费用，不计入该资产的成本

　　C. 为购入交易性金融资产所支付的相关费用，应计入该资产的成本

　　D. 交易性金融资产在持有期间，被投资单位宣告分配的现金股利，应确认投资收益

　　5. 交易性金融资产期末根据公允价值与账面余额之间的差额，可能作的会计处理有（　　）。

　　A. 借记交易性金融资产——公允价值变动，贷记公允价值变动损益

　　B. 借记公允价值变动损益，贷记交易性金融资产——公允价值变动

　　C. 借记投资收益，贷记交易性金融资产——公允价值变动

　　D. 借记交易性金融资产——公允价值变动，贷记投资收益

　　6. 企业购买的债券可以用下列（　　）账户进行核算。

　　A. 交易性金融资产　　　　　　　　B. 债权投资

　　C. 其他债权投资　　　　　　　　　D. 其他权益工具投资

　　7. 企业购买的股票可以用下列（　　）账户进行核算。

　　A. 交易性金融资产　　　　　　　　B. 债权投资

　　C. 其他权益工具投资　　　　　　　D. 长期股权投资

　　8. 下列（　　）金融资产的现金流管理方式是收取合同现金流的单一目的。

　　A. 应收票据　　B. 债权投资　　C. 其他债权投资　　D. 应收账款

　　9. 下列金融资产的现金流管理方式是出于收取合同现金流和出售金融资产的双重目的的有（　　）。

　　A. 交易性金融资产　　　　　　　　B. 债权投资

　　C. 其他债权投资　　　　　　　　　D. 其他权益工具投资

　　10. 下列以公允价值计量的金融资产有（　　）。

　　A. 交易性金融资产　　　　　　　　B. 应收账款

　　C. 其他债权投资　　　　　　　　　D. 其他权益工具投资

　　11. 下列需要以成本法进行后续计量的长期股权投资有（　　）。

A. 拥有被投资单位60%的股权

B. 直接拥有被投资单位20%的股权，同时通过子公司拥有被投资单位35%的股权

C. 与另外两家公司共同控制被投资单位

D. 以上都对

12. 下列需要计提减值损失的金融资产有（ ）。

A. 应收账款　　　　　　　　　　B. 应收票据

C. 长期股权投资　　　　　　　　D. 交易性金融资产

13. 下列资产需要以权益法进行后续计量的长期股权投资有（ ）。

A. 对共同控制的合营企业的投资　　B. 对重大影响的联营企业的投资

C. 公开市场购买1%的股份　　　　D. 公开市场购买债券

14. 下列说法正确的有（ ）。

A. 每股收益反映了股东投入资本的回报情况

B. 市盈率等于每股市价除以每股收益

C. 股利支付率 = 每股股利÷每股净收益×100%

D. 股利支付率反映了企业留存在企业的收益比例

15. 甲公司持有丙公司70%的股权，截至2×11年末，该项长期股权投资的账面余额为650万元，2×12年4月1日，丙公司宣告发放现金股利50万元，2×12年度丙公司发生净亏损100万元。则，甲公司2×12年度该项长期股权投资的账面价值应和应确认投资收益分别为（ ）万元。

A. 650　　　　B. 35　　　　C. 670　　　　D. 50

（三）判断题

1. 仅为收取本金和以未偿付本金金额为基础的利息为管理模式的金融资产，应划分为以公允价值计量且变动计入其他综合收益的金融资产。（ ）

2. 企业管理以摊余成本计量的金融资产的业务模式是以收取合同现金流量为目标。（ ）

3. 企业不得以按照合理预期不会发生的情形为基础确定管理金融资产的业务模式。（ ）

4. 根据企业会计准则，直接指定为以公允价值计量且其变动计入当期损益的金融资产可以是企业购入的股票也可以是购入的债券。（ ）

5. 企业为取得以公允价值计量且其变动计入当期损益的金融资产发生的手续费、税金等应计入交易性金融资产初始确认金额。（ ）

6. 企业对债权投资初始确认金额与到期日金额之间的差额既可以采用实际利率法进行摊销，也可采用直线法进行摊销。（ ）

7. 处置交易性金融资产时，应将实际收到的金额与其账面价值的差额计入公允价值变动损益。（ ）

8. 处置债权投资时，应将实际收到的金额与其账面价值的差额记入投资收益科目。（ ）

9. 企业应当在资产负债表日对所有的金融资产账面价值进行检查，金融资产发生减值的，应当计提减值准备。（   ）

10. 企业应对能够实施重大影响的被投资单位的长期股权投资采用权益法进行核算。（   ）

11. 企业对联营企业和合营企业都应采用权益法进行核算。（   ）

12. 在成本法核算方式下，被投资单位宣告分派现金股利或利润，应该确认投资收益。（   ）

13. 在权益法核算方式下，被投资单位实现利润，应该调整增加长期股权投资的账面价值，同时确认投资收益。（   ）

14. 在权益法核算方式下，被投资单位宣告分派现金股利或利润，应该确认投资收益，不调整长期股权投资的账面价值。（   ）

15. 每股收益反映了股东持有每一份股份所享有的企业利润或者亏损。（   ）

（四）业务计算题

1. 2×19年6月8日，甲公司支付价款1 020 000元从二级市场购入乙公司发行的股票100 000股，每股价格10.20元（含已宣告未发放现金股利0.20元），另支付交易费用2 500元。甲公司持有乙公司股权后对其无重大影响，将其划分为交易性金融资产。

甲公司其他相关资料如下：

（1）6月23日，收到乙公司发放的现金股利；

（2）6月30日，乙公司股票为每股12元；

（3）7月31日，乙公司股票为每股11元；

（4）8月31日，乙公司股票为每股11.5元；

（5）9月8日，甲公司将持有的乙公司股票全部售出，每股售价12.5元。

要求：根据以上资料，作出相关会计处理，标出相关的明细科目。

2. 2×15年12月31日，A公司支付价款285.27万元（含交易费用）从二级证券市场上购入B公司于上年同日发行的五年期公司债券，根据准则规定的相关条件，A公司将其划分为债权投资。B公司发行该债券的面值为300万元，票面年利率为5%，每年末计息，并于次年1月10日支付利息，到期偿还债券本金。上述款项A公司以银行存款支付，其中包括已到期但尚未领取的债券利息15万元。经测算该债券的实际利率为8%。而后A公司收到债券利息。

要求：（1）根据资料编制A公司取得债券投资时的会计分录。

（2）按实际利率法填列下列债券投资收益分摊表，并编写2016年计息的会计分录。

日期	票面利息	实际利息	当期利息调整金额	尚未调整利息金额	摊余成本
2×15-12-31					
2×16-12-31					

日期	票面利息	实际利息	当期利息调整金额	尚未调整利息金额	摊余成本
2×17-12-31					
2×18-12-31					
2×19-12-31					
2×20-12-31					
合计					

（五）名词解释

短期投资　长期投资　权益性投资　债权性投资　交易性金融资产　公允价值变动损益　其他权益工具投资　投资收益　其他债权投资　债权投资　其他综合收益　利息调整　长期股权投资　成本法　权益法　摊余成本　企业合并　基本每股收益　同一控制下企业合并　非同一控制下企业合并　损益调整　股利支付率　市盈率　控股合并

（六）简答题

1. 什么是对外投资？我国会计准则中的投资可以分为哪几类？
2. 什么是权益性投资？什么是债权性投资？什么是混合性投资？
3. 交易性金融资产公允价值变动对企业利润有什么影响？
4. 债权投资有哪些特征？
5. 比较其他债权投资和其他权益投资的共性与区别。
6. 比较长期股权投资的成本法与权益法对企业利润的影响。
7. 比较同一控制下企业合并与非同一控制下企业合并的会计处理方法的经济后果。
8. 比较分析公允价值变动计入当期损益和公允价值变动计入所有者权益对当期利润和当期所有者权益总额的影响。

四、案例分析

远大公司是兴达公司重要的原材料供应商，由于原材料价格大幅上涨，且在未来一段时间内还将出现短缺的情况。兴达公司召开了董事会，商讨了公司原材料供应的保障措施以及价格（亏损）锁定等相关问题，会议一致通过了并购远大公司的决议。并购过程分为两个阶段，第一个阶段是先在二级市场以现金购买约5%的股份，第二个阶段采用定向增发股票的方式购买远大公司50%的股份。2×21年4月1日，兴达公司在二级市场购买了远大公司股票20万股，占远大公司注册资本的5%。2×21年6月1日，与远大公司签订并购协议，以发行股份的方式获得远大公司50%的股份。

请根据上述资料回答下列问题：

1. 2×21年4月1日兴达公司在二级市场采购远大公司5%的股票，应该划分为何种金融资产？为什么？

2. 2×21年4月1日取得的金融资产其计量方式是什么？

3. 2×21年6月1日，兴达进步获得50%的股权时，之前已经购买的5%的股票该做何种处理？

4. 企业合并后获得的金融资产将采用何种方式进行后续计量？

第八章 负 债

一、学习目的和要求

通过本章学习，掌握负债的定义、特点、分类和计价原则；重点掌握主要流动负债和非流动负债项目的确认条件、计量标准、账务处理以及报表列报。重点掌握流动负债中的短期借款、应付票据、应付账款和预收账款的会计处理；熟练掌握应付职工薪酬的性质、相关规定及会计处理。重点掌握应交增值税的相关内容和会计处理；熟悉应交消费税的内容和会计处理。了解其他主要应交税种的相关内容和会计处理。掌握应付股利的会计处理。熟悉其他应付款的会计处理。重点掌握长期借款、应付债券的特点和会计处理；了解长期应付款的内容。了解或有事项引起的负债。了解债务重组涉及的负债。熟练掌握偿债能力分析的方法。

二、学习指导

(一) 学习要点

《企业会计准则——基本准则》对负债的定义是："负债是指企业过去的交易或者事项形成的、预期会导致经济利益流出企业的现时义务。"

负债主要具有以下特点：

(1) 负债应当是由企业过去的交易或者事项形成的、现已承担的义务。

(2) 该义务的履行很可能会导致经济利益流出企业。

(3) 未来流出的经济利益的金额能够可靠地计量。

负债按照偿还期限的长短，分为流动负债和非流动负债两类。

1. 流动负债

(1) 对贷款人的负债——短期借款。短期借款是指企业为了满足正常生产经营的需要，向银行或其他金融机构等借入的期限在一年以下（含一年）的各种借款。无论借入款项的来源如何，企业均需要向债权人按期偿还借款的本金及利息。在会计上，要及时如实地反映款项的借入、利息的发生和本金及利息的偿还情况。企业应设置"短期借款"账户，该账户贷方登记取得借款的本金数额，借方登记偿还借款的本金数额，期末余额在贷方，表示尚未偿还的借款本金数额。需要注意的是，该账户通常只核算本金，分期支付的利息通过"应付利息"账户核算。

(2) 对供应商的负债。

①应付票据。应付票据是由出票人出票，委托付款人在指定日期无条件支付确定的金额给收款人或者持票人的票据。在我国，应付票据的核算是指采用商业汇票结算方式而产生的属于债务人的票据核算。商业汇票包括商业承兑汇票和银行承兑汇票。商业汇票的最长期限不得超过6个月，因此应归入流动负债核算。对于带息的应付票据，通常在期末（年末）时，对尚未支付的应付票据计提利息，计入当期的财务费用；票据到期支付款项时，尚未计提的利息部分直接计入当期的财务费用。对于采用银行承兑汇票支付的手续费用，也计入当期的财务费用。如商业承兑汇票到期，承兑人账面无款或款项不足，应将"应付票据"的账面价值转入"应付账款"科目；如银行承兑汇票到期，承兑申请人账面无款或款项不足，承兑银行除凭票向持票人无条件付款外，对出票人尚未支付的汇票金额转作逾期贷款处理。

②应付账款。应付账款是指因购买材料、商品或接受劳务供应等而发生的债务。其入账时间应以所购买物资所有权有关的风险和报酬已经转移或劳务已经接受为标志。应付账款一般按应付金额入账，而不按到期应付金额的现值入账。如涉及商业折扣，应付账款的入账金额是已经扣除商业折扣后的金额；如涉及现金折扣，在总价法下，现金折扣包括在应付账款的入账金额内，在日后实际发生享有现金折扣时，作为冲减"财务费用"处理。在净价法下，应付账款的入账按照扣除折扣后的金额入账，如果未在规定时间享受现金折扣，则按增加"财务费用"处理。如果应付账款由于债权单位撤销或其他原因而无法支付时，无法支付的应付款项应转入"营业外收入"账户。

需要注意的是，企业应付的各种赔款、应付租金、应付存入保证金等应在"其他应付款"等账户核算，不在"应付账款"账户核算。

(3) 对客户的负债——预收账款。预收账款是指企业按照合同规定，向购货方或劳务购买方预先收取的款项。与应付账款不同，这一负债通常不是以货币偿付，而是以在一定时间内提供一定数量和质量的货物或劳务偿付。对预收账款业务不多的企业，可以不设置"预收账款"账户，所发生的预收账款业务，将其并入"应收账款"账户核算。企业也可单独设置"预收账款"账户进行核算。

值得注意的是，执行我国财政部2017年修订的收入准则的企业，在核算应转让商品收到的预收款时，通过"合同负债"科目核算，不再使用"预收账款"科目。

(4) 对职工的负债——应付职工薪酬。职工薪酬，是指企业为获得职工提供的服务或终止劳动合同关系而给予的各种形式的报酬。是企业在职工在职期间和离职后提供给职工的全部货币性薪酬和非货币性福利。企业提供给职工配偶、子女、受赡养人、已故员工遗属及其他受益人等的福利，也属于职工薪酬。

职工薪酬主要包括：短期薪酬、离职后福利、辞退福利和其他长期职工福利。

①短期薪酬包括：职工工资、奖金、津贴和补贴；职工福利费；社会保险费；住房公积金；工会经费和职工教育经费；短期带薪缺勤；短期利润分享计划；非货币性福利和其他短期薪酬等。

②离职后福利。离职后福利，是指企业为获得职工提供的服务而在职工退休或与职工

解除劳动关系后，提供的各种形式的报酬和福利，属于短期薪酬和辞退福利的除外。

③辞退福利，是指企业在职工劳动合同到期之前解除与职工的劳动合同关系，或者为鼓励职工自愿接受裁减而给予职工的补偿。辞退福利主要包括两方面内容：第一，在职工劳动合同尚未到期前，不论职工本人是否愿意，企业决定解除与职工的劳动关系而给予的补偿。第二，在职工劳动合同尚未到期前，为鼓励职工自愿接受裁减而给予的补偿，职工有权利选择继续在职或接受补偿离职。

④其他长期职工福利，是指除短期薪酬、离职后福利、辞退福利之外所有的职工薪酬，包括长期带薪缺勤、长期残疾福利、长期利润分享计划等。

企业应设置"应付职工薪酬"账户。该账户的贷方登记已分配计入有关成本费用项目的各项职工薪酬的数额，借方登记实际支出的数额。该账户期末一般无余额。如有期末贷方余额反映应付未付的职工薪酬，期末借方余额反映预付的职工薪酬。凡是职工薪酬的构成内容，不论当月是否实际支付，都应通过该账户核算。该账户按照职工薪酬准则规定的项目设置明细科目进行明细核算。企业发生的短期职工薪酬，应根据其受益对象，分配计入有关成本费用项目。同时按照一定比例计提职工福利费，同样根据其受益对象，分配计入有关成本费用项目。期末（年末）"应付职工薪酬——职工福利费"账户没有余额。

(5) 对税务部门的负债——应交税费。企业根据税法规定应当缴纳的各种税金，如增值税、消费税、城市维护建设税、资源税、印花税、所得税等，除印花税等少数税种不需要预计应交税费外，其他税金均需通过"应交税费"科目核算。

①应交增值税。增值税是指对我国境内销售货物、进口货物或提供加工、修理修配劳务的增值额征收的一种流转税。增值税的纳税人是在我国境内销售货物、进口货物，或提供加工、修理修配劳务的单位和个人。按照纳税人的经营规模及会计核算的健全程度，增值税纳税人分为一般纳税人和小规模纳税人。增值税有两种计税方法，分别是一般计税方法和简易计税方法。

一般纳税企业与小规模纳税企业在会计核算上的主要区别：一是科目设置的内容与栏次不同。一般纳税企业应设置"应交税费——应交增值税"（多栏式）和"应交税费——未交增值税"两个二级科目进行核算；而小规模纳税企业只需设置"应交税费——应交增值税"（三栏式）明细科目进行核算。二是能否开具增值税专用发票。一般纳税企业可以开具增值税专用发票，但小规模纳税企业通常开具普通发票。三是能否抵扣有所不同。一般纳税企业取得物资用于应税项目或应税劳务，并取得抵扣依据时，取得物资或接受劳务支付的增值税额可按规定作为增值税的进项税额，准予从销项税额中抵扣；而小规模纳税企业无论是否取得抵扣依据，取得物资或接受劳务支付的增值税额均不得抵扣。四是取得物资或接受劳务的成本是否含税有所不同。一般纳税企业取得物资或接受劳务的成本在允许抵扣的条件下，其成本不含增值税；而小规模纳税企业由于不得抵扣，所以其取得的物资用于应税项目或应税劳务的成本均包含增值税。五是计税的方式不同。一般纳税企业采用基本税率和优惠税率计算相应的税额；而小规模纳税企业则采用简化的方式，以征收率计算相应的税额。

值得注意的是，一般纳税企业设置"应交税费——应交增值税"科目，按照有关增值税暂行条例的规定，要分别设置"进项税额""销项税额""进项税额转出""出口退税"和"已交税金"等明细科目进行核算。

②应交消费税。消费税是指在我国境内生产、委托加工和进口应税消费品的单位和个人，按其流转额交纳的一种税。消费税有从价定率和从量定额两种征收方法。企业应在"应交税费"账户下设置"应交消费税"明细账户核算企业应交纳的消费税。该账户贷方登记应交纳的消费税，借方登记已交纳的消费税，期末贷方余额为尚未交纳的消费税，借方余额为多交纳的消费税。

需要分清的是企业委托加工应税消费品由受托加工方代扣代缴消费税的处理。

第一种情况：如果委托加工收回后的应税消费品，用于直接出售，委托加工方应支付的并由受托方代扣代缴的消费税，计入委托加工应税消费品物资的成本，日后销售时，不再计算消费税。

第二种情况：如果委托加工收回后的应税消费品用于继续加工应税消费品，委托加工方应支付的并由受托加工方代扣代缴的消费税，记入"应交税费——应交消费税"账户的借方。日后该应税消费品销售时，予以从计算的应交消费税额中抵扣。

(6) 对所有者的负债——应付股利。应付股利是指企业经过董事会或股东大会，或类似机构决议确定分配给投资者的现金股利或利润。企业应设置"应付股利"科目核算应付股利的分配情况。企业根据通过的股利或利润分配方案确认应付给投资者的股利或利润时，借记"利润分配——应付股利"科目，贷记"应付股利"科目；向投资者支付股利或利润时，借记"应付股利"科目，贷记"银行存款"等科目。如果董事会或股东会议确定发放的是股票股利，那么股票股利的宣布并不构成企业的负债，因为它只是从未分配利润转增股本，在正式办理增资手续前，不需作正式的账务处理，只在备查簿登记。而取得股票股利方也不能作为收益加以确认。

(7) 其他应付款。其他应付款是指除应付账款、应付票据以外的其他应付、暂收款项，如应付租入包装物租金、存入保证金等。

企业应设置"其他应付款"账户，贷方登记发生的各种应付、暂收款项，借方登记偿还或转销的各种应付、暂收款项，余额在贷方，表示应付未付的其他款项。本账户应按应付、暂收款项的类别和单位或个人设置明细账户。会计处理需要注意区分"其他应付款"和"应付账款"的不同，不能混淆。

2. 非流动负债

(1) 长期借款。长期借款是指企业向银行等金融机构借入的偿还期在一年以上的各种款项，一般用于固定资产的购建、改扩建工程、大修理工程、对外投资以及为了保持长期经营能力等方面。

长期借款所发生的利息支出，应当按权责发生制的原则按期预提并记入有关账户。同时，涉及借款费用的，按照借款费用准则进行处理。借款费用的列支渠道有两种：一是如果符合资本化条件的就资本化——计入相关资产的成本。二是如果不符合资本化条件的就费用化——计入当期损益。

分期付息的长期借款利息，通过"应付利息"账户核算，到期一次还本付息的长期借款利息，期末记入"长期借款——应计利息"账户。按照会计准则的要求，利息的合同利率和实际利率差异较大的，会计处理要用实际利率法，实际利率与合同利率差异较小的，也可以采用合同利率来计算确定利息费用。

（2）应付债券。债券是企业为筹集长期使用资金而发行的一种书面凭证。企业通过发行债券取得资金是以将来履行归还购买债券的本金和利息的义务作为保证的。企业发行的期限在一年以上（不含一年）的长期债券构成了企业的一项长期负债。

债券发行有面值发行、溢价发行和折价发行三种方式。债券的发行价格＝债券面值×复利现值系数＋每期利息（年金）×年金现值系数。企业应在应付债券总账科目下分设"债券面值、利息调整、应计利息"三个明细科目；如债券采用分期付息方式的，应设置"应付利息"科目。债券的基本会计处理为：

①发行债券时（假设不考虑发行费用）：

借：银行存款
　　贷：应付债券——债券面值
借或贷：应付债券——利息调整

②各期确认债券利息费用及溢价或折价摊销时：

企业溢价或折价发行债券所取得的溢折价应在债券的存续期间内分期摊销。摊销的方法有直线法和实际利率法。2007年起企业会计准则要求按实际利率法摊销。债券的利息费用按照债券的摊余成本和实际利率计算确定。应付债券的摊余成本，是指应付债券的初始确认金额（债券的发行价格减去发行费用的净额）经过下列调整后的结果：a. 扣除已偿还的本金；b. 加上或减去采用实际利率法将该初始确认金额与到期日金额之间的差额进行摊销形成的累计摊销额。

借：在建工程或财务费用等
　　贷：应付债券——应计利息
或贷：应付利息（分期付息方式下）。
贷或借：应付债券——利息调整

③支付债券本息时：

借：应付债券——应计利息
或借：应付利息（分期付息方式下）。
　　　应付债券——债券面值
　　贷：银行存款

（3）长期应付款。长期应付款，是指企业除长期借款和应付债券以外的其他各种长期应付款项，包括应付租入固定资产的租赁费、以分期付款方式购入固定资产、无形资产或存货等发生的应付款项等。长期应付款核算的是终值，是非流动负债。应付账款核算的是现值，是流动负债。

（4）或有事项。或有事项，是指过去的交易或者事项形成的，其结果须由某些未来事项的发生或不发生才能决定的不确定事项。或有事项准则规定，企业如果对因或有事项形成的相关义务同时满足下列三个条件的，应当确认为预计负债，并通过"预计负债"账户单独进行核算。

常见的或有事项主要包括：附追索权的应收票据贴现、附追索权的应收账款抵押借款、未决诉讼或仲裁、债务担保、产品质量保证（含产品安全保证）、辞退福利、承诺、亏损合同、重组义务和环境污染整治等。

（5）债务重组。债务重组，是指在不改变交易对手方的情况下，经债权人和债务人协商或法院裁定，就清偿债务的时间、金额或方式等重新达成协议的交易。

债务重组一般包括下列方式，或下列一种以上方式的组合：

①债务人以资产清偿债务；

②债务人将债务转为权益工具；

③除上述第一项和第二项以外，采用调整债务本金、改变债务利息、变更还款期限等方式修改债权和债务的其他条款，形成重组债权和重组债务。

债务重组的会计处理，要分清债权人和债务人的会计处理的不同。包括：①以资产清偿债务方式进行债务重组的会计处理。②将债务转为权益工具方式进行债务重组的会计处理。③除上述第一项和第二项以外，采用调整债务本金、改变债务利息、变更还款期限等方式修改债权和债务的其他条款，形成重组债权和重组债务的会计处理。

3. 偿债能力分析

通过对企业流动比率、速动比率、现金流动负债率指标的分析，掌握企业流动负债的偿债能力及其对企业财务状况的影响。通过对企业资产负债率、已获利息倍数、带息负债比率和或有负债比率等指标的分析，掌握企业的非流动负债的偿债能力，分析非流动负债占比的合理性及其对企业经营成果的影响程度。

（二）学习重点与难点

（1）流动负债包括的主要内容，在其计价上一般采用未来应付金额体现的会计原则。

（2）短期借款和长期借款在会计核算上的区别。

（3）一般纳税人和小规模纳税人在增值税的核算和会计处理上的区别，应交增值税金额的确定原则。

（4）确定不同税种的应交税费的列支渠道。

（5）应付账款和其他应付款的不同。

（6）短期薪酬的内容，职工薪酬的确认原则和包含内容。

（7）应付账款和预付账款的区别与联系，应收账款和预收账款的区别与联系。

（8）通过"应交税费"账户核算的内容。

（9）应付债券的发行方式。不同发行方式下的应付债券在会计处理上的不同特点。

（10）应付债券利息的确认条件，应付债券的溢折价的摊销和列报。

（11）长期负债的特点以及内容。

（12）举借长期负债与增加资本方式的利弊。

（13）或有事项的概念与特征。

（14）预计负债的确认条件。

（15）或有负债的概念及会计处理。

（16）债务重组的概念以及债务重组方式。

（17）进行债务重组的债权方和债务方的会计处理原则的主要区别。

（18）长期应付款的概念和包括的内容，其与应付账款的主要区别。

三、练习题

（一）单项选择题

1. 下列项目中，不属于流动负债的是（　　）。

　　A. 预付账款　　　　B. 预收账款　　　　C. 预提费用　　　　D. 预计负债

2. 企业应付账款在实际支付价款时，如采用总价法而享有的现金折扣应（　　）。

　　A. 增加当期的营业外支出　　　　　　B. 冲减当期的销售费用

　　C. 冲减当期的财务费用　　　　　　　D. 作为当期营业外收入

3. 企业由于债权单位的不同原因，而被债权人豁免或无法支付的应付账款经批准后应转作（　　）。

　　A. 其他业务收入　　B. 营业外收入　　C. 冲减管理费用　　D. 资本公积

4. 一般纳税企业核算当月交纳以前各期所欠增值税款时，应通过（　　）明细科目核算。

　　A. 应交税费——应交增值税（转出未交增值税）

　　B. 应交税费——应交增值税（转出多交增值税）

　　C. 应交税费——应交增值税（已交税金）

　　D. 应交税费——未交增值税

5. 以下项目中，不通过应付职工薪酬科目核算的是（　　）。

　　A. 在建工程人员工资　　　　　　　　B. 医务福利人员工资

　　C. 工会人员工资　　　　　　　　　　D. 退休人员退休费

6. 下列项目中，不通过"应付账款"科目核算的是（　　）。

　　A. 已付购货所负担的增值税进项税额　　B. 应付货物的采购价款

　　C. 应付销售企业代垫的运杂费　　　　　D. 应付租金

7. 下列税种中，不通过"应交税费"科目核算的是（　　）。

　　A. 所得税　　　　　B. 印花税　　　　　C. 资源税　　　　　D. 房产税

8. 企业支付职工医药费用、职工困难补助等支出，应记入的账户是（　　）。

　　A. 应付职工薪酬　　B. 营业外支出　　　C. 管理费用　　　　D. 制造费用

9. 已知本期期初"应交税费——应交增值税"明细科目借方余额为3万元，本期各专栏在期末结转前发生的有关税额如下：销项税额为20万元，进项税额为9万元，进项税额转出为2万元，本期应交增值税额为（　　）万元。

　　A. 8　　　　　　　B. 10　　　　　　　C. 11　　　　　　　D. 13

10. "应交税费——应交增值税"科目的借方余额反映的是（　　）。

　　A. 尚未抵扣的增值税额　　　　　　　　B. 多交或预交的增值税额

C. 以前期间欠交的增值税额　　　　D. 不可抵扣的增值税额

11. 对于企业签发的银行承兑汇票在到期时，由于签发企业账面无款，应将应付票据的账面价值（　　）。

　　A. 转为应付账款　　　　　　　　B. 转为短期借款
　　C. 暂不进行处理，待有款时再行处理　　D. 转为待处理财产损溢

12. 下列流动负债中，属于应付金额肯定的是（　　）。

　　A. 应付票据　　B. 应付职工薪酬　　C. 应交税费　　D. 应付股利

13. 企业管理部门计提的职工福利费应借记的科目是（　　）。

　　A. 应付职工薪酬　　B. 制造费用　　C. 管理费用　　D. 生产成本

14. 某企业因采购商品开出3个月期限的商业汇票一张。该票据的票面金额为400 000元，票面年利率为10%。该应付票据到期时，企业应支付的价款为（　　）元。

　　A. 400 000　　B. 440 000　　C. 410 000　　D. 415 000

15. 下列项目中，不属于职工薪酬中工资总额的是（　　）。

　　A. 计时工资和计件工资　　　　B. 经常性奖金及津贴和补贴
　　C. 加班、加点工资　　　　　　D. 独生子女补贴和劳动保险支出

16. 应由本期负担，但尚未支付的银行短期借款利息应计入（　　）。

　　A. 管理费用　　B. 短期借款　　C. 应付利息　　D. 制造费用

17. 某小规模纳税企业（增值税率为3%）本期购入原材料并已验收入库，其采购原材料取得增值税专用发票列明材料价款10 000元，增值税额1 300元，采购时另支付装卸、保险费用100元；本期以该批采购的原材料生产的产品对外实现销售价款（含税）61 800元。则该企业当期应交纳的增值税为（　　）元。

　　A. 1 854　　B. 554　　C. 500　　D. 1 800

18. 下列项目中，不属于流动负债项目的是（　　）。

　　A. 应交税费　　B. 应付利润　　C. 应付债券　　D. 应付利息

19. 下列项目中，不属于长期负债的是（　　）。

　　A. 应付债券　　B. 长期应付款　　C. 长期借款　　D. 应付股利

20. 企业举借长期负债的主要目的是（　　）。

　　A. 长期资产的购建　　　　　　B. 用于非生产性的支出
　　C. 债券溢（折）价　　　　　　D. 保持合理的权益结构比例

21. 企业发行到期一次还本、分期付息的债券，对于分期支付的利息在计提时，应贷记（　　）科目。

　　A. 应付债券——应计利息　　　B. 其他应付款——应计利息
　　C. 专项应付款——应付利息　　D. 应付利息

22. 长期应付款的具体负债形式与其他长期负债的形式相比较，其显著的特点是（　　）。

　　A. 负债金额大　　　　　　　　B. 以实物为信贷资金载体
　　C. 要签订负债协议或合同　　　D. 偿还期限长

23. 甲公司2×21年12月，按照合同约定预收乙公司10 000元定金后，发出一批货物，价款为20 000元，增值税税额为2 600元，到年末为止，甲公司尚未收到剩余款项。甲公司对该业务在资产负债表中列报的项目和金额为（   ）。

  A. 应收账款12 600元

  B. 预收款项 - 12 600元

  C. 预收款项12 600元

  D. 预收账款10 000元，应收账款22 600元

24. 某增值税一般纳税企业发生的下列业务中，应将其进项税额转出的是（   ）。

  A. 将购入的原材料用于集体福利　　B. 将自产的用于集体福利

  C. 将购入的原材料用于对外投资　　D. 将自产的产成品用于对外投资

25. 下列各种情况中会导致企业溢价发行债券的是（   ）。

  A. 债券的票面利率大于实际利率　　B. 债券的票面利率等于实际利率

  C. 债券的票面利率小于实际利率　　D. 以上说法均是错误的

26. 或有事项各种结果的可能性中，很可能的对应概率区间为（   ）。

  A. 大于50%但小于95%　　　　　　B. 大于等于50%但小于等于95%

  C. 大于50%但小于等于95%　　　　D. 大于等于50%但小于95%

27. 应付账款的入账时间按商品货物的（   ）确定。

  A. 验收时间　　　　　　　　　　　B. 合同约定时间

  C. 所有权发生转移的时间　　　　　D. 单据开出时间

28. 以下项目中，不属于其他应付款核算范围的是（   ）。

  A. 应付租入包装物的租金　　　　　B. 收取其他单位的保证金

  C. 应付职工统筹退休金　　　　　　D. 预计应付利息

29. 在债务重组协议中，债务人以现金清偿某项债务的，应当将重组债务的账面价值与支付的现金之间的差额计入（   ）。

  A. 投资收益　　B. 资本公积　　C. 营业外收入　　D. 营业外支出

30. 债务人将债务转为权益工具方式进行债务重组的，债务人初始确认权益工具时，应当按照权益工具的公允价值计量，权益工具的公允价值不能可靠计量的，应当按照所清偿债务的公允价值计量。所清偿债务账面价值与权益工具确认金额之间的差额，应当计入当期损益（   ）。

  A. 投资收益　　B. 资本公积　　C. 营业外收入　　D. 财务费用

（二）多项选择题

1. 下列项目中，属于流动负债的有（   ）。

  A. 应付票据　　B. 短期借款　　C. 应付债券　　D. 应付账款

2. 下列项目中，属于应付票据核算的票据，包括（   ）。

  A. 银行汇票　　　　　　　　　　　B. 银行本票

  C. 银行承兑汇票　　　　　　　　　D. 商业承兑汇票

3. 下列项目中，其列支渠道记入"税金及附加"科目的有（   ）。

A. 增值税　　　　　B. 印花税　　　　　C. 资源税　　　　　D. 消费税

4. 下列项目中属于负债的有（　　　）。

　A. 其他应付款　　　B. 职工暂借的差旅费　C. 预收账款　　　　D. 预付账款

5. 以下经济业务中，可能导致一项负债减少的有（　　　）。

　A. 资产减少　　　　B. 增加一项负债　　　C. 增加实收资本　　D. 增加收入

6. 企业的负债可以用（　　　）来偿付。

　A. 库存商品　　　　B. 提供劳务　　　　　C. 举新债　　　　　D. 货币资金

7. 下列税种中，按规定不应计入管理费用的有（　　　）。

　A. 土地增值税　　　B. 城市维护建设税　　C. 消费税　　　　　D. 印花税

8. 以下账户中期末余额肯定在贷方的有（　　　）。

　A. 主营业务收入　　B. 短期借款　　　　　C. 实收资本　　　　D. 预收账款

9. 根据职工薪酬准则，下列各项中属于职工薪酬范围的有（　　　）。

　A. 工资及奖金　　　B. 非货币性福利　　　C. 社会保险费　　　D. 离职后福利

10. 以下账户中期末余额在借贷方不一定的有（　　　）。

　A. 预收账款　　　　B. 未分配利润　　　　C. 长期借款　　　　D. 应交税费

11. 下列各项中，属于增值税纳税范围的有（　　　）。

　A. 销售货物　　　　　　　　　　　　　　B. 提供修理劳务
　C. 进口货物　　　　　　　　　　　　　　D. 提供加工服务

12. 下列各项业务中，应当通过"其他应付款"科目核算的包括（　　　）。

　A. 应付的债券利息　　　　　　　　　　　B. 年末支付下年的财产保险费
　C. 应付租入包装物的租金　　　　　　　　D. 收到客户支付的保证金

13. 对于预收账款，下列表述正确的有（　　　）。

A. 预收账款是属于销售方的非货币性负债

B. 预收账款业务不多的企业，可以不设置"预收账款"科目，而是通过"应收账款"科目核算预收的款项

C. "预收账款"所属明细科目的期末余额可能在借方，也可能在贷方

D. 企业发生预收账款业务时产生经营活动的现金流入，但不能确认收入的实现

14. 委托加工应税消费品，委托方支付给受托方代扣代缴的消费税可能列支的渠道有（　　　）。

　A. 计入委托加工应税消费品的成本

　B. 记入"应交税费——应交消费税"科目的借方

　C. 冲减委托加工应交消费品的成本

　D. 记入"应交税费——应交消费税"科目的贷方

15. 企业实际支付短期借款的利息费用时，可能使用的会计科目有（　　　）。

　A. 财务费用　　　　B. 应付利息　　　　　C. 管理费用　　　　D. 银行存款

16. 企业以银行存款支付款项时，借记的会计科目可能有（　　　）。

　A. 应付股利　　　　B. 本年利润　　　　　C. 应付职工薪酬　　D. 预计负债

17. 下列各项中，可能是长期借款利息费用借记的科目有（　　）。
   A. 在建工程　　　　B. 财务费用　　　　C. 固定资产　　　　D. 管理费用
18. 以下账户中期末余额肯定为零的有（　　）。
   A. 应付票据　　　　B. 所得税费用　　　C. 待处理财产损溢　D. 财务费用
19. 下列各项中属于或有事项的有（　　）。
   A. 未决诉讼　　　　B. 亏损合同　　　　C. 承诺　　　　　　D. 债务担保
20. 下列属于债务重组方式的有（　　）。
   A. 债务人以现金资产清偿债务
   B. 债务人以非现金资产清偿债务
   C. 债务人将债务转为权益工具
   D. 除上述以外方式修改债权和债务的其他条款，形成重组债权和重组债务
21. 下列可作为计算带息负债比率的参算因子的有（　　）。
   A. 应付利息　　　　　　　　　　　　B. 长期借款
   C. 短期借款　　　　　　　　　　　　D. 流动负债总额
22. 下列原始凭证中，可作为一般纳税企业的进项税额抵扣依据的有（　　）。
   A. 增值税专用发票　　　　　　　　　B. 进口货物已交纳增值税的完税凭证
   C. 收购免税农产品的专用收购凭证　　D. 以上都不对
23. 企业购入原材料10万元已验收入库，其中以银行存款支付3万元，其余开出已承兑商业承兑汇票一份。假设不考虑增值税。用借贷记账法记账应作的会计分录为（　　）。
   A. "应付账款"账户贷方7万元　　　　B. "原材料"账户借方10万元
   C. "银行存款"账户贷方3万元　　　　D. "应付票据"账户贷方7万元
24. 企业在"应付债券"科目下应设置（　　）明细科目。
   A. 面值　　　　　　B. 利息调整　　　　C. 应计利息　　　　D. 应付利息
25. 对于小规模纳税人，下列表述正确的有（　　）。
   A. 销售货物时如果向客户开具普通发票，销售额包含增值税额
   B. 购入货物无论是否取得增值税专用发票，其支付的增值税额均计入货物成本
   C. 销售货物按简易办法计算应纳税额，销售额不包含其应纳税额
   D. "应交增值税"明细科目下不设"进项税额""销项税额"等专栏

（三）判断题

1. "短期借款"科目的期末余额一定在贷方，表示企业尚未归还短期借款的本息。（　　）

2. 企业发行不超过一年的债券，应设置"应付短期债券"科目核算，若是溢价或折价发行，对其产生溢价或折价，一般不需单独核算。（　　）

3. 视同销售是指企业的某些经济业务或事项，在会计上不作为销售，按成本转账；而税法上确认为销售行为的，须按计税价格计算相应的流转税。（　　）

4. 企业当期计算并交纳当期的增值税额，应通过"应交税费——应交增值税"明细科目核算；而当期交纳以前所欠增值税款时，应通过"应交税费——未交增值税"明细科

目核算。   (   )

5. 固定资产和无形资产的出售均应计算并交纳增值税。   (   )
6. 短期借款的利息应于到期日全部计入当期损益。   (   )
7. 应付账款的入账价值既包括商品不含税价款，也包括增值税的进项税额。
                                                              (   )
8. 短期借款是企业向银行或其他金融机构借入的、本年度应偿还的各种借款。
                                                              (   )
9. 对于预收款业务不多的企业，可以不设置"预收账款"科目，企业在预收客户货款时，直接将其记入"应付账款"科目的贷方，以表示负债的发生。 (   )
10. 企业产生一项负债的同时，一般会产生一项资产。   (   )
11. 企业因销售商品而预收的款项，通过"合同负债"账户核算。   (   )
12. "应交税费"的各子目不一定与"税金及附加"对应，"税金及附加"各子目一定与应交税费对应。   (   )
13. 企业应当将当期确认的应付职工薪酬总额于期末全部计入当期损益。 (   )
14. 长期借款和短期借款科目的期末余额，均反映企业尚未归还银行或金融机构的借款本息。   (   )
15. 企业折价发行公司债券，在债券的存续期间进行折价摊销时，当期确认的实际利息费用一定大于按债券面值和票面利率及期限计算的名义利息。 (   )
16. 从理论上讲，影响债券发行价格的主要因素之一，是债券发行时的债券票面利率和债券发行时的市场利率不同而产生，当前者大于后者应折价发行，反之应溢价发行。
                                                              (   )
17. 企业的应付职工薪酬不仅包括职工在职期间的薪酬，还包括职工离职期间支付的养老金。   (   )
18. 预计负债可以是企业承担的现时义务，也可以是企业承担的潜在义务。
                                                              (   )
19. 企业经济业务中的不确定事项都属于或有事项。   (   )
20. 已获利息倍数是指利润总额和利息费用之比。   (   )
21. 根据票据法规定，票据包括汇票、本票和支票。但只有采用商业汇票结算方式的债务人才会涉及应付票据的核算，而采用银行汇票、本票和支票核算的业务均与应付票据无关。   (   )
22. 小规模纳税企业购入货物无论是否取得增值税专用发票，其支付的增值税额均计入货物成本。   (   )
23. 企业生产应税商品如涉及消费税，一定会涉及增值税，但涉及增值税的商品不一定会涉及消费税。   (   )
24. 流动比率越低，表明企业偿债能力越强。   (   )
25. 企业的速动比率一定高于流动比率。   (   )

（四）业务计算题

1. 甲、乙两企业均为增值税的一般纳税人，增值税率为13%，原材料核算采用实际成本计价。2×21年5月，发生如下商品购销业务：

（1）乙企业上月从甲企业购入的原材料已经验收入库，由于期末结算凭证未到，已按暂估料款240 000元入账；而后该批原材料在本月2日收到相关结算凭证，增值税专用发票列明价款260 000元，增值税款33 800元，乙企业以银行存款支付运输单位的运费，普通发票列明运费金额为8 000元；取得甲企业原材料的价税款均尚未支付。

（2）假设分别可能出现的情况如下：

①乙企业于6月1日签发并承兑为期3个月的带息商业承兑汇票一张，票面年利率为6%，票面金额293 800元；并于6月30日期末计息，票据到期时履约承兑。

②票据到期时乙企业账面无款。

③若上述的票据为银行承兑汇票，票据签发时乙企业以银行存款支付承兑手续费300元，票据到期时乙企业账面无款。

要求：根据以上资料，分别编制会计分录。

2. A企业由于生产流动资金的不足，于2×14年4月1日从银行借入为期6个月的短期借款，借款金额400 000元，年利率为6%，利息处理采用按月预提，季末结算并支付的方式。假设A企业履约到期还本付息。

要求：根据上述资料，编制A企业与借款业务相关的会计分录。

3. 甲公司为增值税一般纳税企业，适用的增值税率为13%，原材料采用实际成本计价进行核算。该公司2×21年4月30日"应交税费——应交增值税"明细科目的借方余额为40 000元，并可在以后月份的销项税额中抵扣。5月份发生如下涉及增值税的经济业务：

（1）购买原材料一批，增值税专用发票上注明价款600 000元，增值税额78 000元，甲公司已签发并承兑为期3个月不带息商业承兑汇票一张，票面金额678 000元，该批原材料已验收入库。

（2）用原材料对外投资，双方协议按实际成本作价。该批原材料的实际成本和计税价格均为410 000元。

（3）对外销售A产品一批，销售价格为200 000元（不含税），实际成本160 000元，提货单和增值税专用发票已交购货方，货款尚未收到，该项销售符合收入确认的各项条件。

（4）企业一项在建职工福利工程领用原材料一批，该原材料实际成本为300 000元，应由该批原材料购进时的增值税额为39 000元。

（5）月末盘亏原材料一批，该批原材料取得时的实际成本为100 000元，应负担的增值税进项税额为13 000元。

（6）用银行存款交纳本月增值税20 000元。

（7）月末将本月应交未交增值税额转入"应交税费——未交增值税"明细科目。

要求：（1）根据上述资料编制与其业务相关的会计分录。

(2) 计算该企业2×21年5月增值税的销项税额。

(3) 计算该企业2×21年5月的应交增值税额。

注:"应交税费"科目要求列出明细科目及专栏名称。

4. 某企业2×21年1月1日从银行取得借款800 000元,用于自行建造厂房,期限2年,年利率10%,合同规定到期一次还本付息。该企业每年末计息。厂房于2×21年底建造完工,办理竣工移交手续,并交付使用。根据有关记录,该厂房领用工程物资520 000元,应负担工人工资100 000元,以银行存款支付其他费用支出20 000元。

要求:根据以上资料做取得借款、发生各项工程支出及工程完工交付使用、每年末计息及归还借款的会计分录。

5. ABC公司资产负债表相关资料见表8-1。

表8-1　　　　　　　　　ABC公司资产负债表（简表）

2×20年12月31日　　　　　　　　　　　　　　　　　　单位:万元

资产	年末数	上年年末数	负债和所有者权益	年末数	上年年末数
流动资产:			流动负债:		
货币资金	3 750	5 200	短期借款	15 725	9 000
应收账款	18 750	15 000	应付账款	10 525	8 000
存货	18 750	16 000	流动负债合计	26 250	17 000
流动资产合计	41 250	36 200	非流动负债合计	18 750	19 000
固定资产	41 250	37 000	负债合计	45 000	36 000
			所有者权益合计	37 500	37 200
资产总计	82 500	73 200	负债和所有者权益	82 500	73 200

要求:根据上述资料,计算下列指标:

(1) 流动比率=

(2) 速动比率=

(3) 资产负债率=

（五）名词解释

流动负债　短期借款　应付账款　预收账款　合同负债　长期借款　应付票据　职工薪酬　非货币性福利　应交税费　应交增值税　应付股利　应付债券　资产负债率　债务重组　预计负债　或有事项　带息负债比率　进项税额转出　应交城市维护建设税

（六）简答题

1. 负债有何特征?如何分类?

2. 流动负债包括哪些内容?具体有哪些项目?

3. 短期借款和长期借款在利息核算上各自有什么特点?

4. 应付账款核算哪些内容?入账价值如何确定?

5. 一般纳税人和小规模纳税人对增值税的核算有哪些不同?

6. 应付职工薪酬核算的内容包括哪些?确认原则是什么?

7. 应交增值税的金额如何确定？如何进行会计核算？

8. 长期负债有哪些特点？包括哪些内容？

9. 应付债券的利息如何确认？应付债券的溢折价如何进行摊销？如何列报？

10. 举借长期负债与增加资本比较有何利弊？

11. 什么是或有事项？有何特征？

12. 什么是预计负债？确认条件有哪些？

13. 什么是或有负债？如何进行会计处理？

14. 融资租赁固定资产而形成的应付租金是分年支付的，为什么不列作各年的流动负债，而要在租赁开始日列作非流动负债？

15. 亏损合同和待执行合同有何区别？如何进行会计处理？

16. 什么是债务重组？包括几种方式？

17. 进行债务重组的债权方和债务方的会计核算原则有何不同？如何进行会计处理？

18. 什么是长期应付款？包括哪些内容？与应付账款的核算有何不同？

四、案例分析

案例资料见表 8-2 和表 8-3。

表 8-2　　　　　　　A 股份有限公司资产负债表（局部）

编制日期：2×19 年 12 月 31 日　　　　　　　　　　　　　　　　　　　　单位：元

资产	期末数	期初数	负债和股东权益	期末数	期初数
速动资产	90 000 000	70 000 000	流动负债合计	180 000 000	95 000 000
存货	200 000 000	120 000 000	负债合计	330 000 000	270 000 000
流动资产合计	290 000 000	190 000 000	股东权益合计	190 000 000	120 000 000
资产总计	520 000 000	390 000 000	负债和股东权益合计	520 000 000	390 000 000

表 8-3　　　　　　　A 股份有限公司资产负债表（局部）

编制日期：2×20 年 12 月 31 日　　　　　　　　　　　　　　　　　　　　单位：元

资产	期末数	期初数	负债和股东权益	期末数	期初数
速动资产	50 000 000	90 000 000	流动负债合计	280 000 000	180 000 000
存货	300 000 000	200 000 000	负债合计	370 000 000	330 000 000
流动资产合计	350 000 000	290 000 000	股东权益合计	210 000 000	190 000 000
资产总计	580 000 000	520 000 000	负债和股东权益合计	580 000 000	520 000 000

根据上述资料，分析 A 股份有限公司的财务状况趋势。通过流动比率和速动比率等指标分析，你认为 A 股份有限公司存在的主要问题是什么？应该如何改进？为什么？

第九章 所有者权益

一、学习目的和要求

通过本章学习，熟悉所有者权益的概念和内容以及不同企业组织形式所有者权益的特点；了解有限责任公司与股份有限公司的特点，掌握实收资本（股本）的会计处理；了解库存股的含义及会计处理；熟悉资本公积的性质、内容和明细科目的设置，掌握资本公积的会计处理；熟悉其他综合收益的内容及会计处理；了解留存收益的性质及构成，掌握留存收益的会计处理；理解每股收益的概念以及该指标的重要作用；掌握基本每股收益的计算；掌握潜在普通股、稀释性潜在普通股的含义以及稀释每股收益的计算；了解资本获利水平以及资本结构质量的分析方法。

二、学习指导

（一）学习要点

1. 所有者权益的性质与来源构成

所有者权益是指企业资产扣除负债后由所有者享有的剩余权益，是企业所有者对企业净资产的要求权。所谓净资产，在数量上等于全部资产减去全部负债后的余额，即：资产－负债＝所有者权益。对于公司制企业，所有者权益又称为股东权益。

所有者权益的来源包括所有者投入的资本、直接计入所有者权益的利得和损失、留存收益等，具体划分为实收资本（或股本）、其他权益工具、资本公积、其他综合收益和留存收益五部分。

2. 实收资本（股本）的会计处理

（1）实收资本（股本）与注册资本。实收资本（或股本）是指所有者在企业注册资本的范围内实际投入的资本。注册资本是指企业在设立时向工商行政管理机构登记的资本总额，也就是全部出资者设定的出资额之和。注册资本是企业的法定资本。如果是一次筹集的，实收资本应等于注册资本；如果是分期筹集的，在所有者最后一次缴入资本以后，实收资本应等于注册资本。

在股份有限公司，实收资本表现为实际发行股票的面值，也称为股本。在其他企业，实收资本表现为所有者在注册资本范围内的实际出资额。

实收资本（或股本）按其出资形式不同，可分为货币投资、实物投资和无形资产投资等；按投资主体的不同，又可分为国家投入资本、法人投入资本、个人投入资本和外商投入资本等。

（2）有限责任公司的实收资本。有限责任公司由一定数量的股东共同出资设立，股东以其认缴的出资额为限对公司的债务承担有限责任，并享有相应的权益，公司以其全部资产对其债务承担责任。有限责任公司对公司的资本不划分为等额股份，不对外公开募集股份，不能发行股票。公司股份的转让有严格的限制，如需转让，应在其他股东同意的条件下方可进行。按我国《公司法》的规定，可以设立一人有限责任公司、国有独资公司。

有限责任公司的注册资本为在公司登记机关登记的全体股东认缴的出资额。股东可以用货币出资，也可以用实物、知识产权、土地使用权等可以用货币估价并可以依法转让的非货币财产作价出资。

在会计核算上，应设置所有者权益类科目"实收资本"科目。投资者以货币资金出资的，按实际收到的金额借记"银行存款"等科目，贷记"实收资本"等科目。投资者以非现金资产出资的，按照投资各方确认的价值借记"固定资产""原材料""库存商品""无形资产"等科目，贷记"实收资本"等科目。

（3）股份有限公司的股本。股份有限公司全部资本由等额股份构成并通过发行股票筹集资本，股东以其所持股份对公司承担有限责任，公司以其全部资产对公司债务承担责任。股票是公司签发的证明股东所持股份的凭证。公司可以通过公开向社会发行股票的方式来筹集资本。股票可以自由转让，无须经过其他股东的同意。

股份有限公司的设立，可以采取发起设立或者募集设立的方式。发起设立，是指由发起人认购公司应发行的全部股份而设立公司。募集设立，是指由发起人认购公司应发行股份的一部分，其余股份向社会公开募集或者向特定对象募集而设立公司。发起人认购的股份不得少于公司股份总数的35%。股份有限公司采取发起设立方式设立的，注册资本为在公司登记机关登记的全体发起人认购的股本总额。采取募集方式设立的，注册资本为在公司登记机关登记的实收股本总额。

股票的面值与股份总数的乘积即为公司股本，股本等于股份有限公司的注册资本。股票的发行价格受发行时资本市场的需求和投资人对公司获利能力的估计的影响，公司发行股票的价格往往与股票的面值不一致。股票发行价格等于面值，称为面值发行；发行价格高于面值，称为溢价发行；发行价格低于面值，称为折价发行。我国不允许折价发行股票。

股份有限公司应设置"股本"科目进行会计核算。公司发行股票，在收到认股款时借记"银行存款"等科目，按股票面值和核定的股份总额计算的金额贷记"股本"科目，按超过面值的溢价部分贷记"资本公积——股本溢价"科目。股份有限公司为发行权益性证券发生的手续费、佣金等，应自所发行权益性证券的溢价收入中扣减，溢价金额不足以扣减的情况下，应当冲减盈余公积和未分配利润。

（4）库存股。库存股是指公司已经发行但由于各种原因又回到公司手中，为公司所持有的股票。按照有关规定，公司不得收购本公司股份。公司的库存股，主要有经批准减资而回购的股票、为奖励职工而回购的股票以及日后还要出售而回购的股票（我国目前尚不允许此类回购）等。公司尚未发行的股票，不属于库存股。

企业应设置所有者权益类科目"库存股"科目进行会计核算。公司回购库存股时，按实际支付的价款，借记"库存股"科目，贷记"银行存款"等科目。回购的股票注销时，按股票面值借记"股本"科目，按库存股实际金额贷记"库存股"科目；库存股实际成本大于股票面值的，首先应冲减资本公积，借记"资本公积——股本溢价"科目；资本公积不足冲减的，则应冲减留存收益；如果库存股实际成本低于股票面值，其差额应计入资本公积，贷记"资本公积——股本溢价"科目。

在资产负债表中，"库存股"作为股东权益中的备抵项目，列报在"股本""资本公积"项目下。

3. 其他权益工具的含义

其他权益工具，是指企业发行的除普通股以外的归类为权益工具的各种金融工具，如企业发行的优先股、永续债、认股权、可转换公司债券等金融工具。如果公司发行优先股，则需要设置所有者权益类科目"其他权益工具"科目进行会计核算。

4. 资本公积的性质、用途及会计处理

（1）资本公积的性质及用途。资本公积是投资者投入到企业、所有权归属于投资者，并且金额上超过法定资本的那部分投资，以及直接计入所有者权益的利得和损失等。资本公积从实质上看是一种准资本，是资本的一种储备形式。资本公积与实收资本（或股本）有一定的区别，实收资本（或股本）是公司所有者为谋求价值增值而对公司的一种原始投入，从法律上讲属于公司的法定资本，它体现了企业所有者对企业的基本产权关系。实收资本（或股本）无论是在来源上还是在金额上，都有着比较严格的限制。而资本公积有其特定来源，某些来源形成的资本公积，并不需要由原投资者投入，也不一定需要谋求投资回报。不同来源形成的资本公积归所有投资者共同享有。资本公积不体现各所有者的占有比例，也不能作为所有者参与企业财务经营决策或进行利润分配的依据。

资本公积主要包括资本（或股本）溢价和其他资本公积等。资本公积的用途主要是用来转增资本（或股本），不得用于弥补公司的亏损。

资本公积与留存收益的区别：资本公积属于投入资本范畴，不是由企业实现的利润转化而来的，不得作为利润进行分配。留存收益是由企业实现的利润转化而来的，可以用于弥补亏损和利润分配。

（2）资本公积的会计处理。①资本溢价。资本溢价是指企业投资者的出资额大于其在企业注册资本中所占份额的差额。在会计核算上，企业应设置所有者权益类科目"资本公积"科目。企业收到投资者投入的资金时，按实际收到的金额或确定的价值，借记"银行存款""固定资产"等科目，按其在注册资本中所占的份额，贷记"实收资本"科目，按两者的差额，贷记"资本公积——资本溢价"科目。

②股本溢价。股份有限公司以发行股票的方式筹集股本，企业的股本总额应按股票的面值与股份总数的乘积计算。企业在采用溢价发行股票的情况下，发行股票取得的收入，相当于股票面值的部分记入"股本"科目，超出股票面值的溢价部分记入"资本公积——股本溢价"科目。

③其他资本公积。其他资本公积是指除资本溢价（或股本溢价）形成的资本公积以外，因其他来源或原因形成的资本公积，主要包括以权益结算的股份支付及采用权益法核算的长期股权投资涉及的业务等。

④资本公积转增资本。经股东大会或类似机构决议，用资本公积转增资本时，按各个所有者在实收资本（或股本）中所占的投资比例计算的金额，分别转增各所有者的投资金额，借记"资本公积——资本溢价（或股本溢价）"科目，贷记"实收资本（或股本）"科目。

5. 其他综合收益的含义及内容

其他综合收益，是指企业根据其他会计准则规定未在当期损益中确认的各项利得和损失。主要包括：其他债权投资、其他权益工具投资的公允价值变动；长期股权投资采用权益法，投资方享有的被投资单位其他综合收益变动的份额；金融资产重分类，如债权投资转换为其他债权投资公允价值与账面价值的差额；自用房地产或作为存货的房地产转换为投资性房地产公允价值与账面价值的差额等。

企业应设置所有者权益类科目"其他综合收益"科目进行会计核算。其他综合收益一般是由特定资产的计价变动而形成的，当处置特定资产时，其他综合收益也应一并处置。其他综合收益不得用于转增资本（或股本）。

6. 留存收益的性质、构成及会计处理

（1）留存收益的性质及构成。留存收益是企业从历年实现的利润中提取或形成的留存于企业的内部积累。留存收益与实收资本（或股本）和资本公积的区别在于：实收资本（或股本）和资本公积主要是由所有者从外部投入企业的，属于投入资本；留存收益不是由所有者从外部投入的，而是依靠公司经营所得的盈利累积而形成的，来源于企业的资本增值。

留存收益会因经营获取收益而增加，又因分给投资者而减少。公司经营如果入不敷出，就意味着发生亏损，发生经营亏损将减少留存收益。对留存收益有较大影响的是股利分配，公司将因分派股利或利润而减少留存收益。留存收益由盈余公积和未分配利润构成。

（2）盈余公积及其会计处理。盈余公积是企业按规定从税后利润中提取的已指定用途的留存收益，包括法定盈余公积和任意盈余公积。

法定盈余公积是指企业根据税后利润和法定比例计提的盈余公积。公司制企业的法定盈余公积按税后利润的10%提取（非公司制企业也可按超出10%的比例提取），法定公积金累计额为公司注册资本的50%以上的，可以不再提取。公司的法定公积金不足以弥补以前年度亏损的，在提取法定公积金之前，应先用当年利润弥补亏损。法定公积金转为资本时，所留存的该项公积金不得少于转增前公司注册资本的25%。

任意盈余公积是公司出于实际需要或采用审慎经营策略，经股东会或股东大会决议，从税后利润中提取的一部分留存利润。任意盈余公积的计提比例由企业自行确定。

企业提取的盈余公积的用途主要是用于弥补公司的亏损、扩大公司生产经营或者转为增加公司资本。

①提取盈余公积的会计处理。企业应设置所有者权益类科目"盈余公积"科目进行会计核算。企业提取盈余公积时，借记"利润分配——提取法定盈余公积（或提取任意盈余公积）"科目，贷记"盈余公积——法定盈余公积（或任意盈余公积）"科目。

②盈余公积弥补亏损的会计处理。按规定，公司发生亏损，可以以盈余公积弥补亏损。当企业以提取的盈余公积弥补亏损时，应由公司董事会提议，并经股东大会批准，按照确定的弥补亏损的数额，借记"盈余公积"科目，贷记"利润分配——盈余公积补亏"科目。

③盈余公积转增股本的会计处理。公司符合增资条件，经股东大会决议批准，可以将盈余公积转为资本。在实际将盈余公积转增资本时，要按股东原有持股比例结转，借记"盈余公积"科目，贷记"实收资本（或股本）"科目。

企业提取的盈余公积，无论用于弥补亏损，还是用于转增资本，只不过是企业所有者权益内部结构上的调整，并不引起企业所有者权益总额的变动。

（3）未分配利润及其会计处理。未分配利润是指企业留待以后年度进行分配的结存利润。企业实现的净利润的分配去向大体有两类：一是以股利或利润的形式分配给投资者；二是留在企业。从数量上来说，未分配利润是期初未分配利润，加上本期实现的税后利润，减去提取的各种盈余公积和分出利润后的余额。未分配利润有两层含义：一是没有分给企业投资者，留待以后年度处理的利润；二是未指定用途的利润。

未分配利润的核算通过所有者权益类科目"利润分配"科目进行，具体来说是通过"利润分配"科目下的"未分配利润"明细科目进行核算的。

①年度终了，结转当年实现的净利润。

借：本年利润
　　贷：利润分配——未分配利润

②同时，将"利润分配"科目下的其他明细科目的余额，转入"未分配利润"明细科目。

借：利润分配——未分配利润
　　贷：利润分配——提取法定盈余公积
　　　　　　　　——提取任意盈余公积
　　　　　　　　——应付现金股利或利润
　　　　　　　　——盈余公积补亏等

经过上述结转后，"利润分配——未分配利润"明细科目的余额如果在贷方，即为未分配利润；余额如果在借方，则为未弥补亏损。未弥补亏损为所有者权益的抵减项目。"利润分配——未分配利润"明细科目的贷方余额，反映的是历年积累的未分配利润，借方余额反映的是历年累计的亏损。

（4）弥补亏损的会计处理。

①年度终了，结转当年发生的亏损。

借：利润分配——未分配利润
　　贷：本年利润

结转后"利润分配——未分配利润"明细科目的借方余额,即为未弥补亏损的数额,然后通过"利润分配"科目核算有关亏损的弥补情况。企业发生的亏损可以以次年实现的税前利润弥补。

②次年的年度终了,结转当年实现的净利润。

借:本年利润
　　贷:利润分配——未分配利润

结转后,"利润分配——未分配利润"贷方发生额与该明细科目的借方余额自然抵补。因此,以当年实现净利润弥补以前年度结转的未弥补亏损时,不需要进行专门的账务处理。

由于未弥补亏损形成的时间长短不同等原因,以前年度未弥补亏损有的可以以当年实现的税前利润弥补,有的则需用税后利润弥补。按照我国企业所得税法规定,企业年度发生的纳税亏损,在其后5年内可以用应税所得弥补,从其后第6年开始,只能用税后利润弥补。如果税后利润还不够弥补亏损,则可以用发生亏损以前提取的盈余公积来弥补。无论是以税前利润弥补亏损还是以税后利润弥补亏损,其会计处理方法相同,所不同的只是两者计算交纳所得税时的处理方法不同而已。在以税前利润弥补亏损的情况下,其弥补的数额可以抵减当期企业应纳税所得额,而以税后利润弥补的数额,则不能作为纳税所得的扣除处理。

7. 每股收益

每股收益是指普通股股东每持有一股普通股所能享有的企业净利润或需承担的企业净亏损。每股收益是用于反映企业的经营成果,衡量普通股的获利水平及投资风险,是投资者、债权人等信息使用者据以评价企业盈利能力、预测企业成长潜力,进而作出相关经济决策的一项重要的财务指标。

每股收益包括基本每股收益和稀释每股收益两类。

(1) 基本每股收益。基本每股收益只考虑当期实际发行在外的普通股股份,按照归属于普通股股东的当期净利润除以当期实际发行在外普通股的加权平均数计算确定。其计算公式如下:

$$基本每股收益 = \frac{归属于普通股股东的当期净利润}{发行在外普通股的加权平均数}$$

①归属于普通股股东的当期净利润,即企业当期实现的可供普通股股东分配的净利润或应由普通股股东分担的净亏损金额。发生亏损的企业,每股收益以负数列示。以合并财务报表为基础计算的每股收益,应当是归属于母公司普通股股东的当期合并净利润,即扣减少数股东损益后的余额。

②当期发行在外普通股的算术加权平均数,即期初发行在外普通股股数根据当期新发行或回购的普通股股数与相应时间权数的乘积进行调整后的股数。公司库存股不属于发行在外的普通股,应当在计算时扣除。

发行在外普通股加权平均数 = 期初发行在外普通股股数 + 当期新发行普通股股数
× 已发行时间 ÷ 报告期时间 − 当期回购普通股股数
× 已回购时间 ÷ 报告期时间

新发行普通股股数应当根据发行合同的具体条款，从应收对价之日（一般为股票发行日）起计算确定。

（2）稀释每股收益。稀释每股收益是以基本每股收益为基础，假设企业所有发行在外的稀释性潜在普通股均已转换为普通股，从而分别调整归属于普通股股东的当期净利润以及发行在外普通股的加权平均数计算而得的每股收益。

潜在普通股是指赋予其持有者在报告期或以后期间享有取得普通股权利的一种金融工具或其他合同。目前，我国企业发行的潜在普通股主要有可转换公司债券、认股权证、股份期权等。

稀释性潜在普通股，是指假设当期转换为普通股会减少每股收益的潜在普通股。对于亏损企业而言，稀释性潜在普通股假设当期转换为普通股，将会增加每股亏损的金额。计算稀释每股收益时只考虑稀释性潜在普通股的影响，而不考虑不具有稀释性的潜在普通股。

计算稀释每股收益时，应当根据下列事项对归属于普通股股东的当期净利润进行调整：①当期已确认为费用的稀释性潜在普通股的利息。②稀释性潜在普通股转换时将产生的收益或费用。上述调整应当考虑相关的所得税影响。

计算稀释每股收益时，当期发行在外普通股的加权平均数应当为计算基本每股收益时普通股的加权平均数与假定稀释性潜在普通股转换为已发行普通股而增加的普通股股数的加权平均数之和。

假定稀释性潜在普通股转换为已发行普通股而增加的普通股股数，应当按照其发行在外时间进行加权平均。以前期间发行的稀释性潜在普通股，应当假设在当期期初转换为普通股；当期发行的稀释性潜在普通股，应当假设在发行日转换普通股；当期被注销或终止的稀释性潜在普通股，应当按照当期发行在外的时间加权平均计入稀释每股收益；当期被转换或行权的稀释性潜在普通股，应当从当期期初至转换日（或行权日）计入稀释每股收益中，从转换日（或行权日）起所转换的普通股则计入基本每股收益中。

可转换公司债券。可转换公司债券在一定期间内依据约定的条件可以转换成股份。假设可转换公司债券在当期期初（或发行日）即已转换成普通股，则一方面增加了发行在外的普通股股数，另一方面节约了公司债券的利息费用，增加了归属于普通股股东的当期净利润。计算稀释每股收益的基本步骤：①计算出基本每股收益。②计算出增加的净利润和增加的股数。③计算增量股的每股收益：用增加的净利润除以增加的净股数。④比较增量股每股收益与基本每股收益，如果增量股的每股收益小于基本每股收益，说明可转换公司债券具有稀释性，应当计入稀释每股收益的计算中。⑤计算出稀释每股收益。

认股权证、股份期权。对于盈利企业，认股权证、股份期权等的行权价格低于当期普通股平均市场价格时，具有稀释性。对于亏损企业，认股权证、股份期权等的假设行权一般不影响净亏损，但增加普通股股数，从而导致每股亏损金额的减少，实际上产生了反稀释的作用，因此，不应当计算稀释每股收益。

计算稀释每股收益的基本步骤：①假设这些认股权证、股份期权在当期期初（或发行日）已经行权，计算按约定行权价格发行普通股将取得的股款金额。②假设按照当期普通股平均市场价格发行股票，计算需发行多少普通股能够带来上述相同的股款金额。③比较行使股份期权、认股权证将发行的普通股股数与按照平均市场价格发行的普通股股数，差额部分相当于无对价发行的普通股，作为发行在外普通股股数的净增加。④将净增加的普通股股数乘以其假设发行在外的时间权数，据此调整稀释每股收益的计算分母。⑤计算出稀释每股收益。

8. 所有者权益的分析

资本利润率，又称资本收益率，是指企业净利润与平均资本的比率。其计算公式为：

$$资本利润率 = 净利润 \div 平均资本$$

$$平均资本 = \frac{年初资本 + 年末资本}{2}$$

其中，年初、年末资本均应只包括实收资本和资本公积，而不含盈余公积和未分配利润。该指标用以反映企业运用资本获得收益的能力。资本利润率越高，说明企业自有投资的经济效益越好，投资者的风险越少，值得继续投资。

资本保值增值率是期末所有者权益总额与期初所有者权益总额的比率。该指标用于考核企业当期由于经营导致的所有者权益增加，说明了企业管理者通过利用所有者投入资金进行经营而获得的效益。指标大于1时，表明资本得到增值，指标越大，资本保全状况越好，所有者权益增长越快，债权人的债务越有保障，企业发展后劲越强。

资本积累率是企业本年所有者权益增长额与年初所有者权益的比率，反映投资者投入企业资本的保全性和增长性，是反映企业发展潜力的重要指标。该指标越高，表明企业的资本积累越多，企业资本保全性越强，应付风险、持续发展的能力越大。为了分析较长时间的资本增长趋势，可以计算三年的资本增长率。增长率越高，表明企业的成长性越强，市场占有的份额越大，持续发展的能力越强。

每股账面价值，也称为每股净资产，其计算公式为：

$$每股账面价值 = \frac{年末股东权益总额}{年末发行在外普通股数量}$$

企业和企业的投资者可以运用这个指标分析股票的价值和公司的价值。一般而言，如果股票的市价低于账面价值，通常认为该股票的价格偏低。

资本结构质量是指企业资本结构与企业当前以及未来经营和发展活动相适应的程度。企业资本结构质量分析主要关注：企业资本成本的高低与企业资产报酬率的对比关系；企业资金来源的期限构成与企业资产结构的适应性；企业的财务杠杆状况与企业财务风险、未来融资需求以及未来发展的适应性。

(二) 学习重点与难点

(1) 实收资本（股本）的会计处理；
(2) 资本公积的内容及会计处理；

（3）盈余公积的内容及会计处理；
（4）未分配利润的计算及会计处理；
（5）弥补亏损的会计处理；
（6）基本每股收益与稀释每股收益的计算。

三、练习题

（一）单项选择题

1. 所有者权益是指投资者对企业（　　）的所有权。
　　A. 收益　　　　　　B. 净利润　　　　　　C. 净资产　　　　　　D. 资产

2. 下列属于企业留存收益的是（　　）。
　　A. 盈余公积　　　　　　　　　　B. 资本公积
　　C. 净利润　　　　　　　　　　　D. 其他综合收益

3. 当新投资者加入有限责任公司时，其出资额大于按约定比例计算的在注册资本中所占份额的部分，应计入（　　）。
　　A. 实收资本　　　　B. 营业外收入　　　　C. 资本公积　　　　D. 盈余公积

4. 某企业年初未分配利润为 1 000 万元，本年度实现的利润总额为 2 000 万元，所得税费用为 500 万元。如果不考虑其他因素的影响，该企业可供分配的利润为（　　）万元。
　　A. 3 000　　　　　　B. 2 500　　　　　　C. 2 000　　　　　　D. 1 500

5. 某公司年初未分配利润为 1 000 万元，本年实现净利润为 800 万元。公司按 10% 计提法定盈余公积，则该公司本年提取的法定盈余公积为（　　）万元。
　　A. 20　　　　　　　B. 80　　　　　　　C. 100　　　　　　　D. 180

6. 某企业年初所有者权益总额为 210 万元，当年以资本公积转增资本 50 万元，当年实现净利润 350 万元，提取盈余公积 35 万元，向投资者分配利润 15 万元。该企业年末所有者权益总额为（　　）万元。
　　A. 560　　　　　　　B. 510　　　　　　　C. 545　　　　　　　D. 525

7. 企业的未分配利润属于（　　）。
　　A. 所有者权益　　　B. 资产　　　　　　C. 负债　　　　　　D. 收入

8. 企业经股东大会或类似机构决议，向股东分配股票股利时，应贷记（　　）科目。
　　A. 应付股利　　　　B. 本年利润　　　　C. 股本　　　　　　D. 资本公积

9. 某企业 2×20 年 12 月 31 日所有者权益情况如下：实收资本 2 000 万元，资本公积 170 万元，盈余公积 380 万元，未分配利润 320 万元。则该企业 12 月 31 日的留存收益为（　　）万元。
　　A. 380　　　　　　　B. 320　　　　　　　C. 700　　　　　　　D. 870

10. 下列项目中，因企业历年剩余的净收益累积形成，且指定用途的所有者权益项目是（　　）。

A. 其他综合收益　　　B. 资本公积　　　C. 盈余公积　　　D. 未分配利润

11. 股份有限公司发行权益性证券时所支付的手续费、佣金等发行费用，其正确的会计处理是（　　）。
   A. 计入财务费用　　　　　　　　B. 计入长期待摊费用
   C. 计入管理费用　　　　　　　　D. 冲减发行溢价收入

12. 某股份有限公司经批准对外发行普通股股票 3 000 万股，每股面值 1 元，每股发行价 5 元，发行成功款项入账。按协议规定，按发行总价的 0.2% 向证券发行机构支付发行费用（已从入账款项中扣除）。该公司应确认的"资本公积——股本溢价"的金额为（　　）万元。
   A. 15 000　　　B. 12 000　　　C. 14 970　　　D. 11 970

13. 甲公司由两位投资者各出资 400 万元成立。两年后，为扩大经营规模，经有关部门批准，公司注册资本增加到 1 200 万元，有一新投资者加入。按照投资协议，新投资者需投入现金 500 万元，同时享有该公司 1/3 的股份。甲公司已收到该现金投资。假定不考虑其他因素，甲公司接受新投资者投资时应确认的资本公积为（　　）万元。
   A. 600　　　B. 500　　　C. 400　　　D. 100

14. 甲公司年初未分配利润为 500 万元，本年实现净利润 600 万元，按照 10% 计提法定盈余公积，按 5% 计提任意盈余公积，宣告发放现金股利 50 万元，发放股票股利 50 万元，盈余公积转增资本数额为 50 万元。则甲公司年末未分配利润为（　　）万元。
   A. 960　　　B. 860　　　C. 825　　　D. 910

15. 乙公司年初未分配利润为 50 万元，本年实现的净利润为 100 万元，分别按照 10% 和 5% 计提法定盈余公积和任意盈余公积，则乙公司可供投资者分配的利润为（　　）万元。
   A. 150　　　B. 135　　　C. 100　　　D. 140

16. 下列各项中，属于优惠幅度最大的优先股是（　　）。
   A. 参与累积优先股　　　　　　　B. 参与非累积优先股
   C. 非参与累积优先股　　　　　　D. 非参与非累积优先股

17. 下列关于计提法定盈余公积的说法不正确的是（　　）。
   A. 公司制企业应按净利润（减弥补以前年度亏损）的 10% 提取法定盈余公积
   B. 非公司制企业法定盈余公积的提取比例可超过净利润的 10%
   C. 在计算本年提取法定盈余公积的基数时，应包括年初未分配利润
   D. 公司制企业法定盈余公积累计额已达到注册资本的 50% 时可以不再提取

18. 下列因素中，不影响每股账面价值的是（　　）。
   A. 发放现金股利　　　　　　　　B. 发放股票股利
   C. 增发新股　　　　　　　　　　D. 清偿应付账款

19. 甲、乙均为增值税一般纳税人，适用的增值税税率均为 13%，甲公司接受乙公司投入的商品一批，账面价值为 180 万元，双方确认价值为 200 万元，接受投资后甲公司注册资本为 800 万元，乙公司投入的商品在甲公司注册资本中占有的份额为 20%。甲公司资

本公积应增加（　　）万元。

　　A. 226　　　　　B. 160　　　　　C. 66　　　　　D. 40

20. 甲公司2×20年年初发行在外的普通股股数为20 000万股；3月1日新发行普通股10 800万股；12月1日回购普通股4 800万股，以备将来奖励职工之用。该公司当年度实现的归属于普通股股东的净利润为6 500万元。甲公司2×20年度基本每股收益为（　　）元/股。

　　A. 0.325　　　　B. 0.23　　　　C. 0.25　　　　D. 0.26

（二）多项选择题

1. 下列项目中，属于资产负债表中列项的所有者权益项目有（　　）。

　　A. 实收资本　　　　　　　　　　B. 资本公积
　　C. 未分配利润　　　　　　　　　D. 其他综合收益

2. 下列关于负债与所有者权益的区别表述正确的有（　　）。

　　A. 负债有偿还期限，所有者权益一般不存在约定的偿还日期
　　B. 所有者享有收益分配、参与经营管理的权利，债权人没有
　　C. 债权人对企业资产的要求权优先于所有者
　　D. 负债必须在发生时按照规定的方法单独予以计量，所有者权益则不必单独计量

3. 下列表述中，体现出有限责任公司和股份有限公司的明显区别的有（　　）。

　　A. 公司的资本总额是否由等额股份构成
　　B. 公司能否对外公开募集股份而发行股票
　　C. 公司的所有权和经营权是否分离
　　D. 公司的所有者是否对债务承担连带责任

4. 下列各项中，不属于资本公积用途的有（　　）。

　　A. 弥补亏损　　　　　　　　　　B. 发放股利
　　C. 转增资本　　　　　　　　　　D. 转为盈余公积

5. 下列各项中，属于留存收益的有（　　）。

　　A. 法定盈余公积　　　　　　　　B. 任意盈余公积
　　C. 其他综合收益　　　　　　　　D. 未分配利润

6. 下列各项中，不会引起所有者权益总额发生变动的有（　　）。

　　A. 用盈余公积弥补亏损　　　　　B. 向投资者分配利润
　　C. 将资本公积转增资本　　　　　D. 提取盈余公积

7. 盈余公积可用于（　　）。

　　A. 弥补亏损　　　　　　　　　　B. 转增股本
　　C. 扩大生产经营　　　　　　　　D. 发放现金股利

8. 企业自行弥补亏损的合法渠道包括（　　）。

　　A. 用以后年度税前利润弥补　　　B. 用以后年度税后利润弥补
　　C. 用盈余公积弥补　　　　　　　D. 用资本公积弥补

9. 对于企业未分配利润的理解，下列表述正确的有（　　）。

A. 属于企业尚未指定用途的留存收益

B. 这部分净利润不再参与企业以后年度的利润分配

C. 未分配利润在报表中可能会以负数填列，表示该企业至本期末为止的累积尚未弥补亏损

D. 未分配利润应在资产负债表所有者权益中单独列项反映

10. 对于企业组织形式，下列表述中正确的有（　　）。

A. 独资企业与合伙企业的所有者对企业的债务承担无限责任

B. 有限责任公司允许设立一人公司，国有独资公司也属于有限责任公司

C. 有限责任公司与股份有限公司的重要区别之一是前者资本不等额，而后者资本等额

D. 公司制企业具有法人资格，其股份均可以公开交易、转让，没有严格限制

11. 有限责任公司实收资本增加的途径通常包括（　　）。

A. 接受投资者追加投资　　　　　　B. 资本公积转增资本

C. 盈余公积转增资本　　　　　　　D. 企业当年实现盈利

12. 股份有限公司在吸收投资者入股时，下列会计科目可能会发生变化的有（　　）。

A. 未分配利润　　B. 股本　　　C. 资本公积　　　D. 盈余公积

13. 从利润中形成的所有者权益包括（　　）。

A. 资本公积　　　　　　　　　　　B. 其他综合收益

C. 盈余公积　　　　　　　　　　　D. 未分配利润

14. 甲股份有限公司公开发行普通股 1 000 万股，每股面值为 1 元，每股发行价格为 4 元，甲公司以银行存款支付发行费用、佣金等共计 150 万元，则以下说法正确的有（　　）。

A. 计入股本的金额为 1 000 万元　　B. 计入股本的金额为 4 000 万元

C. 实际收到的银行存款为 3 850 万元　D. 计入资本公积的金额为 2 850 万元

15. 下列各项中，能同时引起资产和所有者权益发生增减变动的有（　　）。

A. 用盈余公积弥补亏损　　　　　　B. 宣告分派现金股利

C. 减少实收资本　　　　　　　　　D. 投资者投入资本

16. 下列各项中，属于资本公积来源的有（　　）。

A. 盈余公积转入　　　　　　　　　B. 股本溢价

C. 资本溢价　　　　　　　　　　　D. 从企业实现的净利润提取

17. 下列各项中，会引起"股本"科目金额增加的有（　　）。

A. 将资本公积转增资本　　　　　　B. 将盈余公积转增资本

C. 注销库存股　　　　　　　　　　D. 发行普通股

18. 下列各项中，能够引起所有者权益总额变化的有（　　）。

A. 增发新股　　　　　　　　　　　B. 将盈余公积转增资本

C. 向股东支付已宣告分配的现金股利　D. 回购本公司股票

19. 下列各项关于每股收益的表述中，正确的有（　　）。

A. 在计算基本每股收益时，其分母不包括库存股
B. 在计算合并财务报表的每股收益时，其分子应包括少数股东损益
C. 计算基本每股收益时，当期发行在外普通股的加权平均数等于期初发行在外普通股股数加上当期新发行股数减去当期回购的股数
D. 新发行的普通股一般应自发行日起计入到发行在外普通股股数当中

20. 企业计算稀释性潜在普通股转换为已发行普通股而增加的普通股股数的加权平均数时，下列说法中正确的有（　　）。
A. 以前期间发行的稀释性潜在普通股，应假设在当期期初转换为普通股
B. 当期发行的稀释性潜在普通股，应假设在发行日转换为普通股
C. 不考虑以前期间发行的稀释性潜在普通股
D. 当期发行的稀释性潜在普通股，应假设在当期期初转换为普通股

（三）判断题

1. 股份有限公司"股本"账户的期末贷方余额就是股票发行价与发行股数的乘积。　　　　　　　　　　　　　　　　　　　　　　　　　　　　（　　）
2. 当企业投资者投入的资本高于其在注册资本中所占份额时，应当将高出的部分计入营业外收入。　　　　　　　　　　　　　　　　　　　　　　（　　）
3. 当盈余公积达到净资产的50%时，企业可以不再提取盈余公积。（　　）
4. 现金股利会减少企业留存收益总额，股票股利不影响留存收益总额。（　　）
5. 企业用盈余公积转增资本时，其所有者权益总额并不改变。（　　）
6. 留存利润是企业经营所得净利润的积累，所以属于企业所有，而不属于投资者所有。　　　　　　　　　　　　　　　　　　　　　　　　　　　（　　）
7. 企业弥补亏损的渠道主要有盈余公积补亏和以后年度实现的利润补亏。但以后年度实现的利润在弥补亏损时，无论是税前弥补或税后弥补，均不需编制专门的会计分录，所不同的只是税前弥补与税后弥补计算缴纳所得税时的处理不同。（　　）
8. 无论盈利或是亏损企业，"本年利润"科目在年度终了结转"利润分配——未分配利润"明细科目后，"本年利润"科目期末一定无余额。（　　）
9. 公司的法定公积金不足以弥补以前年度亏损的，在提取法定公积金之前，应先用当年利润弥补亏损。（　　）
10. 股份有限公司溢价发行股票时，股票溢价的净收入计入营业外收入。（　　）
11. 其他综合收益与实收资本一样，都是由投资者对企业直接投入形成的。（　　）
12. 公司持有的库存股属于企业的资产。（　　）
13. 股份有限公司发放股票股利时，将留存收益转为股本，对于股东权益总额及每股净资产均无影响。（　　）
14. 股票市场上的股票价格是由公司价值决定的，与股票的面值无关。（　　）
15. 企业发行股票会增加企业的资产和企业的负债。（　　）
16. 公司计提法定盈余公积将减少可供投资者分配的利润。（　　）

17. 实收资本是所有者投入资本形成的，而资本公积、留存收益属于经营过程中形成的。
（　　）

18. 企业计提法定盈余公积是以国家法律法规为依据，计提任意盈余公积是由企业权力机构自行决定的。
（　　）

19. 潜在普通股是否具有稀释性的判断标准是看其对持续经营每股收益的影响，也就是说，假定潜在普通股当期转换为普通股，如果会减少持续经营每股收益或每股亏损，表明具有稀释性，否则，具有反稀释性。
（　　）

20. 计算基本每股收益时，当期发行在外普通股的加权平均数，即期初发行在外普通股股数根据当期新发行或回购的普通股股数进行调整后的股数。
（　　）

（四）业务计算题

1. 某有限责任公司由A、B、C三位投资者共同投资建立，股权比例为1∶2∶1，资本总额为1 600 000元。本年度发生如下经济业务：

（1）公司新吸收投资者D，D以500 000元的现金投资，取得公司1/5的股权，增资后公司注册资本为2 000 000元。

（2）公司决定将盈余公积60 000元转增资本。

（3）公司年末经决策，将全年实现净利润800 000元作如下分配：①提取10%的法定盈余公积金；②提取5%的任意盈余公积金；③向股东分派现金利润400 000元。

要求：根据以上资料编制该公司有关业务的会计分录。

2. 某股份有限公司以募集的方式设立，核定注册资本为1 000万元（普通股1 000万股，每股面值1元）。除公司发起人认购其股份的40%以外，其余的60%委托证券发行机构向社会公开发行，每股发行价格6元，发行机构按股票发行收入的2%收取发行费用，并直接从股票发行收入中扣除。现股票发行成功，发行收入全部收妥入账。

要求：根据上述资料，编制该公司向社会公开发行股票的会计分录。

3. 甲股份有限公司（以下简称甲公司）发行在外普通股股数4 000万股，每股面值1元。公司适用的所得税税率为25%。2×13～2×20年甲公司发生如下事项：

其一，2×13年1月1日的所有者权益情况如下：股本为4 000万元，资本公积为700万元（其中其他资本公积为300万元，股本溢价为400万元），盈余公积为1 200万元，未分配利润为600万元。2×13年度甲公司实现净利润800万元。

其二，2×14年5月10日股东大会批准董事会提交的利润分配方案：按照10%提取法定盈余公积，按照5%提取任意盈余公积，每股分派0.1元现金股利。

其三，2×14年度甲公司亏损300万元。

其四，2×15年5月1日的股东大会上决议用盈余公积100万元弥补亏损。

其五，此后的2×15～2×20年甲公司均实现小幅盈利，利润总额分别为25万元、40万元、30万元、60万元、45万元、60万元。

要求：假定不考虑其他因素。做如下处理：

（1）根据资料（其一、其二）计算甲公司对2×13年实现的利润进行分配后所有者权益各项目的金额。

（2）根据资料（其二）编制甲公司对 2×13 年实现的利润进行分配的会计分录。

（3）根据资料（其三）编制甲公司 2×14 年度发生亏损的会计分录。

（4）根据资料（其一）~（其三）计算 2×14 年 12 月 31 日甲公司的所有者权益总额。

（5）根据资料（其一）~（其五）计算 2×20 年 12 月 31 日甲公司可供分配的利润。

（注：金额单位以万元表示）。

4. 甲股份有限公司当年归属于普通股股东的净利润为 2 000 万元。该公司年初发行在外的普通股股数为 4 000 万股，7 月 31 日新发行普通股 1 000 万股，10 月 1 日回购普通股 500 万股（准备用于股票期权）。

要求：计算甲公司当年的基本每股收益。

5. 乙股份有限公司 2×20 年当年归属于普通股股东的净利润为 2 000 万元。公司年初发行在外的普通股股数为 4 000 万股，年内普通股股数未发生其他变化。2×20 年 1 月 1 日乙公司按面值发行 2 000 万元的 3 年期可转换公司债券，每张债券的面值为 100 元，固定票面利率为 2%，每年年末支付利息一次，自发行日结束 6 个月后即可转换为公司股票，即转股期为发行 6 个月后至债券到期日。转股价格为每股 8 元，即每张债券可转换为 12.5 股面值为 1 元的普通股。该债券的利息计入当期财务费用。假设不考虑可转换公司债券在初始确认时负债和权益成分的分拆，且债券票面利率等于实际利率。该公司的所得税税率为 25%。

要求：计算该公司当年的稀释每股收益。

6. 某公司当年归属于普通股股东的净利润为 2 000 万元，年初发行在外的普通股股数为 4 000 万股，该普通股平均每股市场价格为 10 元，年内普通股股数未发生其他变化。该公司去年 1 月 1 日发行 500 万份认股权证，将于明年 7 月 1 日按每股 8 元的价格认购本公司新发行的普通股。

要求：计算当年末该公司的基本每股收益和稀释每股收益。

（五）名词解释

所有者权益　实收资本（或股本）　资本公积　库存股　留存收益　每股收益　潜在普通股　稀释性潜在普通股　稀释每股收益　资本利润率　资本保值增值率　每股账面价值

（六）简答题

1. 所有者权益与负债的主要区别是什么？
2. 所有者权益的来源及构成是怎样的？
3. 普通股股东有哪些主要权利？
4. 资本公积的来源与用途？
5. 如何理解留存收益？盈余公积与未分配利润有何区别？
6. 如何界定实收资本、资本公积和留存收益的区别？
7. 企业弥补亏损的渠道有哪些？
8. 什么是每股收益？有何重要作用？
9. 稀释每股收益与基本每股收益的关系如何？

四、案例分析

WDS 公司是一家上市公司。公司 2×20 年与股东权益相关的业务及会计处理如下：

（1）2×20 年 3 月 12 日，WDS 公司按照当日股票市场价格每股 18 元回购公司发行在外的股票 100 000 股作为库存股。公司将回购的库存股划分为交易性金融资产。

（2）2×20 年 4 月 16 日，WDS 公司向股东发放了股票股利，每 10 股送 1 股，共计发放普通股股票 300 000 股。公司按照送股日股票市价每股 16 元确认股本增加。

（3）2×20 年 7 月 5 日，WDS 公司按照当日股票市场价格每股 19 元赎回公司发行在外的股票 100 000 股，并予以注销。WDS 公司的股票面值为 1 元。公司将赎回价格与股票面值的差额全部确认为当期的财务费用。

讨论：

1. 发放股票股利与股票回购对公司股东权益的影响有何不同？
2. WDS 公司对上述与股东权益有关的业务处理是否正确？
3. 股票股利与股票回购对每股收益的影响有何不同？

第十章 利润的确定和分配

一、学习目的和要求

通过本章的学习，应了解费用的概念和分类，掌握费用的确认和计量，熟练掌握期间费用的核算；掌握营业外收入与营业外支出的主要内容，了解其他损益项目的核算内容；了解所得税费用采用资产负债表债务法的会计处理；掌握利润的构成及计算与结转，利润的分配顺序及会计处理；掌握会计变更处理的追溯调整法和未来适用法的基本原理，掌握各类会计差错的调整方法，了解会计变更的种类及构成内容；熟悉反映公司盈利能力的指标及计算公式。

二、学习指导

（一）学习要点

1. 期间费用

期间费用是指企业当期发生的，不能直接归属于某个特定产品成本的费用。由于难以判定其所归属的产品，因而不能列入产品制造成本，而在发生的当期直接计入当期损益。期间费用主要包括销售费用、管理费用、财务费用。

销售费用是指企业在销售商品和材料、提供服务的过程中发生的各项费用，以及为销售本企业商品而专设的销售机构（含销售网点、售后服务网点等）的经营费用。企业发生的与专设销售机构相关的固定资产修理费用等后续支出，也属于销售费用，但不包括销售商品本身的成本，该成本属于主营业务成本。企业发生的销售费用在"销售费用"账户中核算，并按费用项目设置明细账进行明细核算。该账户属于损益类账户，企业发生的各项销售费用记在该账户的借方，月终，将借方归集的销售费用全部转入"本年利润"账户的借方，结转后，该账户期末无余额。

管理费用是指企业为组织和管理生产经营活动发生的各种费用，包括企业在筹建期间内发生的开办费、董事会和行政管理部门在企业的经营管理中发生的以及应由企业统一负担的公司经费、聘请中介机构费、咨询费、诉讼费、业务招待费、技术转让费、研究费用等。企业发生的管理费用在"管理费用"账户中核算，并按费用项目设置明细账进行明细核算。该账户属于损益类账户，企业发生的各项管理费用记在该账户的借方，期末，将本账户借方归集的管理费用全部转入"本年利润"账户的借方，结转后，该账户期末无余额。

财务费用是指企业为筹集生产经营所需资金而发生的各项费用，包括利息净支出（减利息收入后的支出）、汇兑净损失（减汇兑收益后的损失）、相关的手续费，以及筹集生产经营资金发生的其他费用等。企业发生的财务费用在"财务费用"账户中核算，并按费用项目设置明细账进行明细核算。该账户属于损益类账户，月终，将归集的财务费用全部转入"本年利润"账户，计入当期损益。结转后，该账户期末无余额。

2. 非核心经营损益与营业外收支

"其他收益"账户专门用于核算与企业日常活动相关，但不宜确认收入或冲减成本费用的政府补助。如增值税即征即退、与资产相关的政府补助确认为递延收益后的分期摊销额等。该账户属于损益类账户，其贷方登记企业发生的其他收益，借方登记期末转入"本年利润"账户的数额，期末结转后应无余额。

"投资收益"账户是用来核算企业以各种方式对外投资取得的收益或发生的损失的账户，该账户属于损益类账户，其贷方登记取得的投资收益或期末投资损失的转出数，借方登记投资损失和期末投资收益的转出数，期末结转后，该账户无余额。该账户应按投资收益的种类设置明细账进行明细分类核算。

"公允价值变动损益"账户是指一项资产在取得之后的计量，即后续采用公允价值计量模式时，期末资产账面价值与其公允价值之间的差额。该账户属于损益类账户，其借方核算因公允价值变动而形成的损失金额和贷方发生额的转出额；贷方核算因公允价值变动而形成的收益金额和借方发生额的转出额。期末结转后，该账户无余额。

根据《企业会计准则第22号——金融工具确认和计量》应用指南，金融资产减值准备所形成的预期信用损失应通过"信用减值损失"科目核算。"信用减值损失"是损益类账户，借方登记损失的增加，贷方登记冲减或结转损失数额，期末结转后无余额。

"资产减值损失"是指企业在资产负债表日，经过对资产的测试，判断资产的可收回金额低于其账面价值而计提资产减值损失准备所确认的相应损失。该账户属于损益类账户，借方登记损失的增加，贷方登记冲减或结转损失数额，期末结转后无余额。

"资产处置损益"主要用来核算固定资产、无形资产、在建工程等因出售、转让等原因，产生的处置利得或损失。该账户属于损益类账户。其借方登记处置固定资产、在建工程及无形资产等非流动资产或资产组业务产生的净损失，贷方登记处置非流动资产或资产组产生的净收益。年末，该账户期末余额转入"本年利润"账户，期末结转后应无余额。

营业外收入，是指企业取得的与日常活动没有直接关系的各项利得，主要包括非流动资产毁损报废利得、罚没利得、政府补助利得、无法支付的应付款项、捐赠利得、盘盈利得等。企业应通过"营业外收入"科目，核算营业外收入的取得及结存情况。该账户属于损益类账户，其贷方登记企业发生的各项营业外收入，借方登记期末转入"本年利润"账户的营业外收入数，期末结转后应无余额。该账户应按营业外收入项目设置明细账，进行明细分类核算。

营业外支出，是指企业发生的与日常活动没有直接关系的各项损失，主要包括非流动资产毁损报废损失、罚款支出、捐赠支出、非常损失、盘亏损失等。企业应通过"营业外支出"科目，核算营业外支出的发生及结存情况。该账户属于损益类账户，其借方登记企业发生的各项营业外支出，贷方登记期末转入"本年利润"账户的营业外支出数，期末结转后应无余额。该账户应按营业外支出项目设置明细账，进行明细分类核算。

营业外收入和营业外支出所包括的收支项目互不相关，不存在配比关系，因此，不得以营业外支出直接冲减营业外收入，也不得以营业外收入抵补营业外支出，两者的发生金额应当分别核算。

3. 所得税与所得税会计

财务会计的目的是为了向信息使用者提供可靠、相关的会计信息，反映企业管理层受托责任履行情况，有助于财务会计报告使用者作出经济决策，其提供信息必须遵循可理解性和及时性等原则。而税法以课税为目的，本着经济合理、公平税负、促进竞争的原则，依据有关税收法规，确定一定时期纳税人应缴纳的税额。由于会计准则和税法在目标、原则和计算方法等方面存在差异，由此导致依据会计制度确定的会计利润与依据税法确定的应纳税所得额（简称应税所得，下同）存在差异，进而导致会计上确定的所得税费用与税法要求的应交所得税也存在差异。

《企业会计准则第 18 号——所得税》准则规定采用资产负债表债务法核算所得税。资产负债表债务法是从资产负债表出发，通过比对资产负债表上列示的资产、负债按照会计准则规定确定的账面价值与按照税法规定确定的计税基础，对于两者之间的差异分别应纳税暂时性差异与可抵扣暂时性差异，确认相关的递延所得税负债与递延所得税资产，并在此基础上确定每一会计期间利润表中的所得税费用。企业进行所得税核算时一般应遵循以下程序：

（1）确定资产负债表中除递延所得税资产和递延所得税负债以外的其他资产和负债项目的账面价值。

（2）确定资产负债表中有关资产、负债项目的计税基础；资产的计税基础，指企业收回资产账面价值的过程中，计算应纳税所得额时按照税法规定可以自应税经济利益中抵扣的金额，即某一项资产在未来期间计税时按照税法规定可以税前扣除的金额。负债的计税基础，指各项负债账面价值减去其在未来期间计算应纳税所得额时按照税法规定可予抵扣的金额。

（3）比较资产、负债的账面价值与其计税基础，分析两者之间的暂时性差异，分别确定当期递延所得税资产和递延所得税负债。《企业会计准则第 18 号——所得税》规定："暂时性差异，是指资产或负债的账面价值与其计税基础之间的差额。未作为资产和负债确认的项目，按照税法规定可以确定其计税基础的，该计税基础与其账面价值之间的差额也属于暂时性差异。"

（4）计算应交所得税。应交所得税是指企业按照国家税法规定，应从生产经营等活动的所得中交纳的税金。由于会计准则与税法收入、费用（税前扣除项目）规定的计算范围、确认时间不同，在纳税时需要将当期实现的会计利润根据税法的规定进行调整为应纳税所得额。

（5）确定利润表中的所得税费用。计算确定了当期所得税及递延所得税以后，利润表中应予确认的所得税费用为两者之和，即：

所得税费用 = 当期所得税 + 递延所得税

4. 利润确定与利润分配

利润是指企业在一定会计期间的经营成果，包括收入减去费用后的净额、直接计入当期利润的利得和损失等。其中，直接计入当期利润的利得和损失，是指应当计入当期损益、最终会引起所有者权益发生增减变动的、与所有者投入资本或者向所有者分配利润无关的利得或者损失。

收入减去费用后的净额反映的是企业日常活动的业绩，直接计入当期利润的利得和损失，反映的是企业非日常活动的业绩。企业应当严格划分收入和利得、费用和损失之间的界限，以更加准确地反映企业的经营业绩。

利润的确认主要依赖于收入和费用，以及直接计入当期利润的利得和损失的确认，利润金额的计量主要取决于收入和费用金额，以及直接计入当期利润的利得和损失金额的计量。

在利润表中，利润的金额分为营业利润、利润总额和净利润三个层次。

营业利润是指企业通过一定期间的日常活动取得的利润。具体构成，可用公式表示如下：

营业利润 = 营业收入 - 营业成本 - 税金及附加 - 销售费用 - 管理费用 - 研发费用
　　　　　- 财务费用 - 资产减值损失 - 信用减值损失 + 其他收益
　　　　　+ 投资收益(- 投资损失) + 公允价值变动收益(- 公允价值变动损失)
　　　　　+ 资产处置收益(- 资产处置损失)

利润总额是指企业一定期间的营业利润，加上营业外收入减去营业外支出后的所得税前利润总额。即：

利润总额 = 营业利润 + 营业外收入 - 营业外支出

净利润是指企业一定期间的利润总额减去所得税费用后的金额，即：

净利润 = 利润总额 - 所得税费用

会计期末，结转本年利润的方法有表结法和账结法两种。表结法下，各损益类科目每月末只需结计出本月发生额和月末累计余额，不结转到"本年利润"科目，只有在年末时才将全年累计余额结转入"本年利润"科目。但每月末要将损益类科目的本月发生额合计数填入利润表的本月数栏，同时，将本月末累计余额填入利润表的本年累计数栏，通过利润表计算反映各期的利润（或亏损）。账结法下，每月末均需编制转账凭证，将在账上结计出的各损益类科目的余额结转入"本年利润"科目。结转后"本年利润"科目的本月余额反映当月实现的利润或发生的亏损，"本年利润"科目的本年余额反映累计实现的利润或发生的亏损。账结法下在各月均可通过"本年利润"科目提供当月及本年累计的利润（或亏损）额，但增加了转账环节和工作量。

在实际会计工作中，应设置"本年利润"作为汇总性账户，定期将全部收入与费用转入该账户，进行收入和费用的配比，以计算当期财务成果。期末，企业将各项收入转入"本年利润"贷方，各项成本费用转入"本年利润"借方。结转后若余额在贷方，则为企业当期实现的利润总额,若为借方余额则为企业当期所发生的亏损总额。年末"本年利润"账户的余额应转入"利润分配"账户,结转后,"本年利润"账户无余额。

企业确定了利润总额并按规定缴纳了所得税后,就可以将实现的净利润进行分配。企业的利润分配,既关系到所有者合法利益的实现,又关系企业的长远发展,必须按法律和会计准则的有关规定进行。

企业应当设置"利润分配"科目,核算利润的分配(或亏损的弥补)情况,以及历年积存的未分配利润(或未弥补亏损)。该科目下应分别设置"提取法定盈余公积金""提取任意盈余公积金""应付投资者利润""转作股本的股利""盈余公积补亏""未分配利润"等明细科目进行明细核算。年度终了,企业应将"利润分配"科目所属其他明细科目余额转入"未分配利润"明细科目,结转后,"利润分配——未分配利润"科目如为贷方余额,表示累计未分配的利润金额;如为借方余额,则表示累计未弥补的亏损金额。

5. 政策变更与前期差错

会计政策,是指企业在会计确认、计量和报告中所采用的原则、基础和会计处理方法。在我国,会计准则属于法规,会计政策所包括的具体会计原则、基础和会计处理方法由企业会计准则规定,企业基本上是在法规所允许的范围内选择适合本企业实际情况的会计政策。所以,会计政策具有强制性和多层次的特点。企业应当披露重要的会计政策,不具有重要性的会计政策,可以不予披露。判断会计政策是否重要,应当主要考虑与会计政策相关的性质和金额。

会计政策变更,是指企业对相同的交易或者事项由原来采用的会计政策改用另一会计政策的行为。一般情况下,为保证会计信息的可比性,使财务报告使用者在比较企业一个以上期间的财务报表时,能够正确判断企业的财务状况、经营成果和现金流量的趋势,企业在不同的会计期间应采用相同的会计政策,不得随意变更。否则,势必削弱会计信息的可比性。符合下列条件之一,企业可以变更会计政策:(1)法律、行政法规或国家统一的会计制度等要求变更。(2)会计政策的变更能够提供更可靠、更相关的会计信息。但是,若本期发生的交易或者事项与以前相比具有本质差别而采用新的会计政策;对初次发生的或不重要的交易或者事项采用新的会计政策,不属于会计政策变更。

会计政策变更的会计处理如下:一是企业依据法律、行政法规或者国家统一的会计制度等的要求变更会计政策的,应当按照国家相关规定执行。二是会计政策变更能够提供更可靠、更相关的会计信息的,应当采用追溯调整法处理,将会计政策变更累积影响数调整列报前期最早初留存收益,其他相关项目的期初余额和列报前期披露的其他比较数据也应当一并调整,但确定该项会计政策变更累积影响数不切实可行的除外。追溯调整法,是指对某项交易或事项变更会计政策,视同该项交易或事项初次发生时即采用变更后的会计政策,并以此对财务报表相关项目进行调整的方法。三是确定会计政策变更对列报前期影响数不切实可行的,应当从可追溯调整的最早期间期初开始应用变更后的会计政策。四是会计政策变更的累积影响数无法计算,在这种情况下,会计政策变更可以采用未来适用法进行处理。

会计估计,是指企业对其结果不确定的交易或事项以最近可利用的信息为基础所做的判断。由此可见,会计估计具有以下特点:一是会计估计的存在是由于经济活动中内在的不确定性因素的影响；二是会计估计应当以最近可利用的信息或资料为基础；三是进行会计估计并不会削弱会计核算的可靠性。

会计估计变更，是指由于资产和负债的当前状况及预期经济利益和义务发生了变化，从而对资产或负债的账面价值或者资产的定期消耗金额进行调整。会计估计变更应采用未来适用法处理，即在会计估计变更当期及以后期间，采用新的会计估计，不改变以前期间的会计估计，也不调整以前期间的报告结果。如果会计估计的变更仅影响变更当期，有关估计变更的影响应于当期确认。如果会计估计的变更既影响变更当期又影响未来期间，有关估计变更的影响在当期及以后各期确认。企业难以对某项变更区分为会计政策变更或会计估计变更的，应当将其作为会计估计变更处理。

前期差错，是指由于没有运用或错误运用下列两种信息，而对前期财务报表造成省略或错报。一是编报前期财务报表时预期能够取得并加以考虑的可靠信息。二是前期财务报告批准报出时能够取得的可靠信息。前期差错的类型包括计算错误、应用会计政策错误、疏忽或曲解事实以及舞弊产生的影响等。前期差错按照重要程度分为重要的前期差错和不重要的前期差错。重要的前期差错，是指足以影响财务报表使用者对企业财务状况、经营成果和现金流量作出正确判断的前期差错。不重要的前期差错，是指不足以影响财务报表使用者对企业财务状况、经营成果和现金流量作出正确判断的前期差错。

对于不重要的前期差错，企业无须调整财务报表相关项目的期初数，但应调整发现当期与前期相同的相关项目。属于影响损益的，应直接计入本期与上期相同的净损益项目。对于重要的前期差错，如果能够合理确定前期差错累积影响数，则重要的前期差错的更正应采用追溯重述法。追溯重述法是指在发现前期差错时，视同该项前期差错从未发生过，从而对财务报表相关项目进行调整的方法。前期差错累积影响数是指前期差错发生后对差错期间每期净利润的影响数之和。如果确定前期差错累积影响数不切实可行，可以从可追溯重述的最早期间开始调整留存收益的期初余额，财务报表其他相关项目的期初余额也应当一并调整，也可以采用未来适用法。重要的前期差错的调整结束后，还应调整发现年度财务报表的年初数和上年数。在编制比较财务报表时，对于比较财务报表期间的重要的前期差错，应调整各该期间的净损益和其他相关项目；对于比较财务报表期间以前的重要的前期差错，应调整比较财务报表最早期间的期初留存收益，财务报表其他相关项目的数字也应一并调整。

公司制企业的股东享有分配股利权。股利是指股东从公司的净收益中所分得的投资报酬。股利的形式以及每股股利的多少，直接影响该股票的实际价格。股利按其分派对象，可以分为优先股股利和普通股股利。优先股股利一般按优先股面值和固定的股利支付率计算。普通股股利则根据公司的盈利水平和股利政策确定。股利按其分派的形式，可以分为现金股利、股票股利、财产股利和负债股利等，其中最为常见的是现金股利和股票股利。

6. 盈利能力分析

盈利能力就是公司赚取利润的能力。反映公司盈利能力的指标很多，通常使用的主要有销售毛利率、销售净利率、总资产报酬率、净资产收益率等。销售毛利率是销售毛利占销售收入的百分比，其中销售毛利是销售收入与销售成本的差。销售毛利率反映产品每1

元销售收入扣除销售成本后，还有多少剩余可用于各期费用和形成利润。销售毛利率越高，表明产品的盈利能力越强。销售毛利率是公司销售净利率的基础，没有足够大的毛利率便不能盈利。

销售净利率是净利润与销售收入之比。销售净利率反映每1元销售收入最终赚取了多少利润，用于反映产品最终的盈利能力。在利润表上，从销售收入到净利润需要扣除销售成本、期间费用、税金等项目。因此，将销售净利率按利润的扣除项目进行分解，可以识别影响销售净利率的主要因素。

总资产报酬率是指一定时期的息税前利润总额与平均资产总额的比率。一般情况下，总资产报酬率越高，表明企业的资产利用效益越好，整个企业盈利能力越强。该指标用于衡量企业利用其资产获取利润的能力，具有较强的可比性，不仅能用于企业自身不同时期的比较——纵向比较；也可在同一时期与本行业水平进行比较——横向比较，从中找出影响该指标的不利因素，以利于企业加强经营管理。

净资产收益率反映公司所有者权益的投资报酬率，也叫净值报酬率或权益报酬率。一般认为，净资产收益率越高，企业自有资本获取收益的能力越强，运营效益越好，对企业投资人、债权人利益的保证程度越高。净资产收益率表示每1元股东资本赚取的净利润，反映资本经营的盈利能力。该指标是企业盈利能力指标的核心，也是杜邦财务指标体系的核心，更是投资者关注的重点。一般来说，净资产收益率越高，股东和债权人的利益保障程度越高。如果企业的净资产收益率在一段时期内持续增长，说明资本盈利能力稳定上升。但净资产收益率不是一个越高越好的概念，分析时要注意企业的财务风险。

（二）学习重点与难点

（1）期间费用的组成内容及账务处理；
（2）营业外收入与营业外支出的主要内容及账务处理；
（3）资产负债表债务法的基本核算程序；
（4）资产与负债计税基础的确定；
（5）所得税费用的构成及核算方法；
（6）利润的构成以及结转的会计处理；
（7）利润分配的顺序及会计处理；
（8）会计政策及其变更的会计处理方法；
（9）会计估计及其变更的会计处理方法；
（10）前期差错的更正方法；
（11）反映公司盈利能力的指标及其计算公式。

三、练习题

（一）单项选择题

1. 以下不应该确认为费用的是（   ）。
A. 长期待摊费用　　　B. 业务招待费　　　C. 销售费用　　　D. 财务费用

2. 下列各项中，不应计入企业管理费用的是（　　）。
   A. 企业在筹建期间内发生的开办费
   B. 计提的生产车间职工养老保险
   C. 聘请中介机构费
   D. 差旅费
3. 企业以银行存款支付银行承兑汇票手续费应借记的会计科目（　　）。
   A. 在建工程　　　B. 研发费用　　　C. 财务费用　　　D. 管理费用
4. 企业将持有的不带息商业汇票向银行申请贴现，支付给银行的贴现利息应记入的会计科目是（　　）。
   A. 财务费用　　　B. 管理费用　　　C. 投资收益　　　D. 营业外支出
5. 下列各项中，应计入期间费用的是（　　）。
   A. 计提车间管理用固定资产的折旧费　　B. 预计产品质量保证损失
   C. 车间管理人员的工资费用　　　　　　D. 销售商品发生的商业折扣
6. 下列各项中，不应计入企业财务费用的是（　　）。
   A. 支付的银行承兑汇票手续费　　B. 支付的银行结算手续费
   C. 确认的短期借款利息费用　　　D. 支付的发行股票手续费
7. 下列各项中，应计入企业管理费用的是（　　）。
   A. 收回应收账款发生的现金折扣　　B. 出售无形资产净损失
   C. 生产车间机器设备的折旧费　　　D. 生产车间发生的排污费
8. 下列各项中，企业应计入销售费用的是（　　）。
   A. 商标法权案发生的诉讼费　　　　B. 行政管理部门负担的工会经费
   C. 专设销售机构固定资产的管理费　D. 向中介机构支付的咨询费
9. 企业计提短期借款的利息时，借方记入的会计科目是（　　）。
   A. 财务费用　　　B. 短期借款　　　C. 应收利息　　　D. 应付利息
10. 某公司 2×20 年支付广告费 300 000 元，银行借款利息费用 20 000 元，以上业务贷记银行存款 320 000 元，可以借记（　　）。
    A. 财务费用 320 000 元　　　B. 销售费用 300 000 元
    C. 管理费用 320 000 元　　　D. 销售费用 320 000 元
11. 甲企业 2×20 年 3 月份发生的费用有：计提车间管理人员工资费用 50 万元，发生管理部门人员工资 30 万元，支付广告宣传费用 40 万元，筹集外币资金发生汇兑损失 10 万元，支付固定资产维修费用 15 万元。则该企业当期的期间费用总额为（　　）万元。
    A. 95　　　　　B. 130　　　　　C. 140　　　　　D. 145
12. 某企业 2×20 年 6 月发生如下费用：支付办公用品费用 10 000 元，预付第三季度房租 9 000 元，支付第二季度利息 6 000 元，其中 4 月、5 月预提利息 4 000 元。则该企业 6 月份应确认的期间费用为（　　）元。
    A. 12 000　　　B. 10 000　　　C. 25 000　　　D. 16 000
13. 2×20 年 11 月份，某企业确认短期借款利息 7.2 万元（不考虑增值税），收到银行活期存款利息收入 1.5 万元，开具银行承兑汇票支付手续费 0.5 万元（不考虑增值税）。不考虑其他因素，11 月份企业利润表中"财务费用"项目的本期金额为（　　）万元。

  A. 5.7　　　　　　B. 5.2　　　　　　C. 7.7　　　　　　D. 6.2

14. 某企业支付给管理人员的工资 50 万元，业务招待费 20 万元，展览费 30 万元，违约金 5 万元，则计入管理费用的金额是（　　）万元。

  A. 55　　　　　　B. 50　　　　　　C. 70　　　　　　D. 100

15. 2×20 年，某公司共发生经营活动短期借款利息费用 90 万元。收到流动资金存款利息收入 1 万元，支付银行承兑汇票手续费 15 万元，不考虑其他因素，2×20 年度发生的财务费用的金额为（　　）万元。

  A. 90　　　　　　B. 105　　　　　　C. 106　　　　　　D. 104

16. 下列各项业务中，不应通过"营业外收入"科目核算的是（　　）。

  A. 存货盘盈
  B. 转销无法偿付的应付账款
  C. 接受现金捐赠
  D. 现金盘盈

17. 下列各项中，企业应计入营业外收入的是（　　）。

  A. 接受固定资产捐赠确认的利得
  B. 销售多余原材料取得的收入
  C. 持有交易性金融资产期间的公允价值变动收益
  D. 转让非专利技术使用权取得的使用费收入

18. 下列各项中，应确认为营业外收入的是（　　）。

  A. 原材料盘盈
  B. 固定资产出租收入
  C. 固定资产盘盈
  D. 无法查明原因的现金溢余

19. 下列各项中，应计入营业外支出的是（　　）。

  A. 结转售出材料的成本
  B. 采购原材料运输途中合理损耗
  C. 自然灾害导致的原材料损失
  D. 管理原因导致的原材料盘亏

20. 下列各项中，应计入营业外支出的是（　　）。

  A. 合同违约金
  B. 法律诉讼费
  C. 出租无形资产的摊销额
  D. 广告宣传费

21. 下列各项中，企业计入"营业外支出"的是（　　）。

  A. 对外捐赠设备支出
  B. 出售闲置设备净损失
  C. 确认房屋减值损失
  D. 原材料因管理不善发生的盘亏净损失

22. 某公司因雷电造成损失共计 250 万元，其中流动资产 100 万元，非流动资产 150 万元，获得保险公司赔偿 80 万元，计入营业外支出的金额为（　　）万元。

  A. 250　　　　　　B. 170　　　　　　C. 150　　　　　　D. 100

23. 2×20 年 9 月，某企业报经批准结转无法查明原因的现金溢余 500 元，转销由于债权单位撤销无法清偿的应付账款 8 000 元，出售管理用设备确认净收益 6 000 元。不考虑其他因素，2×20 年 9 月该企业确认的营业外收入为（   ）元。

A. 14 500   B. 8 500   C. 6 500   D. 14 000

24. 2×20 年 9 月某企业发生捐赠支出 8 万元，非专利技术转让损失 20 万元，补缴税款交纳滞纳金 3 万元。不考虑其他因素，该企业 2×20 年 9 月应记入"营业外支出"科目的金额是（   ）万元。

A. 28   B. 31   C. 11   D. 23

25. 下列各项，不影响企业利润总额的是（   ）。

A. 营业外收入   B. 营业外支出   C. 所得税费用   D. 投资收益

26. 某企业本期营业收入为 1 000 万元，主营业务成本为 500 万元，其他业务成本为 80 万元，资产减值损失为 15 万元，公允价值变动收益为 30 万元，营业外收入 20 万元，营业外支出 10 万元，所得税税率 25%。假定不考虑其他因素，该企业本期净利润为（   ）万元。

A. 408.75   B. 401.25   C. 333.75   D. 130

27. 某企业 2×20 年度的利润总额为 900 万元，其中包括本年收到的国库券利息收入 10 万元；税法规定当期允许扣除的业务招待费为 300 万元，企业当期实际发生业务招待费 410 万元，企业所得税税率为 25%。假定不考虑其他因素，该企业 2×20 年应交的所得税为（   ）万元。

A. 202.5   B. 225   C. 250   D. 252.5

28. 某企业 2×20 年发生亏损 200 万元，2×21 年实现税前会计利润 500 万元，其中包括国债利息收入 20 万元；在营业外支出中有税收滞纳金罚款 30 万元；所得税率为 25%。则该企业 2×21 年的所得税费用为（   ）万元。

A. 112.5   B. 130   C. 150   D. 77.5

29. 下列各项中，不能转入"本年利润"账户借方的是（   ）。

A. 生产成本   B. 主营业务成本   C. 管理费用   D. 财务费用

30. 某工业企业 2×20 年度营业利润为 2 520 万元，主营业务收入为 4 000 万元，财务费用为 15 万元，营业外收入为 50 万元，营业外支出为 40 万元，所得税税率为 25%。假定不考虑其他因素，该企业 2×20 年度的净利润应为（   ）万元。

A. 1 890   B. 1 897.5   C. 1 505.6   D. 2 996.25

31. 甲企业 2×20 年度的利润总额为 4 000 万元，其中包括本年收到的国库券利息收入 80 万元；存款利息收入 40 万元，适用所得税税率为 25%。该企业 2×20 年应交所得税为（   ）万元。

A. 940   B. 980   C. 1 040   D. 1 060

32. 甲公司当期应交所得税为 500 万元，递延所得税负债年初数为 30 万元，年末数为 40 万元，递延所得税资产年初数为 35 万元，年末数 30 万元。则甲公司当期所得税费用为（   ）万元。

A. 515   B. 500   C. 15   D. 505

33. 下列期末结转本年利润的表结法表述正确的是（   ）。

A. 表结法下不需要设置"本年利润"科目

B. 年末不需要将各项损益类科目余额结转入"本年利润"科目

C. 各月末需要将各项损益类科目发生额填入利润表来反映本期的利润（或亏损）

D. 每月末需要编制转账凭证将当期各损益类科目余额结转入"本年利润"科目

34. 下列各项中，关于结转本年利润的方法表述不正确的是（　　）。

A. 表结法减少了月末转账环节工作量，且不影响利润表的编制

B. 账结法无须每月编制转账凭证，仅在年末一次性编制

C. 表结法下每月月末需将损益类科目本月发生额合计数填入利润表的本月数栏目

D. 期末结转本年利润的方法有表结法和账结法两种

35. 下列各项中，年终结转后"利润分配——未分配利润"科目借方余额反映的是（　　）。

A. 历年累积未弥补的亏损
B. 本年实现的净利润
C. 历年累积未分配的利润
D. 本年发生的净亏损

36. 下列各项中，属于会计估计变更的是（　　）。

A. 投资性房地产由成本模式改为公允价值模式进行后续计量

B. 发出存货计价方法的变更

C. 因执行企业会计准则将对子公司的长期股权投资由权益法改为成本法核算

D. 因或有事项确认的预计负债根据最新证据进行调整

37. 下列交易或事项中，应作为会计政策变更处理的是（　　）。

A. 将合同履约进度的确认方法由产出法改为投入法

B. 预计负债初始计量的最佳估计数的确定

C. 因持股比例变化导致长期股权投资从原按权益法核算改为按成本法核算

D. 低值易耗品摊销方法由一次摊销法变更为分次摊销法

38. 下列各项中，不属于会计估计的是（　　）。

A. 固定资产的初始计量

B. 合同履约进度的确定

C. 固定资产预计使用寿命、净残值和折旧方法的确定

D. 预计负债最佳估计数的确定

39. 下列各项负债中，其计税基础为零的是（　　）。

A. 因欠税产生的应交税款滞纳金

B. 因购入存货形成的应付账款

C. 因确认保修费用形成的预计负债

D. 为职工计提的应付养老保险金

40. 企业因下列事项所确认的递延所得税，不计入利润表所得税费用的是（　　）。

A. 期末按公允价值调增其他债券投资的金额，产生的应纳税暂时性差异

B. 期末按公允价值调减交易性金融资产的金额，产生的可抵扣暂时性差异

C. 期末按公允价值调增交易性金融资产的金额，产生的应纳税暂时性差异

D. 期末按公允价值调增投资性房地产的金额，产生的应纳税暂时性差异

（二）多项选择题

1. 下列各项中，关于期间费用的处理正确的有（　　）。
A. 董事会会费应计入管理费用
B. 管理部门的劳动保险费属于销售费用核算的内容
C. 销售人员工资计入销售费用
D. 季节性停工损失应计入管理费用

2. 下列各项中，关于管理费用会计处理表述正确的有（　　）。
A. 无法查明原因的现金短缺应计入管理费用
B. 转销确实无法支付的应付账款应冲减管理费用
C. 行政管理部门负担的工会经费应计入管理费用
D. 企业在筹建期间内发生的开办费应计入管理费用

3. 下列各项中，应在发生时确认为销售费用的有（　　）。
A. 推广新产品的宣传费
B. 销售商品发生的运输费
C. 预计产品质量保证损失
D. 专设销售机构的办公费

4. 下列各项费用，应计入管理费用的有（　　）。
A. 管理部门人员差旅费
B. 业务宣传费
C. 广告费
D. 业务招待费

5. 下列各项中，应计入企业财务费用的有（　　）。
A. 支付的发行股票手续费
B. 支付的银行结算手续费
C. 确认的短期借款利息费
D. 支付的银行承兑汇票手续

6. 下列各项中，导致企业期间费用增加的有（　　）。
A. 外币汇兑损失
B. 计提行政部门固定资产的折旧费
C. 以银行存款支付生产车间的水费
D. 以银行存款偿还银行短期借款的本金

7. 某企业 2×20 年 12 月份发生的费用有：外设销售机构办公费用 40 万元，销售人员工资 30 万元，计提车间用固定资产折旧 20 万元，发生车间管理人员工资 60 万元，支付委托代销商品手续费 60 万元，汇兑收益 40 万元，支付行政部门的业务招待费 20 万元，行政管理人员工资 10 万元。则下列说法正确的有（　　）。
A. 该企业 12 月发生财务费用 −40 万元
B. 该企业 12 月发生销售费用 130 万元
C. 该企业 12 月发生制造费用 20 万元
D. 该企业 12 月发生管理费用 30 万元

8. 下列各项中，应计入营业外收入的有（　　）。
A. 接受捐赠利得
B. 存货收发计量差错形成的盘盈
C. 无形资产出售利得
D. 无法支付的应付账款

9. 下列各项中，影响当期利润表中利润总额的有（　　）。
A. 固定资产盘盈
B. 确认的资产减值损失

C. 对外捐赠固定资产　　　　　　　　D. 无形资产处置利得

10. 下列各项中，不影响企业营业利润的有（　　）。
　A. 所得税费用　　　　　　　　　　　B. 营业外支出
　C. 投资收益　　　　　　　　　　　　D. 公允价值变动损益

11. 下列各项，影响当期利润表中"净利润"项目的有（　　）。
　A. 对外捐赠无形资产　　　　　　　　B. 确认所得税费用
　C. 固定资产盘亏净损失　　　　　　　D. 固定资产出售利得

12. 下列各项中，可能会影响本期所得税费用的有（　　）。
　A. 期末在产品成本　　　　　　　　　B. 本期应交所得税
　C. 本期递延所得税资产借方发生额　　D. 本期递延所得税负债借方发生额

13. 会计期末结转本年利润的方法主要有（　　）。
　A. 表结法　　　B. 账结法　　　C. 品种法　　　D. 分批法

14. 下列错误的会计事项中，对"营业利润"和"利润总额"都不造成影响的有（　　）。
　A. 将罚款支出错登为"其他业务成本"
　B. 将投资收益错登为"其他业务收入"
　C. 将定额内损耗的存货盘亏错登为"营业外支出"
　D. 将出售原材料的成本错登为"主营业务成本"

15. 下列科目中期末余额应转入本年利润的有（　　）。
　A. 财务费用　　　　　　　　　　　　B. 主营业务收入
　C. 营业外收入　　　　　　　　　　　D. 递延收益

16. 下列各项中，计算应纳税所得额需要进行纳税调整的项目有（　　）。
　A. 税收滞纳金　　　　　　　　　　　B. 超过税法规定标准的业务招待费
　C. 国债利息收入　　　　　　　　　　D. 超过税法规定标准的职工福利费

17. 下列各项中，关于期末结转本年利润"账结法"的表述正确的有（　　）。
　A. 每月月末需要编制结转损益凭证
　B. 与"表结法"相比，减少了转账环节和相应的工作量
　C. 每月末将各损益类科目的余额转入"本年利润"科目
　D. "本年利润"科目可以提供当月及本年累计的利润（或亏损）额

18. 下列项目中，应计入营业外支出的有（　　）。
　A. 出售固定资产净损失
　B. 因债务人无力支付欠款而发生的应收账款损失
　C. 对外捐赠支出
　D. 违反经济合同的罚款支出

19. 下列项目中属于直接计入当期利润的利得和损失的有（　　）。
　A. 财务费用　　　B. 管理费用　　　C. 营业外支出　　　D. 营业外收入

20. 下列各项中，影响利润总额的有（　　）。

A. 销售自产电暖风结转的成本　　B. 交易性金融资产公允价值上升
C. 支付的违约费用　　D. 出售固定资产的净收益

21. 下列关于表结法的表述，正确的有（　　）。
A. 增加了转账环节和工作量
B. 各损益类科目月末只需结计出本月发生额和月末累计余额
C. 年末时将全年累计损益类科目余额转入本年利润
D. 不影响有关损益指标的利用

22. 会计估计的特点包括（　　）。
A. 会计估计的存在是由于经济活动中内在的不确定性因素的影响
B. 会计估计应当以最近可利用的信息或资料为基础
C. 会计估计相应会削弱会计核算的可靠性
D. 会计估计是企业进行会计核算的基础

23. 下列交易或事项中，属于会计政策变更的有（　　）。
A. 存货期末计价由按成本计价改为按成本与可变现净值孰低计价
B. 投资性房地产由成本模式计量改为公允价值模式计量
C. 固定资产由按直线法计提折旧改为按年数总和法计提折旧
D. 坏账准备的计提比例由应收账款余额的5%改为10%

24. 下列各项中，应采用未来适用法处理的有（　　）。
A. 企业因账簿超过法定保存期限而销毁，引起会计政策变更累积影响数只能确定账簿保存期限内的部分
B. 企业账簿因不可抗力因素而毁坏，引起累积影响数无法确定
C. 会计政策变更累积影响数能够确定，但法律或行政法规要求对会计政策的变更采用未来适用法
D. 会计估计变更

25. 下列有关会计估计变更的表述中，正确的有（　　）。
A. 会计估计变更，不改变以前期间的会计估计，也不调整以前期间的报告结果
B. 企业难以对某项变更区分为会计政策变更或会计估计变更的，应当将其作为会计估计变更处理
C. 企业难以对某项变更区分为会计政策变更或会计估计变更的，应当将其作为会计政策变更处理
D. 对于会计估计变更，企业应采用未来适用法进行会计处理

26. 企业发生的如下情形中，一般属于前期会计差错的有（　　）。
A. 固定资产盘亏　　B. 以前期间会计舞弊
C. 以前期间漏提折旧　　D. 固定资产盘盈

27. 下列各事项中，计税基础等于账面价值的有（　　）。
A. 应付的购货合同违约金　　B. 计提的国债利息
C. 因产品质量保证计提的预计负债　　D. 应付的税收滞纳金

28. 下列关于资产或负债的计税基础的表述中，正确的有（　　）。
   A. 资产的计税基础，即在未来期间计税时按照税法规定可以税前扣除的金额
   B. 资产的计税基础，即账面价值减去在未来期间计税时按照税法规定可以税前扣除的金额
   C. 负债的计税基础，即在未来期间计税时，按照税法规定可以税前扣除的金额
   D. 负债的计税基础，即账面价值减去在未来期间计税时按照税法规定可以税前扣除的金额

29. 下列项目中，应确认递延所得税负债的有（　　）。
   A. 固定资产账面价值大于其计税基础
   B. 其他债券投资账面价值大于其计税基础
   C. 预计负债账面价值小于其计税基础
   D. 应收账款账面价值小于其计税基础

30. 关于下列各经济业务或事项，产生可抵扣暂时性差异的有（　　）。
   A. 预计产品质量保证确认的预计负债
   B. 当期发生的业务宣传费超支，税法规定可以结转以后年度扣除
   C. 成本模式计量下，计提投资性房地产减值准备
   D. 当期购入交易性金融资产期末公允价值的上升

（三）判断题

1. 期间费用包括管理费用、销售费用、财务费用、营业外支出。（　　）
2. 商品流通企业管理费用不多的，可不设置管理费用科目，其核算内容并入销售费用科目核算。（　　）
3. 企业生产车间发生的固定资产日常维修费，应作为制造费用核算计入产品成本。（　　）
4. 企业当期所得税可能等于所得税费用。（　　）
5. 企业本年实现利润总额 100 万元，发生业务招待费 50 万元，税务部门核定的业务招待费税前扣除标准是 30 万元，假定无其他纳税调整事项，企业在计算本年应纳税所得额时，应该做纳税调减处理。（　　）
6. 企业的所得税费用一定等于企业当年实现的利润总额乘以所得税税率。（　　）
7. 捐赠支出、出租包装物的成本、罚款支出等都计入营业外支出。（　　）
8. 管理费用、资产减值损失、税金及附加和营业外收入都会影响企业的营业利润。（　　）
9. 某企业年初有未弥补亏损 20 万元（亏损弥补已经超过五年），当年实现净利润 15 万元。按有关规定，该年不得提取法定盈余公积。（　　）
10. 企业盘盈的固定资产应该直接计入营业外收入中。（　　）
11. 企业发生毁损的固定资产的净损失，应计入营业外支出，影响营业利润的计算。（　　）

12. 应纳税所得额是在企业税前会计利润（即利润总额）的基础上调整确定的。应交所得税 = 应纳税所得额 × 所得税税率。（　　）

13. 年度终了，只有在企业盈利的情况下，才将"本年利润"科目的本年累计余额转入"利润分配——未分配利润"科目。（　　）

14. 利润反映的是企业在一定会计期间的经营成果，包括收入减去费用后的净额、直接计入当期利润的利得和损失。（　　）

15. 账结法下，各损益类科目每月月末只需统计出本月发生额和月末累计数额，不结转到"本年利润"科目。（　　）

16. 会计估计变更应采用未来适用法处理，即在会计估计变更以前期间及变更当期，均采用新的会计估计，把以前期间也改为现在的会计估计。（　　）

17. 确定会计政策变更对列报前期影响数不切实可行的，应当采用未来适用法处理。（　　）

18. 长期股权投资后续计量时采用的成本法和权益法属于会计政策。（　　）

19. 企业的会计政策变更均应该根据累积影响数调整报表期初数。（　　）

20. 企业选择存货计价方法属于会计政策。（　　）

21. 坏账损失的金额确定属于会计政策。（　　）

22. 坏账损失的核算方法采用直接核销法，还是备抵法属于会计估计。（　　）

23. 对初次发生的或不重要的交易或事项，采用新的会计政策，不属于会计政策变更。（　　）

24. 固定资产的盘亏、盘盈均属于前期差错。（　　）

25. 资产账面价值大于其计税基础，产生可抵扣暂时性差异；负债账面价值小于其计税基础，产生可抵扣暂时性差异。（　　）

26. 利润表中当期所得税部分是根据应纳税所得额与适用所得税税率计算确认的当期应交所得税。（　　）

27. 企业确认的合同负债，其计税基础一定等于其账面价值。（　　）

28. 递延所得税资产发生减值时，企业应将减值金额记入"资产减值损失"科目。（　　）

29. 企业对于产生的可抵扣暂时性差异均应确认相应的递延所得税资产。（　　）

30. 确认递延所得税资产时，应估计相关可抵扣暂时性差异的转回时间，如果转回期间与当期相隔较长时，相关递延所得税资产应予以折现。（　　）

（四）业务计算题

1. 甲公司 2×20 年度取得主营业务收入 6 500 万元，其他业务收入 1 200 万元，其他收益 220 万元，投资收益 1 260 万元，资产处置收益 230 万元，营业外收入 190 万元；发生主营业务成本 4 000 万元，其他业务成本 1 000 万元，税金及附加 200 万元，销售费用 950 万元，管理费用 650 万元，财务费用 300 万元，资产减值损失 200 万元，信用减值损失 150 万元，公允价值变动净损失 100 万元，营业外支出 550 万元，所得税费用 420 万元，该公司按净利润的 10% 提取法定盈余公积，2×20 年度向股东分配现金股利 400 万元。

要求：计算利润表中营业利润、利润总额、净利润、未分配利润的金额。

2. 甲公司 2×20 年度利润总额为 210 万元，其中包括本年收到的国债利息收入 70 万元。该公司适用的所得税税率为 25%。当年的营业外支出中，有 20 万元为税款滞纳金支出。公司递延所得税负债的年初数为 40 万元，年末数为 35 万元。递延所得税资产的年初数为 25 万元，年末数为 15 万元。

除上述事项外，甲企业无其他纳税调整事项。

要求：

（1）计算甲企业 2×20 年度应纳税所得额。

（2）计算甲企业 2×20 年度应交所得税额。

（3）计算甲企业 2×20 年度的所得税费用。

（4）编制甲企业应交所得税的会计分录。

（5）计算甲公司 2×20 年度实现的净利润。

（6）编制甲企业年末结转所得税费用的会计分录。

（答案中的金额单位用万元表示）

（五）名词解释

期间费用　销售费用　管理费用　财务费用　营业外收入　营业外支出　其他收益　投资收益　公允价值变动损益　资产处置损益　信用减值损失　资产减值损失　其他综合收益　综合收益　营业利润　利润总额　所得税费用　计税基础　暂时性差异　递延所得税负债　递延所得税资产　净利润　本年利润　利润分配　会计政策　会计政策变更　会计估计　会计估计变更　前期差错　盈利能力

（六）简答题

1. 期间费用包括的内容有哪些？

2. 说明营业外收支项目所包含的内容。

3. 举例说明营业利润、利润总额、净利润的计算。

4. 所得税的会计核算方法是什么？举例说明会计准则和税法在计算所得税方面存在的差异？

5. 请举例说明递延所得税资产和递延所得税负债确定的过程，以及它们对当期利润的影响。

6. 什么是会计政策？什么是会计政策变更，请举例说明。

7. 什么是会计估计？什么是会计估计变更，请举例说明。

8. 什么是前期差错？说明前期差错的常见类型。

9. 说明利润分配的程序。

10. 评价企业盈利能力的指标主要有哪些？

四、案例分析

JL 股份有限公司主要生产及销售汽车、专用（改装）车、发动机、底盘等汽车总成、及其他零部件,并提供相关的售后服务;从事 E 系列品牌进口汽车的零售、批发;进出口汽车及零部件;经营二手车经销业务;提供与汽车生产和销售相关的企业管理、咨询服务等,是一家集汽车研发、制造和销售的现代化中外合资股份制企业,2×20 年会计师事务所为公司出具了标准无保留意见的审计报告。

表 10-1　　　　　　　　　　　营业收入　　　　　　　　　　　单位:元

项目	2×20 年度合并	2×19 年度合并	2×20 年度公司	2×19 年度公司
一、营业收入	33 095 733 665	29 173 636 262	30 728 247 865	27 013 530 410
减:营业成本	(27 518 509 913)	(24 530 857 150)	(26 277 296 318)	(23 558 653 135)
税金及附加	(837 877 008)	(744 695 131)	(808 544 571)	(715 214 044)
销售费用	(1 544 737 028)	(1 525 883 194)	(226 152 644)	(220 785 082)
管理费用	(1 012 347 173)	(955 566 805)	(806 195 496)	(776 697 100)
研发费用	(1 343 812 092)	(1 776 320 646)	(1 341 100 949)	(1 610 563 277)
财务费用	197 567 513	189 506 963	179 281 512	241 659 728
其中:利息费用	(2 903 955)	(19 232 913)	(2 727 224)	
利息收入	203 950 159	196 071 590	250 902 581	
加:其他收益	268 222 289	246 880 334	246 472 249	18 046 849
投资收益	70 178 856	39 121 245	70 427 986	38 814 164
其中:对联营企业和合营企业的投资收益	(1 438 009)	822 880	(1 438 009)	822 880
公允价值变动收益	721 890	(1 524 631)	(373 178)	(1 524,631)

表 10-2　　　　JL 股份有限公司 2×20 年 12 月 31 日合并及公司利润　　　　单位:元

项目	2×20 年度合并	2×19 年度合并	2×20 年度公司	2×19 年度公司
一、营业收入	33 095 733 665	29 173 636 262	30 728 247 865	27 013 530 410
减:营业成本	(27 518 509 913)	(24 530 857 150)	(26 277 296 318)	(23 558 653 135)
税金及附加	(837 877 008)	(744 695 131)	(808 544 571)	(715 214 044)
销售费用	(1 544 737 028)	(1 525 883 194)	(226 152 644)	(220 785 082)
管理费用	(1 012 347 173)	(955 566 805)	(806 195 496)	(776 697 100)
研发费用	(1 343 812 092)	(1 776 320 646)	(1 341 100 949)	(1 610 563 277)
财务费用	197 567 513	189 506 963	179 281 512	241 659 728
其中:利息费用	(2 903 955)	(19 232 913)	(2 727 224)	
利息收入	203 950 159	196 071 590	250 902 581	
加:其他收益	268 222 289	246 880 334	246 472 249	18 046 849
投资收益	70 178 856	39 121 245	70 427 986	38 814 164
其中:对联营企业和合营企业的投资收益	(1 438 009)	822 880	(1 438 009)	822 880

续表

项目	2×20年度合并	2×19年度合并	2×20年度公司	2×19年度公司
公允价值变动收益	721 890	(1 524 631)	(373 178)	(1 524 631)
信用减值损失	(79 766 249)	(131 701 073)	(56 761 565)	(111 193 097)
资产减值损失	(681 884 784)	(92 395 494)	(1 158 304 106)	(86 284 181)
资产处置收益	(713 072)	(794 016)	(548 969)	(1 959 962)
二、营业利润	(110 593 336)	549 151 816	229 176 642	
加：营业外收入	11 634 917	222 840 220	4 303 815	222 016 703
减：营业外支出	(172 753 545)	(7 261 457)	(30 611 761)	(6 723 923)
三、利润总额	104 985 427	522 843 870	444 469 422	
减：所得税费用	99 040 692	42 826 651	85 506 286	33 775 220
四、净利润	147 812 078	608 350 156	478 244 642	
七、每股收益				
基本每股收益（人民币元）	0.64	0.17	—	—
稀释每股收益（人民币元）	0.64	0.17	—	—

表 10-3 现金流

项目	2×20年金额（元）	2×19年金额（元）	同比增减（%）
经营活动现金流入小计	35 570 910 131.00	32 798 796 157.00	8.45
经营活动现金流出小计	31 872 567 303.00	30 061 928 919.00	6.02
经营活动产生的现金流量净额	3 698 342 828.00	2 736 867 238.00	35.13
投资活动现金流入小计	15 608 879 156.00	9 464 689 154.00	64.92
投资活动现金流出小计	17 522 317 586.00	10 829 783 077.00	61.80
投资活动产生的现金流量净额	-1 913 438 430.00	-1 365 093 923.00	-40.17
筹资活动现金流入小计	2 291 211 222.00	200 000 000.00	1 045.61
筹资活动现金流出小计	1 892 097 149.00	250 716 633.00	654.68
筹资活动产生的现金流量净额	399 114 073.00	-50 716 633.00	886.95
现金及现金等价物净增加额	2 184 018 471.00	1 321 056 682.00	65.32

表 10-4 资产构成重大变动情况

项目	2×20年末 金额（元）	2×20年末 占总资产比例（%）	2×19年末 金额（元）	2×19年末 占总资产比例（%）	%
货币资金	11 121 955 129.00	39.46	8 937 936 658.00	36.78	2.68
应收账款	2 999 883 212.00	10.64	2 208 236 620.00	9.09	1.55

续表

项目	2×20 年末 金额（元）	占总资产比例（%）	2×19 年末 金额（元）	占总资产比例（%）	%
存货	2 086 605 692.00	7.40	1 946 869 092.00	8.01	-0.61
长期股权投资	39 496 548.00	0.14	40 934 557.00	0.17	-0.03
固定资产	5 165 956 410.00	18.33	5 714 489 577.00	23.52	-5.19
在建工程	1 535 497 770.00	5.45	1 498 124 778.00	6.17	-0.72
短期借款	500 000 000.00	1.77	0.00	0.00	1.77
长期借款	2 563 666.00	0.01	3 197 814.00	0.01	0.00

公司普通股利润分配及资本公积金转增股本情况

2×20 年度公司实现净利润 550 698 958 元，加上 2×20 年年初未分配利润 8 373 695 791 元，扣除 2×20 年 7 月 22 日派发的 2019 年度现金分红 60 424 980 元，截至 2×20 年 12 月 31 日止，公司可供股东分配的利润为 8 863 969 769 元。

公司利润分配预案是每 10 股派送 34.76 元（含税）现金股息，按 2×20 年 12 月 31 日总股本 863 214 000 股计算，共计提分红基金 3 000 531 864 元。B 股股息将按股东大会决议日后第一个工作日中国人民银行公布的港币兑换人民币的基准价折为港币派付。本次不进行公积金转增股本。此预案尚需公司 2×20 年度股东大会审议通过。

讨论：根据以上资料和其他相关资料，分析 JL 公司 2×20 年利润的形成、利润的质量和利润分配情况。

第十一章 财务报告的阅读和分析

一、学习目的和要求

本章介绍了财务报告的内容、编制方法以及阅读财务报告常用的分析手段。通过本章的学习,应理解财务报告信息的含义,掌握企业财务报表分析的基本方法和思路,认识体现企业财务活动及效果的指标,培养学生运用企业财务报表分析的基本方法进行财务报表分析的能力。

二、学习指导

(一) 学习要点

1. 阅读财务报告的意义

第一,阅读财务报告有利于信息使用者全面系统地了解企业一定时期的财务状况、经营成果和现金流量,有利于了解企业各项任务指标的完成情况,评价经营业绩,为进行投资决策和经营预测,调整经营方向,改善经营管理水平,提高经济效益等提供依据。

第二,阅读财务报告有利于国家经济管理部门了解国民经济的运行状况。通过对各单位提供的财务报表资料进行汇总和分析,了解和掌握各行业、各地区经济的发展情况,以便宏观调控经济运行,优化资源配置,保证国民经济稳定持续发展。

第三,阅读财务报告有利于投资者、债权人和其他有关各方掌握企业的财务状况、经营成果和现金流量情况,进而分析企业的盈利能力、偿债能力、投资收益、发展前景等,为他们投资、贷款和贸易提供决策依据。

第四,阅读财务报告有利于满足财政、税务、工商、审计等部门监督企业经营管理。通过财务报表可以检查、监督各企业是否遵守国家的各项法律、法规和制度,有无偷税漏税的行为。

2. 财务报告的内容

财务报告包括财务报表和其他应当在财务报告中披露的各项会计信息。财务报表是财务报告的核心内容,是对企业财务状况、经营成果和现金流量的结构性表述,会计报表至少应当包括资产负债表、利润表、现金流量表以及所有者权益变动表和附注。

资产负债表的编制方法,包括:(1) 根据总账有关账户的期末余额直接填列,比如交易性金融资产、短期负债、实收资本等;(2) 根据有关二级账户或明细账户的期末余额直接填列,如待处理财产损溢等;(3)同类的几个总账账户的期末余额合并或抵减填列,如货币资金、存货等;根据总账账户或明细账户的期末余额分析计算填列,如应收账款、预收账款等。为了便于正确编制资产负债表,通常在编表前先根据有关账户期末余额进行分析整理,编制试算平衡表,经试算平衡后再编制资产负债表。资产负债表中的年初数,应根据上年末资产负债表"期末数"栏内所列数字填列。

我国利润表采用多步骤编制方法,根据程序计算下列三个层次的利润:

第一层次:

$$营业利润 = 营业收入 - 营业成本 - 税金及附加 - 管理费用 - 销售费用 - 财务费用 - 资产减值损失 + 公允价值变动损益 + 投资收益$$

第二层次:

$$利润总额 = 营业利润 + 营业外收入 - 营业外支出$$

第三层次:

$$净利润 = 利润总额 - 所得税费用$$

现金流量表包括经营活动产生的现金流量、投资活动产生的现金流量、筹资活动产生的现金流量三大类,根据企业账簿记录的明细内容进行填列。

3. 合并理论

所谓合并理论,实际上是指认识合并财务报表的观点或看问题的角度,即如何看待由母公司与其子公司所组成的企业集团及其内部联系。合并理论主要有母公司理论、实体理论和所有权理论。

母公司理论。该理论将合并财务报表视为母公司本身的财务报表反映的范围扩大来看待,从母公司角度来考虑合并财务报表的合并范围、选择合并处理方法。母公司理论认为合并财务报表主要是为母公司的股东和债权人服务的,强调的是母公司股东的利益。

实体理论。实体理论认为合并财务报表是企业集团各成员企业构成的经济联合体的财务报表,编制合并财务报表是为整个经济体服务的,它强调的是企业集团中所有成员企业所构成的经济实体,它对构成企业集团的持有多数股权的股东和拥有少数股权的股东一视同仁、同等对待,认为只要是企业集团成员股东,无论是拥有多数股权,还是拥有少数股权,都是共同组成的经济实体的股东。

所有权理论。该理论既不强调企业集团中存在的法定控制关系,也不强调企业集团各成员企业所构成的经济实体,而是强调编制合并财务报表的企业对另一企业的经济活动和财务决策的所有权。所有权理论认为,母公司理论和实体理论都不能解决隶属于两个或两个以上企业集团的企业的合并财务报表编制问题。

4. 合并财务报表的合并范围

合并会计报表的合并范围是指纳入合并会计报表的子公司的范围,主要明确哪些子公司应当包括在合并会计报表编报范围之内。根据我国《企业会计准则第33号——合并财务报表》的规定,我国合并会计报表范围应当以控制为基础予以确定。控制是指投资方拥有对被投资方的权力，通过参与被投资方的相关活动而享有可变回报，并且有能力运用对被投资方的权力影响其回报金额。控制有两个必备的要素：一是因涉入被投资方而享有可变回报；二是拥有对被投资方的权力，并且有能力运用对被投资方的权力影响其回报金额。具体包括源于表决权的权力形成的控制和源于合同安排的权力形成的控制两种情况。

5. 合并报表的编制

为了编制合并会计报表，母公司应当统一母子公司的会计政策、会计报表决算日、会计期间和记账本位币；对境外子公司以外币表示的会计报表，按照一定的汇率折算为以母公司的记账本位币表示的会计报表。母公司对子公司的权益性资本应采用权益法进行处理。编制合并报表的程序一般包括设置合并工作底稿、将个别报表数据过入工作底稿并加总、在合并工作底稿中编制调整分录和抵销分录、计算合并金额、填列合并财务报表。

6. 财务报表分析的基本方法

一般可采取水平分析法，共同比分析法以及比率分析法。

（1）水平分析。水平分析法（horizontal analysis），是指将报表资源中不同时期的同一项目数据进行横向对比，研究企业特定经济活动发展变动情况的一种财务分析方法。水平分析法中具体有两种方法：比较分析法（comparative financial statements analysis）和指数趋势分析（index-number trends analysis）。

（2）共同比分析。共同比分析法，又称垂直分析法，是一种财务资料纵向分析方法。共同比分析法与水平分析法相对应，更注重于报表内部各项目的内在结构分析。

共同比分析法应用时，一般有三个基本步骤：

步骤一，计算出表中各项目在总体中所占比重；

步骤二，依据该比重判断该项目在报表中所占位置，其重要性如何；

步骤三，将该比例与基期或上一年度的比重数据相对比，观察其变化趋势。

（3）比率分析。比率分析法是以同一期财务报表上若干重要项目的相关数据相互比较，求出比率，用以分析和评价公司的经营活动以及公司目前和历史状况的一种方法，是财务分析最基本的工具。

7. 财务报表分析的基本内容

财务报表分析主要包括四项内容：获利能力分析、偿债能力分析、资产运营能力分析、成长能力分析。一个公司偿债能力很差，收益能力也不会好；收益能力很差，偿债能力也不会好。提高资产运用效率有利于改善偿债能力和收益能力。偿债能力和收益能力下降，必然表现为现金流动状况恶化。

所以，要注意将各种比率有机联系起来进行全面分析，不可孤立地看某种或某类比率，同时要结合其他分析方法，这样才能对企业的历史、现状和将来有一个详尽的分析和了解，达到财务分析的目的。

（1）盈利能力。

资产报酬率 = 息税前利润/期初期末平均总资产 × 100%

息税前利润 = 净利润 + 利息费用 + 所得税

资本报酬率 = 税后盈利(净收益)/平均资本总额(股东权益) × 100%

(2) 偿债能力。

$$流动比率 = 流动资产/流动负债$$
$$速动比率 = 速动资产/流动负债$$
$$流动资产构成比率 = 每一项流动资产/流动资产总额$$
$$举债经营比率 = 负债总额/总资产净额 \times 100\%$$

(3) 营运能力。

$$应收账款周转率 = \frac{销售收入}{(期初应收账款 + 期末应收账款) \div 2} = \frac{销售收入}{平均应收款}$$

$$存货周转率 = \frac{销售成本}{(期初存货 + 期末存货) \div 2} = \frac{销售成本}{平均商品存货}$$

$$固定资产周转率 = \frac{营业收入}{平均固定资产金额}$$

$$资产周转率 = \frac{营业收入}{平均资产总额}$$

(4) 成长能力

$$利润留存率 = \frac{税后利润 - 应发股利}{税后利润}$$

$$再投资率 = [税后利润/股东权益] \times [(股东盈利 - 股息支付) \div 股东盈利]$$
$$= 资本报酬率 \times 股东盈利保留率$$

(二) 学习重点与难点

(1) 个别及合并财务报表的编制；
(2) 财务报表的分析程序和基本分析方法；
(3) 按报表要素进行分析的基本方法；
(4) 财务报告的综合分析方法；
(5) 运用基本理论对公司报告进行分析的技能。

三、练习题

(一) 单项选择题

1. 下列信息中不属于所有者权益变动表反映的是（　　）。
A. 所有者权益总量的增减变动信息
B. 所有者权益增减变动的重要结构性信息
C. 直接计入所有者权益的利得和损失
D. 企业经营规模和资产结构

2. 下列表述中，关于"资产负债表"的理解不正确的是（　　）。
A. 通过分析资产负债表中各类要素的比重和历史变化，可以了解企业当期经营利润

的状况

　　B. 通过阅读资产负债表可以了解企业的债务比例和偿债能力

　　C. 通过阅读资产负债表可以了解其他各项资源的分布情况

　　D. 通过计算资产负债表中存货项目的比例变化和绝对金额变化可以大致了解企业存货的销售和挤压情况

　3. 下列关于利润表的表述错误的是（　　）。

　　A. 利润表是一种动态的时期报表

　　B. 利润表主要揭示企业在一定时期的收入实现、费用消耗以及由此计算出来的企业利润（或亏损）的情况

　　C. 凭借利润表，可以评价企业生产经营所面临的财务风险、资产的营运效率、企业的获利能力和成长潜力

　　D. 利润表的列报不一定必须充分反映企业经营业绩的主要来源和构成

　4. 我国实务中企业利润表通常采用的形式是（　　）。

　　A. 单步式　　　　B. 多步式　　　　C. 报告式　　　　D. 账户式

　5. 报表使用者通过利润表趋势分析能够（　　）。

　　A. 评价企业收益的不同来源构成

　　B. 评价不同业务的盈利水平和获利能力

　　C. 评价不同业务对企业总盈利水平的影响方向和影响程度

　　D. 对多个会计期间企业的盈利水平及变动趋势进行评价

　6. 下列关于利润表分析的各种表述中错误的是（　　）。

　　A. 通过阅读利润表可以了解企业的核心利润

　　B. 通过阅读利润表可以了解营业利润、利润总额、净利润和综合收益总额这四个关键利润指标

　　C. 通过阅读利润表可以在企业盈利额上升或下降的基础上分析引起变化的主要原因

　　D. 通过阅读利润表可以了解其他资产的利用效率

　7. 现金流量表中对现金流量的分类不包括（　　）。

　　A. 投资活动现金流量　　　　　　B. 筹资活动现金流量

　　C. 日常活动现金流量　　　　　　D. 经营活动现金流量

　8. 现金流量表中，现金流入与现金流出的差额是（　　）。

　　A. 现金流量总额　　　　　　　　B. 现金流量余额

　　C. 现金净流量　　　　　　　　　D. 现金总流量

　9. 下列各项中属于投资活动产生的现金流量是（　　）。

　　A. 购买商品、接受劳务支付的现金

　　B. 取得子公司及其他营业单位支付的现金

　　C. 吸收投资收到的现金

　　D. 收到的利息、手续费及佣金

　10. 现金流量表中，导致企业资本及债务规模和构成发生变化的活动是（　　）。

A. 经营活动 B. 投资活动
C. 筹资活动 D. 长期股权投资

（二）多项选择题

1. 下列项目中属于利润表的项目有（　　）。
  A. 所得税费用 B. 投资收益
  C. 营业收入 D. 长期股权投资
2. 下列属于资产负债表中项目的有（　　）。
  A. 货币资金　　B. 原材料　　C. 存货　　D. 应收账款
3. 下列项目中，反映企业盈利能力的指标有（　　）。
  A. 资产周转率　　B. 偿债能力　　C. 资本回报率　　D. 资产回报率
4. 下列有关速动比率的理解正确的有（　　）。
  A. 速动比率只是揭示了速动资产与流动负债的关系，是一个静态指标
  B. 速动资产包括货币资金、应收账款、应收票据等
  C. 各种预付款项的变现能力也很差
  D. 速动比率是速动资产与速动负债的比值
5. 下列表述不正确的有（　　）。
  A. 企业营运资金越多越好
  B. 流动比率越高说明短期偿债能力越差
  C. 不同行业的速动比率会有很大差别，因此不存在统一的速动比率标准
  D. 资本回报率越高说明盈利能力越强

（三）判断题

1. 在全部净收益一定的情况下，非经营收益越多，收益质量越好。（　　）
2. 短期偿债能力分析要看企业流动资产的多少和质量以及流动负债的多少与质量。（　　）
3. 分析企业的长期偿债能力主要是为了确定企业偿还债务本金和支付债务利息的能力。（　　）
4. 在一定时期内，企业应收账款的周转天数越多，周转次数越少，说明企业的营业资金过多滞留在应收账款上，资金的机会成本变大。（　　）
5. 在一定时期内，企业应收账款的周转天数越多，周转次数越少，说明企业收回应收账款的速度越快，信用销售管理严格。（　　）
6. 存货周转率是衡量和评价企业购入存货、投入生产、销售收回等各环节管理状况的综合性指标。（　　）
7. 存货周转率反映了存货周转速度和存货占用水平。（　　）
8. 资产报酬率是用以衡量公司运用所有投资资源所获经营成效的指标。其比率越高，则表明公司善于运用资产，反之，则资产利用效果差。（　　）
9. 流动比率过大，并不一定表示财务状况良好，尤其是因为应收账款和存货余额过大而引起的流动比率过大，对控制财务风险不利。（　　）

10. 总资产周转的速度越慢,意味着总资产利用效率越高。   (   )

(四) 名词解释

资产结构　资本结构　水平分析法　垂直分析法
利息保障比率　再投资率　利润留存率　股东权益报酬率　股利报酬率　价格盈利比率
会计政策　会计估计变更及差错更正　或有事项

(五) 简答题

1. 财务会计报告目标是什么?
2. 不同的信息使用者,对财务报表的信息要求有哪些不同?
3. 资产负债表的主要项目有哪些?
4. 资产负债表水平分析法和垂直分析法各有什么作用?
5. 利润表主要作用是什么?
6. 如何对利润表进行结构分析?
7. 衡量企业盈利能力的常用财务指标有哪些?
8. 如何对利润表进行趋势分析?
9. 财务报表附注对哪些信息进行披露?
10. 对财务报表附注进行分析时,应该特别关注哪些重点项目?

四、案例分析

1. MT 公司基本情况

自古以来,中国的酒文化源远流长,白酒总是作为饮料出现在各式各样的场合,被中国人赋予了情义、礼仪等许多独特的意义。近两年我国的白酒板块股票也受到了全世界股民的追捧,MT 公司在 2×18 年市值破万亿元,2×19 年营业收入破千亿元,其股票价格曾在 2×21 年 2 月 9 日达到巅峰的 2456.43 元/股,随后价格发生了剧烈的调整和波动。为什么 MT 公司会受到如此多的关注,该企业的盈利能力是否能够撑起如此高的股价?作为会计专业的学生,你看得懂 MT 公司的财务报表吗?

MT 公司贵州省西北部,连接四川和重庆,来往商人多,人流量大,经商环境良好,自古便是商业重镇。由于其独特的河谷地形和赤水河的流经,造就了当地独特的微生物环境和高温湿热天气,外加当地的特殊红壤和本地小红高粱,结合五大要素,这才有了酿造白酒的基本条件。MT 公司旗下产品众多,其中 53°的两种酒贡献了 MT 公司大部分的利润。

2. MT 公司基本财务数据 (见表 11-1)

表 11-1　　　　　　　　　　　　　财务数据

项目	2×17 年	2×18 年	2×19 年	2×20 年
营业总收入 (亿元)	610.63	771.99	888.54	979.93
营业总成本 (亿元)	221.73	258.65	298.12	313.05
非经营性收益 (亿元)	0	0.10	0.05	0.18

续表

项目	2×17年	2×18年	2×19年	2×20年
营业利润（亿元）	389.40	513.43	590.41	666.35
利润总额（亿元）	387.40	508.28	587.83	661.97
净利润（亿元）	290.06	378.30	439.70	495.23
利息费用（亿元）	1.35	1.36	1.46	1.11
综合收益总额（亿元）	290.10	378.30	439.70	495.25
每股收益（元）	21.56	28.02	32.80	37.17
总资产（亿元）	1 346.10	1 598.46	1 830.42	2133.96
总负债（亿元）	385.90	424.38	411.66	456.75
应收账款（元）	0	0	0	0
应收票据（亿元）	12.22	5.63	14.63	15.33
存货（亿元）	220.57	235.07	252.85	288.69
速动资产（亿元）	921.92	1 143.55	1 337.39	1 567.83
流动资产（亿元）	1 142.49	1 378.62	1 590.24	1 856.52
流动负债（亿元）	385.75	424.38	410.93	456.74
固定资产（亿元）	152.44	152.49	151.44	162.25
股利支付（亿元）	138.00	182.64	213.87	242.36

请同学们分析：

1. 根据上述资料，请你分析 MT 公司盈利能力的持久性与稳定性如何？
2. 计算 MT 公司的资产周转率，评价一下公司的资产利用效率、营运能力如何？
3. 评价 MT 公司的偿债能力？
4. 结合当前的 MT 公司股价，你觉得 MT 公司股票值得买入吗？

参考答案

第一章 总 论

（一）单项选择题

1．A 2．D 3．C 4．C 5．A 6．B 7．B 8．D 9．D 10．C 11．A 12．A 13．C 14．C 15．B 16．A 17．D 18．B 19．A 20．B 21．C 22．B 23．A

（二）多项选择题

1．ABCD 2．ABCD 3．CD 4．ABD 5．ABD 6．ABC 7．BCD 8．BC 9．ABD 10．ABCD 11．BCD 12．ABD 13．ACD 14．ABD 15．ABCD 16．AC 17．ABCD 18．BCD

（三）判断题

1．√ 2．× 3．× 4．√ 5．√ 6．× 7．√ 8．× 9．√ 10．× 11．× 12．× 13．√ 14．× 15．× 16．× 17．× 18．× 19．√ 20．× 21．× 22．×

第二章 财务报表与审计报告

（一）单项选择题

1．D 2．B 3．A 4．A 5．C 6．B 7．C 8．C 9．C 10．A 11．B 12．C 13．D 14．C 15．D 16．C 17．B 18．D 19．A 20．D 21．B 22．D 23．D 24．A 25．D

（二）多项选择题

1．ABCD 2．AB 3．AD 4．ABD 5．BD 6．ABCD 7．AD 8．ABD 9．ABC 10．AD 11．ABCD 12．ABC 13．ABC 14．ABD 15．BD 16．ABD 17．AC 18．AB 19．AB 20．ABC 21．ACD 22．BCD 23．ABCD

（三）判断题

1．× 2．× 3．√ 4．× 5．× 6．√ 7．√ 8．× 9．× 10．× 11．√ 12．× 13．× 14．× 15．√ 16．√ 17．× 18．× 19．√ 20．× 21．× 22．√ 23．× 24．√ 25．×

(四) 业务计算题

1. 见下表。

经济业务类型	题号
资产权益同增	(1)(2)
资产权益同减	(4)(6)(9)
资产有增有减	(3)(7)
权益有增有减	(5)(8)

2. 资产总额 = 500 000 + 180 000 − 5 000 + 5 000 = 680 000（元）
负债总额 = 100 000 − 5 000 + 5 000 = 100 000（元）
所有者权益总额 = 400 000 + 180 000 = 580 000（元）

第三章 会计信息的记录与计量

(一) 单项选择题

1. B 2. D 3. D 4. A 5. A 6. C 7. D 8. A 9. B 10. B 11. A
12. D 13. C 14. B 15. B 16. A 17. A 18. B 19. D 20. D

(二) 多项选择题

1. ABC 2. BD 3. AB 4. ABCD 5. BC 6. BC 7. BD 8. ABD 9. ACD
10. AB 11. AC 12. ABD 13. ABCD 14. ABCD 15. ACD 16. BCD 17. ABD
18. ABD 19. ABD 20. ABD

(三) 判断题

1. × 2. × 3. √ 4. × 5. × 6. × 7. × 8. × 9. × 10. × 11. ×
12. × 13. × 14. √ 15. √ 16. × 17. × 18. √ 19. √ 20. √

(四) 业务计算题

1. 计算如下：

库存现金贷方发生额 = 4 800（元）　　　银行存款借方发生额 = 5 100（元）
银行存款期末余额 = 19 800（元）　　　应收账款期初余额 = 19 000（元）
应收账款借方发生额 = 11 000（元）　　原材料贷方发生额 = 7 200（元）
固定资产期初余额 = 140 000（元）　　应付账款贷方发生额 = 18 000（元）
短期借款期初余额 = 30 000（元）　　实收资本贷方发生额 = 10 000（元）
期初余额合计 = 200 000（元）　　　　本期发生额合计 = 72 100（元）
期末余额合计 = 210 000（元）

2. 编制的会计分录如下：

(1) 借：应收账款　　　　　　　　　　　　　　　　　　　　　95 000
　　　贷：主营业务收入　　　　　　　　　　　　　　　　　　　　　95 000

（2）借：原材料　　　　　　　　　　　　　　　　　　92 500
　　　　贷：银行存款　　　　　　　　　　　　　　　　　　90 000
　　　　　　应付账款　　　　　　　　　　　　　　　　　　2 500
（3）借：销售费用　　　　　　　　　　　　　　　　　　900
　　　　贷：银行存款　　　　　　　　　　　　　　　　　　900
（4）借：无形资产　　　　　　　　　　　　　　　　　　500 000
　　　　贷：银行存款　　　　　　　　　　　　　　　　　　500 000
（5）借：财务费用　　　　　　　　　　　　　　　　　　15 400
　　　　贷：应付利息　　　　　　　　　　　　　　　　　　15 400
（6）借：银行存款　　　　　　　　　　　　　　　　　　500 000
　　　　贷：实收资本　　　　　　　　　　　　　　　　　　500 000
（7）借：盈余公积　　　　　　　　　　　　　　　　　　300 000
　　　　贷：实收资本　　　　　　　　　　　　　　　　　　300 000
（8）借：其他应收款　　　　　　　　　　　　　　　　　1 000
　　　　贷：库存现金　　　　　　　　　　　　　　　　　　1 000
（9）借：应付职工薪酬　　　　　　　　　　　　　　　　100 000
　　　　贷：库存现金　　　　　　　　　　　　　　　　　　100 000
（10）借：生产成本　　　　　　　　　　　　　　　　　　8 000
　　　　贷：原材料　　　　　　　　　　　　　　　　　　　8 000
（11）借：库存商品　　　　　　　　　　　　　　　　　　40 000
　　　　贷：生产成本　　　　　　　　　　　　　　　　　　40 000
（12）借：交易性金融资产　　　　　　　　　　　　　　　20 000
　　　　贷：银行存款　　　　　　　　　　　　　　　　　　20 000
（13）借：应付利润（或应付股利）　　　　　　　　　　　100 000
　　　　贷：银行存款　　　　　　　　　　　　　　　　　　100 000
（14）借：预付账款　　　　　　　　　　　　　　　　　　9 000
　　　　贷：银行存款　　　　　　　　　　　　　　　　　　9 000
（15）借：管理费用　　　　　　　　　　　　　　　　　　900
　　　　　　库存现金　　　　　　　　　　　　　　　　　　100
　　　　贷：其他应收款　　　　　　　　　　　　　　　　　1 000
3. 编制会计分录：
（1）借：库存现金　　　　　　　　　　　　　　　　　　1 000
　　　　贷：银行存款　　　　　　　　　　　　　　　　　　1 000
（2）借：原材料　　　　　　　　　　　　　　　　　　　400
　　　　贷：库存现金　　　　　　　　　　　　　　　　　　400
（3）借：应交税费　　　　　　　　　　　　　　　　　　2 000
　　　　贷：银行存款　　　　　　　　　　　　　　　　　　2 000

(4) 借：原材料　　　　　　　　　　　　　　　　　　　8 000
　　　贷：应付账款　　　　　　　　　　　　　　　　　　　　8 000
(5) 借：固定资产　　　　　　　　　　　　　　　　　　35 000
　　　贷：实收资本　　　　　　　　　　　　　　　　　　　35 000
(6) 借：银行存款　　　　　　　　　　　　　　　　　　15 000
　　　贷：短期借款　　　　　　　　　　　　　　　　　　　15 000
(7) 借：应付账款　　　　　　　　　　　　　　　　　　12 000
　　　贷：银行存款　　　　　　　　　　　　　　　　　　　12 000
(8) 借：银行存款　　　　　　　　　　　　　　　　　　 2 900
　　　贷：应收账款　　　　　　　　　　　　　　　　　　　 2 900
(9) 借：固定资产　　　　　　　　　　　　　　　　　　10 000
　　　贷：应付账款　　　　　　　　　　　　　　　　　　　10 000

开设备有关账户并登记期初余额；根据会计分录过账；结出各账户的本期发生额和期末余额。

库存现金			
期初余额	300	(2)	400
(1)	1 000		
本期发生额	1 000	本期发生额	400
期末余额	900		

银行存款			
期初余额	18 000	(1)	1 000
(6)	15 000	(3)	2 000
(8)	2 900	(7)	12 000
本期发生额	17 900	本期发生额	15 000
期末余额	20 900		

应收账款			
期初余额	2 900	(8)	2 900
本期发生额	0	本期发生额	2 900
期末余额	0		

原材料			
期初余额	26 000		
(2)	400		
(4)	8 000		
本期发生额	8 400	本期发生额	0
期末余额	34 400		

库存商品			
期初余额	10 800		
本期发生额	0	本期发生额	0
期末余额	10 800		

固定资产			
期初余额	450 000		
(5)	35 000		
(9)	10 000		
本期发生额	45 000	本期发生额	0
期末余额	495 000		

短期借款				应付账款		
	期初余额	9 000	(7)	12 000	期初余额	5 000
	(6)	15 000			(4)	8 000
					(9)	10 000
本期发生额 0	本期发生额	15 000	本期发生额	12 000	本期发生额	18 000
	期末余额	24 000			期末余额	11 000

应交税费				实收资本		
(3)	2 000	期初余额	2 000			期初余额	492 000
						(5)	35 000
本期发生额	2 000	本期发生额	0	本期发生额	0	本期发生额	35 000
		期末余额	0			期末余额	527 000

编制试算平衡表，见下表。

总分类账户发生额及余额试算平衡表

单位：元

账户名称	期初余额 借方	期初余额 贷方	本期发生额 借方	本期发生额 贷方	期末余额 借方	期末余额 贷方
库存现金	300		1 000	400	900	
银行存款	18 000		17 900	15 000	20 900	
应收账款	2 900		0	2 900	0	
原材料	26 000		8 400	0	34 400	
库存商品	10 800		0	0	10 800	
固定资产	450 000		45 000	0	495 000	
短期借款		9 000	0	15 000		24 000
应付账款		5 000	12 000	18 000		11 000
应交税费		2 000	2 000	0		0
实收资本		492 000	0	35 000		527 000
合计	508 000	508 000	86 300	86 300	562 000	562 000

第四章 收入与速动资产

(一) 单项选择题

1. D 2. C 3. B 4. D 5. B 6. A 7. D 8. B 9. B 10. D 11. D
12. D 13. A 14. D 15. C 16. C 17. A 18. D 19. A 20. B 21. A
22. D

(二) 多项选择题

1. ABC 2. ABD 3. ABCD 4. BCD 5. ACD 6. CD 7. ABC 8. ABCD

9. ABD　10. AC　11. BCD　12. ABD　13. AD　14. CD　15. BC　16. ACD
17. BD　18. ABC

(三) 判断题

1. √　2. ×　3. ×　4. ×　5. ×　6. √　7. ×　8. ×　9. √　10. √　11. ×
12. ×　13. √　14. ×　15. ×　16. ×　17. ×　18. ×

(四) 业务计算题

1. 编制会计分录：

(1) 借：其他应收款——李林　　　　　　　　　　　　　　　　1 500
　　　　贷：银行存款　　　　　　　　　　　　　　　　　　　　　1 500
　借：管理费用　　　　　　　　　　　　　　　　　　　　　　1 440
　　　库存现金　　　　　　　　　　　　　　　　　　　　　　　　60
　　　贷：其他应收款——李林　　　　　　　　　　　　　　　　1 500

(2) 借：库存现金　　　　　　　　　　　　　　　　　　　　13 560
　　　　贷：主营业务收入　　　　　　　　　　　　　　　　　12 000
　　　　　　应交税费——应交增值税（销项税额）　　　　　　 1 560
　借：银行存款　　　　　　　　　　　　　　　　　　　　　13 560
　　　贷：库存现金　　　　　　　　　　　　　　　　　　　　13 560

(3) 借：管理费用　　　　　　　　　　　　　　　　　　　　 1 320
　　　　贷：库存现金　　　　　　　　　　　　　　　　　　　 1 320

(4) 借：银行存款　　　　　　　　　　　　　　　　　　　　56 500
　　　　贷：应收账款　　　　　　　　　　　　　　　　　　　56 500

(5) 借：应付账款　　　　　　　　　　　　　　　　　　　　 6 780
　　　　贷：银行存款　　　　　　　　　　　　　　　　　　　 6 780

(6) 借：应付职工薪酬　　　　　　　　　　　　　　　　　　185 000
　　　　贷：银行存款　　　　　　　　　　　　　　　　　　　185 000

(7) 借：银行存款　　　　　　　　　　　　　　　　　　　　226 000
　　　　贷：主营业务收入　　　　　　　　　　　　　　　　　200 000
　　　　　　应交税费——应交增值税（销项税额）　　　　　　26 000

(8) 借：管理费用　　　　　　　　　　　　　　　　　　　　 　 680
　　　应交税费　　　　　　　　　　　　　　　　　　　　　15 000
　　　贷：银行存款　　　　　　　　　　　　　　　　　　　15 680

(9) 借：库存现金　　　　　　　　　　　　　　　　　　　　 2 000
　　　　贷：银行存款　　　　　　　　　　　　　　　　　　　 2 000

2. 编制相应的会计分录：

(1) 查出现金短缺时：
借：待处理财产损溢——待处理流动资产损溢　　　　　　　　 　150
　　贷：库存现金　　　　　　　　　　　　　　　　　　　　　 　150

（2）查明原因批准处理时：

借：其他应收款　　　　　　　　　　　　　　　　　　　　100
　　管理费用　　　　　　　　　　　　　　　　　　　　　　50
　　贷：待处理财产损溢——待处理流动资产损溢　　　　　　　　150

（3）收到赔款时：

借：库存现金　　　　　　　　　　　　　　　　　　　　　100
　　贷：其他应收款　　　　　　　　　　　　　　　　　　　　100

3. 编制余额调节表，见下表。

银行存款余额调节表

××年5月31日　　　　　　　　　　　　　　　　　　　　　单位：元

项目	金额	项目	金额
银行存款日记账余额	250 870	银行对账单余额	182 650
加：银行已收，企业未收	234 000	加：企业已收，银行未收	450 000
减：银行已付，企业未付	8 720	减：企业已付，银行未付	156 500
调节后余额	476 150	调节后余额	476 150

4. 编制A公司会计分录：

（1）借：应收票据　　　　　　　　　　　　　　　　　　　56 500
　　　　贷：主营业务收入　　　　　　　　　　　　　　　　　50 000
　　　　　　应交税费——应交增值税（销项税额）　　　　　　　6 500

（2）借：银行存款　　　　　　　　　　　　　　　　　　　56 500
　　　　贷：应收票据　　　　　　　　　　　　　　　　　　　56 500

（3）借：应收账款　　　　　　　　　　　　　　　　　　　56 500
　　　　贷：应收票据　　　　　　　　　　　　　　　　　　　56 500

5. 编制销售方会计分录：

（1）假设销售时客户在折扣期内不是极可能取得现金折扣。

①销售实现时：

借：应收账款　　　　　　　　　　　　　　　　　　　　452 000
　　贷：主营业务收入　　　　　　　　　　　　　　　　　　400 000
　　　　应交税费——应交增值税（销项税额）　52 000（400 000×13%）

②收到款项时：（假设现金折扣不考虑增值税）

若本月8日收到款项：

借：银行存款　　　　　　　　　　　　　　　　　　　　444 000
　　主营业务收入　　　　　　　　　　　　　　　　　　　8 000
　　贷：应收账款　　　　　　　　　　　　　　　　　　　452 000

若本月 15 日收到款项：

借：银行存款 448 000
　　主营业务收入 4 000
　　贷：应收账款 452 000

若本月 28 日收到款项：

借：银行存款 452 000
　　贷：应收账款 452 000

（2）假设销售时客户在折扣期内极可能取得现金折扣。

①销售实现时：

借：应收账款 444 000
　　贷：主营业务收入 392 000
　　　　应交税费——应交增值税（销项税额） 52 000（400 000×13%）

②收到款项时：（假设现金折扣不考虑增值税）

若本月 8 日收到款项：

借：银行存款 444 000
　　贷：应收账款 444 000

若本月 15 日收到款项：

借：银行存款 448 000
　　贷：主营业务收入 4 000
　　　　应收账款 444 000

若本月 28 日收到款项：

借：银行存款 452 000
　　贷：主营业务收入 8 000
　　　　应收账款 444 000

6. 按时序编制会计分录：

（1）2×18 年末计提坏账准备：400×10%＝40（万元）

借：信用减值损失 400 000
　　贷：坏账准备 400 000

（2）2×19 年实际发生坏账：

借：坏账准备 420 000
　　贷：应收账款 420 000

（3）2×19 年末提取前"坏账准备"余额＝40－42＝－2，则 2×19 年应计提 520×10%－（－2）＝54（万元）

借：信用减值损失 540 000
　　贷：坏账准备 540 000

（4）2×20 年已确认坏账又收回：

借：应收账款 80 000

　　　　贷：坏账准备　　　　　　　　　　　　　　　　　　　　80 000
　　借：银行存款　　　　　　　　　　　　　　　　　　　　80 000
　　　　贷：应收账款　　　　　　　　　　　　　　　　　　　80 000
　（5）2×20年末提取前"坏账准备"余额 = 52 + 8 = 60（万元），则2×20年应冲销的"坏账准备"为 340×10% - 60 = -26（万元）
　　借：坏账准备　　　　　　　　　　　　　　　　　　　260 000
　　　　贷：信用减值损失　　　　　　　　　　　　　　　　260 000
　（6）2×21年末提取前"坏账准备"余额为34万元，则2×21年提取的"坏账准备"为 380×10% - 34 = 4（万元）
　　借：信用减值损失　　　　　　　　　　　　　　　　　　40 000
　　　　贷：坏账准备　　　　　　　　　　　　　　　　　　　40 000

第五章　存货与销货成本

(一) 单项选择题

1. C　2. C　3. D　4. B　5. D　6. C　7. D　8. A　9. B　10. D　11. C
12. D　13. C　14. B　15. C　16. B　17. B　18. D　19. B　20. B

(二) 多项选择题

1. ABCD　2. AC　3. ABD　4. AB　5. ABCD　6. ABC　7. ABC　8. ACD
9. BCD　10. ACD　11. AC　12. ABC　13. BC　14. ABCD　15. AC　16. AC
17. ABC　18. ABC　19. AD　20. ABC

(三) 判断题

1. √　2. √　3. ×　4. √　5. ×　6. √　7. √　8. ×　9. ×　10. ×　11. ×
12. √　13. ×　14. ×　15. √　16. √　17. ×　18. √　19. ×　20. ×

(四) 业务计算题

1. 成本计算：

（1）先进先出法：

3月11日发出成本 = 500×50 + 200×55 = 36 000（元）

3月18日发出成本 = 300×55 = 16 500（元）

3月30日发出成本 = 100×55 + 400×60 = 29 500（元）

本月发出A材料的实际成本 = 36 000 + 16 500 + 29 500 = 82 000（元）

月末结存A材料的实际成本 = 400×60 = 24 000（元）

或 = 500×50 + (600×55 + 800×60) - 82 000 = 24 000（元）

（2）月末一次加权平均法：

加权平均单价 = (500×50 + 600×55 + 800×60) ÷ (500 + 600 + 800) = 55.8（元/千克）

月末结存A材料的实际成本 = 400×55.8 = 22 320（元）

本月发出A材料的实际成本 = 500×50 + (600×55 + 800×60) - 22 320 = 83 680（元）

(3) 移动加权平均法：

3月5日加权平均单价 = (500×50 + 600×55) ÷ (500 + 600) = 52.73（元/千克）

3月5日结存成本 = 500×50 + 600×55 = 58 000（元）

3月11日结存成本 = 400×52.73 = 21 092（元）

3月11日发出成本 = 58 000 - 21 092 = 36 908（元）

3月18日结存成本 = 100×52.73 = 5 273（元）

3月18日发出成本 = 21 092 - 5 273 = 15 819（元）

3月24日加权平均单价 = (100×52.73 + 800×60) ÷ (100 + 800) = 59.19（元/千克）

3月24日结存成本 = 100×52.73 + 800×60 = 53 273（元）

3月30日结存成本 = 400×59.19 = 23 676（元）

3月30日发出成本 = 53 273 - 23 676 = 29 597（元）

月末结存存货的实际成本 = 23 676（元）

本月发出存货成本 = 36 908 + 15 819 + 29 597 = 82 324（元）

2. 编制会计分录：

(1) 借：在途物资——甲材料　　　　　　　　　　　　　213 000
　　　　应交税费——应交增值税（进项税额）　　　　 27 300
　　　贷：应付账款——M公司　　　　　　　　　　　　237 300
　　　　　银行存款　　　　　　　　　　　　　　　　　　3 000

(2) 借：原材料——甲材料　　　　　　　　　　　　　　213 000
　　　贷：在途物资——甲材料　　　　　　　　　　　　213 000

(3) 借：生产成本——A产品　　　　　　　　　　　　　160 000
　　　　　　　　——B产品　　　　　　　　　　　　　140 000
　　　贷：原材料——甲材料　　　　　　　　　　　　　160 000
　　　　　　　　——乙材料　　　　　　　　　　　　　140 000

(4) 借：制造费用　　　　　　　　　　　　　　　　　　2 000
　　　贷：银行存款　　　　　　　　　　　　　　　　　2 000

(5) 借：生产成本——A产品　　　　　　　　　　　　　820 000
　　　　　　　　——B产品　　　　　　　　　　　　　700 000
　　　　制造费用　　　　　　　　　　　　　　　　　　80 000
　　　　管理费用　　　　　　　　　　　　　　　　　　160 000
　　　贷：应付职工薪酬　　　　　　　　　　　　　　1 760 000

(6) 借：制造费用　　　　　　　　　　　　　　　　　　3 200
　　　　管理费用　　　　　　　　　　　　　　　　　　1 800
　　　贷：应付账款　　　　　　　　　　　　　　　　　5 000

(7) 借：制造费用　　　　　　　　　　　　　　　　　　6 000
　　　　管理费用　　　　　　　　　　　　　　　　　　4 000
　　　贷：累计折旧　　　　　　　　　　　　　　　　　10 000

（8）制造费用总额 = 2 000 + 80 000 + 3 200 + 6 000 = 91 200（元）

制造费用分配率 = 91 200 ÷（820 000 + 700 000）= 0.06

A 产品应分配制造费用 = 820 000 × 0.06 = 49 200（元）

B 产品应分配制造费用 = 700 000 × 0.06 = 42 000（元）

借：生产成本——A 产品　　　　　　　　　　　　　　49 200
　　　　——B 产品　　　　　　　　　　　　　　42 000
　　贷：制造费用　　　　　　　　　　　　　　　　　91 200

（9）A 产品生产成本 = 160 000 + 820 000 + 49 200 = 1 029 200（元）

借：库存商品——A 产品　　　　　　　　　　　　　1 029 200
　　贷：生产成本——A 产品　　　　　　　　　　　1 029 200

（10）借：应收账款——W 公司　　　　　　　　　　　67 800
　　　　贷：主营业务收入　　　　　　　　　　　　　60 000
　　　　　　应交税费——应交增值税（销项税额）　　 7 800

（11）借：主营业务成本　　　　　　　　　　　　　　48 000
　　　　贷：库存商品——A 产品　　　　　　　　　　48 000

3. 编制材料毁损会计分录：

（1）批准处理前：

借：待处理财产损溢——待处理流动资产损溢　　　　 2 000
　　贷：原材料　　　　　　　　　　　　　　　　　 2 000

（2）批准处理后：

借：其他应收款——××保管员　　　　　　　　　　　 600
　　管理费用　　　　　　　　　　　　　　　　　　 1 520
　　原材料　　　　　　　　　　　　　　　　　　　　140
　　贷：待处理财产损溢——待处理流动资产损溢　　 2 000
　　　　应交税费——应交增值税（进项税额转出）　　260 = 650 × 40%

4. 编制跌价准备的会计分录：

（1）2×19 年末：

可变现净值低于成本的差额 = 1 400 000 – 1 360 000 = 40 000（元）

本期应计提存货跌价准备金额 = 40 000 – 0 = 40 000（元）

借：资产减值损失　　　　　　　　　　　　　　　　40 000
　　贷：存货跌价准备——A 产品　　　　　　　　　40 000

（2）2×20 年度中间，销售了部分 A 产品，销售时结转已销售 A 产品已计提的存货跌价准备：

借：存货跌价准备　　　　　　　　　　　　　　　　32 000
　　贷：主营业务成本　　　　　　　　　　　　　　32 000

（3）2×20 年末：

计提前"存货跌价准备"科目贷方余额 = 40 000 – 32 000 = 8 000（元）

可变现净值低于成本的差额 = 1 600 000 − 1 500 000 = 100 000（元）

本期应计提的存货跌价准备 = 100 000 − 8 000 = 92 000（元）

借：资产减值损失　　　　　　　　　　　　　　　　　　　92 000

　　贷：存货跌价准备——A产品　　　　　　　　　　　　　　　92 000

5. 计算结果：

存货周转率 = 2 400/[(200 + 400)/2] = 8

存货周转天数 = 360/8 = 45

销售成本率 = 2 400/4 000 = 60%

第六章　对内投资

（一）单项选择题

1. B　2. B　3. C　4. D　5. A　6. C　7. B　8. A　9. D　10. C　11. B
12. B　13. C　14. D　15. D　16. D　17. B　18. D　19. B　20. C　21. A
22. A　23. C　24. D　25. A

（二）多项选择题

1. ABCD　2. ABC　3. ABD　4. BC　5. AB　6. CD　7. ABD　8. ABCD
9. ABC　10. ABCD　11. ABCD　12. ABCD　13. BD　14. BCD　15. BC
16. ABC　17. AB　18. ABC　19. ACD　20. ABCD　21. ABC　22. ABCD
23. ABD　24. ABCD　25. AD

（三）判断题

1. √　2. ×　3. √　4. ×　5. ×　6. √　7. ×　8. √　9. ×　10. √　11. √
12. ×　13. ×　14. ×　15. ×　16. ×　17. ×　18. ×　19. ×　20. √
21. ×　22. ×　23. √　24. √　25. ×

（四）业务计算题参考答案（金额单位以万元表示）

1. 编制会计分录：

(1) 借：固定资产　　　　　　　　　　　　　　　　　　　　32

　　　应交税费——应交增值税（进项税额）　　　　　　　　4.16

　　　　贷：银行存款　　　　　　　　　　　　　　　　　　　36.16

(2) 借：在建工程　　　　　　　　　　　　　　　　　　　　18.6

　　　应交税费——应交增值税（进项税额）　　　　　　　　2.34

　　　　贷：银行存款　　　　　　　　　　　　　　　　　　　20.94

　　借：在建工程　　　　　　　　　　　　　　　　　　　　0.2

　　　　贷：银行存款　　　　　　　　　　　　　　　　　　　0.2

　　借：固定资产　　　　　　　　　　　　　　　　　　　　18.8

　　　　贷：在建工程　　　　　　　　　　　　　　　　　　　18.8

(3) 借：在建工程　　　　　　　　　　　　　　　　　　　　50

　　　　　贷：实收资本　　　　　　　　　　　　　　　　　　　　　　　40
　　　　　　　　资本公积　　　　　　　　　　　　　　　　　　　　　　10
　　借：在建工程　　　　　　　　　　　　　　　　　　　　　　　　　　2
　　　　　贷：银行存款　　　　　　　　　　　　　　　　　　　　　　　2
　　借：固定资产　　　　　　　　　　　　　　　　　　　　　　　　　　52
　　　　　贷：在建工程　　　　　　　　　　　　　　　　　　　　　　　52

2. 计算折旧和编制会计分录：

（1）平均年限法：2×20 年折旧额 = 20×（1-5%）×9÷（5×12）= 2.85（万元）

2×21 年折旧额 = 20×（1-5%）×12÷（5×12）= 3.8（万元）

工作量法：2×20 年折旧额 = 20×（1-5%）×1 200÷5 000 = 4.56（万元）

2×21 年折旧额 = 20×（1-5%）×1 500÷5 000 = 5.7（万元）

双倍余额递减法：2×20 年折旧额 = 20×40%×9÷12 = 6（万元）

2×21 年折旧额 =（20×40%×3÷12）+（14×40%×9÷12）= 6.2（万元）

年数总和法：2×20 年折旧额 = 20×（1-5%）×5/15×9÷12 = 4.75（万元）

2×21 年折旧额 = 19×5/15×3÷12 + 19×4/15×9÷12 = 5.383（万元）

（2）

折旧方法	会计分录	2×20 年 4 月计提折旧额	2×21 年 4 月计提折旧额
平均年限法	借：制造费用 　贷：累计折旧	3 166.67	3 166.67
工作量法		7 600	7 600
双倍余额递减法		6 666.67	4 666.67
年数总和法		5 277.78	4 222.22

3. 编制相关会计分录：

（1）金额单位以万元表示

　　借：固定资产清理　　　　　　　　　　　　　　　　　　　　　　　22
　　　　累计折旧　　　　　　　　　　　　　　　　　　　　　　　　　18
　　　　　贷：固定资产　　　　　　　　　　　　　　　　　　　　　　40
　　借：营业外支出　　　　　　　　　　　　　　　　　　　　　　　　22
　　　　　贷：固定资产清理　　　　　　　　　　　　　　　　　　　　22
　　（2）借：固定资产清理　　　　　　　　　　　　　　　　　　　　　22
　　　　　　累计折旧　　　　　　　　　　　　　　　　　　　　　　　18
　　　　　　　贷：固定资产　　　　　　　　　　　　　　　　　　　　40
　　借：银行存款　　　　　　　　　　　　　　　　　　　　　　　　　36.75
　　　　　贷：固定资产清理　　　　　　　　　　　　　　　　　　　　35
　　　　　　　应交税费——应交增值税（销项税额）　　　　　　　　　1.75
　　借：固定资产清理　　　　　　　　　　　　　　　　　　　　　　　13

贷：资产处置损益	13
（3）借：固定资产清理	22
累计折旧	18
贷：固定资产	40
借：固定资产清理	1
贷：银行存款	1
借：原材料	1.5
其他应收款——保险公司	20
贷：固定资产清理	21.5
借：营业外支出	1.5
贷：固定资产清理	1.5
（4）借：待处理财产损溢——待处理固定资产损溢	22
累计折旧	18
贷：固定资产	40
借：营业外支出	22
贷：待处理财产损溢——待处理固定资产损溢	22

4. 甲企业的会计处理：

（1）借：无形资产——专利权 A	40
贷：银行存款	40

2×20 年应计提摊销额 = 40÷5 = 8

借：管理费用	8
贷：累计摊销	8
（2）借：无形资产——商标权 B	100
贷：实收资本	100

2×20 年应计提摊销额 = 100÷6×9/12 = 12.5

借：管理费用	12.5
贷：无形资产	12.5
（3）借：无形资产——专利权 C	60
贷：营业外收入	60

2×20 年应计提摊销额 = 60÷3×3/12 = 5

借：管理费用	5
贷：无形资产	5
（4）借：银行存款	29.68
累计摊销	35
贷：无形资产	60
应交税费——应交增值税（销项税额）	1.68
资产处置损益	3

5. 编制相关会计分录：

(1) 借：无形资产——专利权　　　　　　　　　　　　　600
　　　　应交税费——应交增值税（进项税额）　　　　　　78
　　　　　贷：银行存款　　　　　　　　　　　　　　　　　　678

(2) 2×23年，每年计提摊销额60万元

借：管理费用　　　　　　　　　　　　　　　　　　　　60
　　贷：累计摊销　　　　　　　　　　　　　　　　　　　　60

2×23年计提减值准备60万元，2×24年计提摊销额50万元

借：银行存款　　　　　　　　　　　　　　　　　　　　212
　　累计摊销　　　　　　　　　　　　　　　　　　　　290
　　无形资产减值准备　　　　　　　　　　　　　　　　　60
　　资产处置损益　　　　　　　　　　　　　　　　　　　50
　　贷：无形资产——专利权　　　　　　　　　　　　　　600
　　　　应交税费——应交增值税（销项税额）　　　　　　12

第七章　对外投资

（一）单项选择题

1. A　2. B　3. C　4. A　5. B　6. A　7. B　8. B　9. B　10. A　11. A
12. B　13. B　14. D　15. A

（二）多项选择题

1. ABCD　2. ABCD　3. ABC　4. BD　5. AB　6. ABC　7. ACD　8. ABD
9. CD　10. ACD　11. AB　12. ABC　13. AB　14. ABC　15. AD

（三）判断题

1. ×　2. √　3. √　4. √　5. ×　6. ×　7. ×　8. √　9. ×　10. √　11. √
12. √　13. √　14. ×　15. √

（四）业务计算题

1. 答案：

(1) 6月8日，购入乙公司股票：

借：交易性金融资产——成本　　　　　　　　　　　　1 000 000
　　应收股利　　　　　　　　　　　　　　　　　　　　20 000
　　投资收益　　　　　　　　　　　　　　　　　　　　2 500
　　贷：银行存款　　　　　　　　　　　　　　　　　　1 022 500

(2) 6月23日，收到乙公司发放的现金股利：

借：银行存款　　　　　　　　　　　　　　　　　　　　20 000
　　贷：应收股利　　　　　　　　　　　　　　　　　　　20 000

(3) 6月30日，确认股票价格变动：

借：交易性金融资产——公允价值变动　　　　　　　　200 000
　　贷：公允价值变动损益　　　　　　　　　　　　　　　　200 000

(4) 7月31日，确认股票价格变动：

借：公允价值变动损益　　　　　　　　　　　　　　　100 000
　　贷：交易性金融资产——公允价值变动　　　　　　　　　100 000

(5) 8月31日，确认股票价格变动：

借：交易性金融资产——公允价值变动　　　　　　　　 50 000
　　贷：公允价值变动损益　　　　　　　　　　　　　　　　 50 000

(6) 9月8日，乙公司股票全部售出：

借：银行存款　　　　　　　　　　　　　　　　　　1 250 000
　　贷：交易性金融资产——成本　　　　　　　　　　　　1 000 000
　　　　　　　　　　　——公允价值变动　　　　　　　　 150 000
　　　　投资收益　　　　　　　　　　　　　　　　　　 100 000

2. 答案：

(1) 借：债权投资——成本　　　　　　　　　　　　　3 000 000
　　　　应收利息　　　　　　　　　　　　　　　　　 150 000
　　　贷：银行存款　　　　　　　　　　　　　　　　　2 852 700
　　　　　债权投资——利息调整　　　　　　　　　　　　 297 300

借：银行存款　　　　　　　　　　　　　　　　　　 150 000
　　贷：应收利息　　　　　　　　　　　　　　　　　　 150 000

(2)

债券利息费用计算表　　　　　　　　　　　　　　　　金额单位：元

日期	票面利息（5%）	实际利息（8%）	当期利息调整金额	尚未调整利息金额	摊余成本
2×15-12-31				297 300	2 702 700
2×16-12-31	150 000	216 216	66 216	231 084	2 768 916
2×17-12-31	150 000	221 513	71 513	159 571	2 840 429
2×18-12-31	150 000	227 234	77 234	82 337	2 917 663
2×19-12-31	150 000	232 337	82 337	—	3 000 000
合计	600 000	897 300	297 300	—	—

2×16年12月31日债券计息时：

借：应收利息　　　　　　　　　　　　　　　　　　 150 000
　　债权投资——利息调整　　　　　　　　　　　　　　 66 216
　　贷：投资收益　　　　　　　　　　　　　　　　　　 216 216

第八章 负 债

（一）单项选择题

1. A 2. C 3. B 4. D 5. D 6. A 7. B 8. A 9. B 10. A 11. B
12. A 13. C 14. C 15. D 16. C 17. D 18. C 19. D 20. A 21. D
22. B 23. A 24. A 25. A 26. C 27. C 28. D 29. C 30. C

（二）多项选择题

1. ABD 2. CD 3. BCD 4. AC 5. ABCD 6. ABCD 7. ABCD 8. BC
9. ABCD 10. ABD 11. ABCD 12. BCD 13. ABCD 14. AB 15. ABD
16. ACD 17. ABC 18. BCD 19. ABCD 20. ABCD 21. ABC 22. ABC
23. BCD 24. ABC 25. BCD

（三）判断题

1. × 2. × 3. √ 4. √ 5. √ 6. × 7. √ 8. × 9. × 10. × 11. √
12. × 13. × 14. × 15. √ 16. × 17. √ 18. × 19. × 20. × 21. √
22. √ 23. √ 24. × 25. ×

（四）业务计算题

1. 分别编制会计分录（单位：元）：

(1) 借：原材料　　　　　　　　　　　　　　　　　240 000（红字）
　　　贷：应付账款　　　　　　　　　　　　　　　240 000（红字）
　　借：原材料　　　　　　　　　　　　　　　　　268 000
　　　　应交税费——应交增值税（进项税额）　　　 33 800
　　　贷：应付账款——甲企业　　　　　　　　　　293 800
　　　　　银行存款　　　　　　　　　　　　　　　 8 000

(2) ①借：应付账款——甲企业　　　　　　　　　　293 800
　　　　贷：应付票据　　　　　　　　　　　　　　293 800
　　　借：财务费用　　　　　　　　　　　　　　　 1 469
　　　　贷：应付票据　　　　　　　　　　　　　　 1 469
　　　借：应付票据　　　　　　　　　　　　　　　295 269
　　　　　财务费用　　　　　　　　　　　　　　　 2 938
　　　　贷：银行存款　　　　　　　　　　　　　　298 207
　　②借：应付票据　　　　　　　　　　　　　　　295 269
　　　　　财务费用　　　　　　　　　　　　　　　 2 938
　　　　贷：应付账款——甲企业　　　　　　　　　298 207
　　③借：财务费用　　　　　　　　　　　　　　　 300
　　　　贷：银行存款　　　　　　　　　　　　　　 300

借：应付票据 295 269
　　财务费用 2 938
　　贷：短期借款 298 207

2. 与借款相关的会计分录：

（1）借入时：

借：银行存款 400 000
　　贷：短期借款 400 000

（2）月末按月预提时：

借：财务费用 2 000
　　贷：应付利息 2 000

（3）每个季末结算并支付时：

借：财务费用 2 000
　　应付利息 4 000
　　贷：银行存款 6 000

（4）到期还本时：

借：短期借款 400 000
　　贷：银行存款 400 000

3. 编制会计分录计算税额：

（1）编制会计分录：

①借：原材料 600 000
　　应交税费——应交增值税（进项税额） 78 000
　　贷：应付票据 678 000

②借：长期股权投资 463 300
　　贷：其他业务收入 410 000
　　　　应交税费——应交增值税（销项税额） 53 300

借：其他业务成本 410 000
　　贷：原材料 410 000

③借：应收账款 226 000
　　贷：主营业务收入 200 000
　　　　应交税费——应交增值税（销项税额） 26 000

借：主营业务成本 160 000
　　贷：库存商品 160 000

④借：在建工程 339 000
　　贷：原材料 300 000
　　　　应交税费——应交增值税（进项税额转出） 39 000

⑤借：待处理财产损溢 113 000
　　贷：原材料 100 000

　　　　应交税费——应交增值税（进项税额转出）　　　　　13 000
⑥借：应交税费——应交增值税（已交税金）　　20 000
　　　贷：银行存款　　　　　　　　　　　　　　　　　　20 000
⑦借：应交税费——未交增值税　　　　　　　　6 700
　　　贷：应交税费——应交增值税　　　　　　　　　　　6 700
注：−6 700 = 53 300 + 26 000 + 39 000 + 13 000 − 40 000 − 78 000 − 20 000

（2）2×21 年 5 月增值税的销项税额 = 53 300 + 26 000 = 79 300（元）

（3）应交增值税 = 53 300 + 26 000 + 39 000 + 13 000 − 78 000 − 40 000 = 13 300（元）

4. 编制相关会计分录：

（1）取得借款时：

借：银行存款　　　　　　　　　　　　　　　　800 000
　　贷：长期借款——本金　　　　　　　　　　　　　　800 000

（2）建造过程：

借：在建工程　　　　　　　　　　　　　　　　640 000
　　贷：工程物资　　　　　　　　　　　　　　　　　　520 000
　　　　应付职工薪酬　　　　　　　　　　　　　　　　100 000
　　　　银行存款　　　　　　　　　　　　　　　　　　 20 000

（3）2×21 年末计息：

借：在建工程　　　　　　　　　　　　　　　　 64 000
　　贷：长期借款——应计利息　　　　　　　　　　　　 64 000

（4）2×21 年末固定资产完工并交付使用：

借：固定资产　　　　　　　　　　　　　　　　704 000
　　贷：在建工程　　　　　　　　　　　　　　　　　　704 000

（5）2×22 年末借款到期还本付息：

借：长期借款——本金　　　　　　　　　　　　800 000
　　　　　　——应计利息　　　　　　　　　　 80 000
　　　财务费用　　　　　　　　　　　　　　　 80 000
　　贷：银行存款　　　　　　　　　　　　　　　　　　960 000

5. 计算结果：

（1）流动比率 = 流动资产/流动负债 = 41 250/26 250 = 1.57

（2）速动比率 =（流动资产 − 存货）/流动负债 或（货币资金 + 应收净额）/流动负债
　　 =（41 250 − 18 750）/26 250 = 0.86

（3）资产负债率 = 负债总额/资产总额 = 45 000/82 500 = 54.55%

第九章　所有者权益

(一) 单项选择题

1. C　2. A　3. C　4. B　5. B　6. C　7. A　8. C　9. C　10. C　11. D
12. D　13. D　14. D　15. B　16. A　17. C　18. D　19. C　20. B

(二) 多项选择题

1. ABCD　2. ABCD　3. AB　4. ABD　5. ABD　6. ACD　7. ABCD　8. ABC
9. ACD　10. ABC　11. ABC　12. BC　13. CD　14. ACD　15. CD　16. BC
17. ABD　18. AD　19. AD　20. AB

(三) 判断题

1. ×　2. ×　3. ×　4. ×　5. √　6. ×　7. √　8. √　9. √　10. ×　11. ×
12. ×　13. ×　14. √　15. ×　16. √　17. ×　18. √　19. ×　20. ×

(四) 业务计算题

1. 编制相关业务会计分录：

(1) 收到 D 投资：

借：银行存款　　　　　　　　　　　　　　　　　　　　　　500 000

　　贷：实收资本　　　　　　　　　(2 000 000×1/5) 400 000

　　　　资本公积——资本溢价　　　　　　　　　　　　100 000

(2) 将盈余公积转增资本：

借：盈余公积　　　　　　　　　　　　　　　　　　　　　　60 000

　　贷：实收资本　　　　　　　　　　　　　　　　　　　60 000

(3) 提取法定盈余公积：

借：利润分配——提取法定盈余公积　　　　　　　　　　　80 000

　　贷：盈余公积——法定盈余公积　　　　　　　　　　　80 000

(4) 提取任意盈余公积：

借：利润分配——提取任意盈余公积　　　　　　　　　　　40 000

　　贷：盈余公积——任意盈余公积　　　　　　　　　　　40 000

(5) 分派现金利润：

借：利润分配——应付利润　　　　　　　　　　　　　　　400 000

　　贷：应付利润　　　　　　　　　　　　　　　　　　　400 000

2. 发行股票的会计分录：

编制会计分录：

借：银行存款　　　　　　　　　　　　　　　　　　　35 280 000

　　贷：股本　　　　　　　　　　　　　　　　　　　　6 000 000

　　　　资本公积——股本溢价　　　　　　　　　　　29 280 000

股本溢价＝6 000 000×6×(1－2%)－6 000 000×1＝29 280 000（元）

3. 计算结果及会计处理：

（1）股本 = 4 000（万元）

资本公积 = 700（万元）

盈余公积 = 1 200 + 800 ×（10% + 5%）= 1 320（万元）

未分配利润 = 600 + 800 - 800 ×（10% + 5%）- 4 000 × 0.1 = 880（万元）

（2）编制会计分录：

借：利润分配——提取法定盈余公积　　　　　　　　　　80
　　　　　　——提取任意盈余公积　　　　　　　　　　40
　　　　　　——应付现金股利　　　　　　　　　　　400
　　贷：盈余公积——法定盈余公积　　　　　　　　　　　80
　　　　　　　　——任意盈余公积　　　　　　　　　　　40
　　　　应付股利　　　　　　　　　　　　　　　　　　400

（3）借：利润分配——未分配利润　　　　　　　　　　300
　　　贷：本年利润　　　　　　　　　　　　　　　　300

（4）2×14 年 12 月 31 日所有者权益总额

= 4 000 + 700 + 1 320 + 880 - 300 = 6 600（万元）

（5）2×20 年 12 月 31 日可供分配的利润

= 880 - 300 + 100 + 25 + 40 + 30 + 60 + 45 + 60 ×（1 - 25%）= 925（万元）

4. 基本每股收益：

净利润 = 2 000（万元）

发行在外的普通股加权平均数 = 4 000 + 1 000 × 5/12 - 500 × 3/12 = 4 292（万股）

基本每股收益 = 2 000/4 292 = 0.47（元/股）

5. 稀释每股收益：

基本每股收益 = 2 000/4 000 = 0.5（元/股）

假设转换增加的净利润 = 2 000 × 2% ×（1 - 25%）= 30（万元）

假设转换增加的普通股股数 = 2 000/8 = 250（万股）

增量股每股收益 = 30/250 = 0.12 元，小于基本每股收益 0.5 元，可转换公司债券具有稀释作用。

稀释每股收益 =（2 000 + 30）/（4 000 + 250）= 0.48（元/股）

6. 基本和稀释每股收益：

基本每股收益 = 2 000/4 000 = 0.5（元/股）

假设转换增加的普通股股数 = 500 - 500 × 8/10 = 100（万股）

稀释每股收益 = 2 000/（4 000 + 100）= 0.49（元/股）

第十章 利润的确定和分配

（一）单项选择题

1. A   2. B   3. C   4. A   5. B   6. D   7. D   8. C   9. A   10. B   11. A
12. A   13. D   14. C   15. D   16. A   17. A   18. D   19. C   20. A   21. A
22. B   23. B   24. C   25. C   26. C   27. C   28. D   29. A   30. B   31. B
32. A   33. C   34. B   35. C   36. D   37. A   38. A   39. C   40. A

（二）多项选择题

1. AC   2. ACD   3. ABCD   4. AD   5. BCD   6. AB   7. ABD   8. AD   9. BCD
10. AB   11. ABCD   12. BCD   13. AB   14. BD   15. ABC   16. ABCD   17. ACD
18. CD   19. CD   20. ABCD   21. BCD   22. AB   23. AB   24. BCD   25. ABD
26. BCD   27. ABD   28. AD   29. ABC   30. ABC

（三）判断题

1. ×   2. √   3. ×   4. √   5. ×   6. ×   7. ×   8. ×   9. √   10. ×   11. ×
12. √   13. ×   14. √   15. ×   16. ×   17. ×   18. √   19. ×   20. √   21. ×
22. ×   23. √   24. ×   25. ×   26. √   27. ×   28. ×   29. ×   30. ×

（四）业务计算题

1. 计算结果：

营业利润

＝6 500＋1 200＋220＋1 260＋230－4 000－1 000－200－950－650－300－200－150－100＝1 860（万元）

利润总额＝1 860＋190－550＝1 500（万元）

净利润＝1 500－420＝1 080（万元）

未分配利润＝1 080－1 080×10%－400＝572（万元）

2. 计算及编制会计分录：

（1）甲企业2×20年度应纳税所得额＝210－70＋20＝160（万元）

（按照税法规定，国债利息收入不需要纳税，因此应该作纳税调减；当年的营业外支出中，有20万元为税款滞纳金支出，按照税法规定不能从税前扣除，应做纳税调增。）

（2）甲企业2×20年度应交所得税额＝160×25%＝40（万元）

（3）递延所得税负债增加额＝35－40＝－5（万元）

递延所得税资产增加额＝15－25＝－10（万元）

所得税费用＝40＋[（－5）－（－10）]＝45（万元）

（4）编制甲企业应交所得税的会计分录。

借：所得税费用　　　　　　　　　　　　　　　　　　45

　　递延所得税负债　　　　　　　　　　　　　　　　 5

　　贷：应交税费——应交所得税　　　　　　　　　　　40

　　　　递延所得税资产　　　　　　　　　　　　　　　　　　　10

（5）计算甲公司 2×20 年度实现的净利润。

甲企业 2×20 年的净利润 = 210 − 45 = 165（万元）。

（6）编制甲企业年末结转所得税费用的会计分录。

借：本年利润　　　　　　　　　　　　　　　　　　　　　45

　　贷：所得税费用　　　　　　　　　　　　　　　　　　　45

第十一章　财务报告的阅读和分析

（一）单项选择题

1. D　2. A　3. D　4. B　5. D　6. D　7. C　8. C　9. B　10. C

（二）多项选择题

1. ABC　2. ACD　3. CD　4. ABC　5. ABD

（三）判断题

1. ×　2. √　3. √　4. √　5. ×　6. √　7. √　8. √　9. √　10. ×